花街の引力

東京の三業地、赤線跡を歩く

三浦 展
Atsushi Miura

清談社
Publico

花街ギャラリー

撮影：三浦展（白山、八王子の下写真）
なかだえり（上記以外）
（2000年代の撮影）

千住 公娼、三業地、遊廓、赤線

鳩の街 戦後の赤線地帯

五反田 関東大震災後に栄えた三業地

「海喜館」の内部（195ページ参照）

大森 海浜リゾートとして誕生し、花街へ

芝浦 鉄道と工業化で発展した三業地

白山 日露戦争後に栄え、三業地へ

八王子 宿場町、織物の町として繁栄した

花街の引力

東京の三業地、赤線跡を歩く

三浦 展

清談社
Publico

はじめに
失われゆく「街の記憶」を記録する

花街《はなまち》、三業地《さんぎょうち》、遊廓《ゆうかく》、岡場所《おかばしょ》、赤線《あかせん》、青線《あおせん》、カフェー街《がい》などの夜の歓楽街は江戸《えど》・東京の発展・変遷と非常に強く関連している。東京が改造され、市域が拡大されていくにしたがって、あるいは震災や戦争の影響により、それらは増加し、地域的にも分散、拡大していったのである。

戦前は海水浴、温泉などの新しい娯楽が生まれるとともに花街が新たにできたし、日本の旧軍隊や工場地帯との関連も密接だ。戦後はもちろん米軍基地との関係がある。そういう意味で三業地などを調べることは近代日本の工業化、軍国主義、戦後の占領、闇市《やみいち》、貧困、女性の性などの歴史を知ることにもつながる。

だが、近年はバブル崩壊や官官接待の禁止などによって芸者を揚げて遊ぶということが激減した。花街の建物（遊廓、貸座敷、料亭、小料理屋など）も1990年代まではまだかなり残っていたようであるが、今はほとんどが消えるか増改築されて、昔の名残をとどめたものは少なくなった。

さらに、2000年代に入ると再開発が盛んになり、かつての闇市、横丁《よこちょう》、赤線、青線といった地域がどんどんつぶされて、オフィスビルやタワーマンションなどに建て替えられている。

しかし、人間というのは面白いというか勝手なもので、そういうふうに古い街が消えていくと、無性にそれらが恋しくなり、今までそんなところに出入りしたことのない人までもが、横丁はもちろん闇市、赤線、青線地帯を残したい、せめて今のうちに見ておきたいと考えるようになった。若い女性が遊廓跡を訪ね歩いたり、吉原《よしわら》（台東区《たいとう》千束《せんぞく》四丁目）にあるカストリ書房という遊廓、赤線などの専門書店に通ったりするような時代になったのである（拙著『横丁の引力』イースト新書）。

かくいう私も昔からこうした場所に関心があったわけではない。1980〜1990年代のサラリーマン時代には横丁やガード下の飲み屋に出入りすることはしばしばあったが、だからといって、それらの場所に特に強い思いがあったわけではない。

これらの場所に関心を持った大きなきっかけは2001年に『大人のための東京散歩案内』（洋泉社《ようせんしゃ》・新書y）という本を書いたことだ。2000年から1年間東京中を歩き回り、そこで花街、横丁、闇市、銭湯などの面白さに目覚め、さらに2011年に『スカイツリー　東京下町散歩』（朝日《あさひ》新書）を書いたころには、すっかりそれらに「はまって」しまったのだ。ほかの出版物を見ても、こうしたテーマの本は2000年代から急増している。

しかし、2000年にはあったものが2011年には相当消えているのが現実だ。ましてや今はもっと減っている。ほぼ絶滅危惧種である。木造の茶色い建物がプレハブに建て替わったり、新築そっくりさん的に壁が覆われたり、屋根が葺《ふ》き替えられたりした。街はなんだか白っぽくなり、明るく清潔になったが、しらじらしすぎて味わいがなくなった。お袋の味がファストフードに変わったようなものである。都市が日本中同じ、いや世界中同じような「ファスト都市」になったともいえる。

これらの街がつぶされるのは防災上の理由だといわれる。火事になると、あっという間に燃え広がる。路地が狭いから消防車も救急車も入れない。だから再開発してビルにするというのだ。

おそらく、かつての花街、三業地、赤線、闇市、横丁の類いは、今後も長期的に見れば、まだ消滅していくだろう。もちろん、それらを生かしながら街をつくり直すという活動も盛んになってきてはいる。だが、建物が古い木造のまま残るとか狭い路地が残るということは、あまり期待できない。

となれば、やはりそれらの場所を今のうちに訪ね歩いて最後の記録をすることが重要であろう。それは先ほど書いたように近代日本の産業、軍国主義、敗戦、占領、貧困、女性の歴史を記憶することにもつながる。言い換えれば、それらの場所が消えれば、その場所にまつわる記憶も消えてしまう。

最近の若者には日本がアメリカと戦争をして負けたこと自体を知らない者すらいる。そういう若者がそれらの場所を見ても、単に古い街と感じるだけであろう。

だが、戦争、敗戦の記憶を街としてとどめておかないと、戦争をしたことも、戦争に負けたことも、戦争中や敗戦後にひどい苦労があったことも想像がつかなくなる。それでいいのか。やはり歴史と街の関係を記憶しておく必要がある。それが本書の隠れた意図である。

なお、本書のタイトルは『花街の引力』となっているが、すべての花街、三業地、遊廓、赤線などを網羅したわけではない。また、吉原、新橋《しんばし》、柳橋《やなぎばし》、深川《ふかがわ》などの有名な場所については、すでにたくさんの本が書かれているので紹介していない。これまであまり一般向けの本に詳しく書かれたことがない場所を選び、かつ地図などの資料があることを重視して街を選び、本書1冊で、だいたい東京の花街、三業地、遊廓、赤線がビジュアル的にも概観できるという本にした。

なお、本書はインターネットマガジン「ビジネスジャーナル」に2017年から2020年にかけて連載したものに大幅に加筆し、かつ新たに街を追加したものである。

花街の引力——目次

はじめに　失われゆく「街の記憶」を記録する……2

序章　花街とは何か

第一章　境界の街

二子玉川、二子新地……28
大人のための三業地と子どものための遊園地

亀有、金町、松戸……38
水戸街道沿いの遊廓、赤線

森ヶ崎、穴守……53
東京湾岸海浜リゾートの誕生

平井、小岩、新小岩……64
戦前の三業地が残り、戦後の赤線跡もある

コラム　カフェー――女給と自由に遊ぶのがモダンという時代……80

第二章　近郊

北千住……86
日光街道から移転し、柳町となって栄えた
立石……97
ホルモンの町は売血と売春と人情の町だった
大井、大森、品川……107
近郊のリゾート地が戦後は特殊慰安施設第1号に
高円寺……122
戦前のカフェー街がスナック街として残る

中野、新井薬師……132
阿部定が吉蔵と出会った街

コラム 中野新橋——神田川に蛍を放し、よしず張りの屋台も出た……141

コラム 阿佐ヶ谷——山の手の町にも青線があった……144

第三章 山手線界隈

駒込、王子……148
二つの三業地と昭和の商店街を歩く

大塚……161
本当は豊島区の中心になるはずだった

渋谷円山町……169
実は甲州街道だった裏渋谷通りが花街の始まり

五反田……186
昭和のピカレスクな感覚を残す

コラム　新宿十二社――温泉は百畳敷きの大宴会場、漆塗りで中国式……198

第四章　都心

湯島、根津……202
下宿に住む学生たちは問題児でもあった

白山……219
芸者がドレスを着てストリップ・ダンスを踊った
四谷荒木町……229
池のまわりに茶店ができ、春は花見、夏は納涼
人形町……238
遊廓、芝居小屋、芸者、カフェー……なんでもあった娯楽の殿堂
芝浦……248
協働会館の復活で栄華を偲ぶ
麻布十番……258
古川沿いの工業地帯化が育てた花街
コラム 赤坂――政治家が料亭で会食するのは普通です……264

第五章　下町

玉の井、鳩の街……268
街歩きの聖地からも歴史は消えていく

南千住……285
落語にも出てくるコツ通り遊廓。三ノ輪には幻の銘酒屋街

洲崎……299
遊廓ができると花火300発、日の丸を掲げて祝った

尾久……306
お寺が温泉を掘って温泉地になった

亀戸……312
天神様のまわりの料亭と私娼窟

第六章　郊外

八王子
ユーミンの出身地は花街と遊廓の町でもあった……322
立川
「夜の市長」がつくった街……327
新丸子
へちま風呂と百畳敷きの大広間で有名……332
おわりに　花街、遊廓、赤線跡地が醸し出す「引力」の正体……339
参考文献……342

本文中の絵葉書と特記以外の写真は、すべて筆者撮影です。現存しているかは保証できません。＊の写真は、編集部で手を尽くしましたが、権利者が判明しませんでした。心当たりの方は、編集部までご連絡いただけましたら幸甚に存じます。

序章　花街とは何か

三業地とは何か。「芸妓屋《げいぎや》」（置屋《おきや》ともいう）、「料理屋」（料亭ともいうが、本来の料亭は新橋、赤坂《あかさか》、柳橋にある料理屋のことだけをいった）、「待合《まちあい》」の三つの業種からなる街である。料理屋と待合か芸妓屋のいずれかだけの場合は二業地《にぎょうち》という。二業地から三業地に発展することもある。料理屋が待合を兼ねることもあったようだ。

三業地指定地制度は1920年に確立した。地元業者が組合を組織し、警察に届け出をして、公的に認められた遊興の地が「三業地」と呼ばれたのである。三業地以前の花街では娼妓《しょうぎ》もいて売買春が行われたが、三業地指定地制度以降の花街は娼妓を排除したので売買春は行われず、自由恋愛が行われるという建前だった。

また、三業地指定地制度がない時代は「花街《はなまち》」（京都では「かがい」という）、あるいは「花柳界《かりゅうかい》」と呼ばれた。

芸妓屋は芸妓（芸者）を抱え、見番《けんばん》（検番ともいう）の呼び出しに応じて芸妓を料理屋や待合に派遣する。

料理屋は料理を出しつつ、客室に芸妓を呼んで客を遊ばせる場所である。

待合は料理屋から料理を取り寄せ、芸妓、私娼《ししょう》などを呼んで客を遊ばせる場所である。江戸時代までは出合茶屋《であいぢゃや》といった。

遊ばせるというのは、芸妓の唄を聴いたり、お酒の酌をさせたりだけでなく、性的なものに発展することも多いことはいうまでもない。

東京区部の二業地、三業地

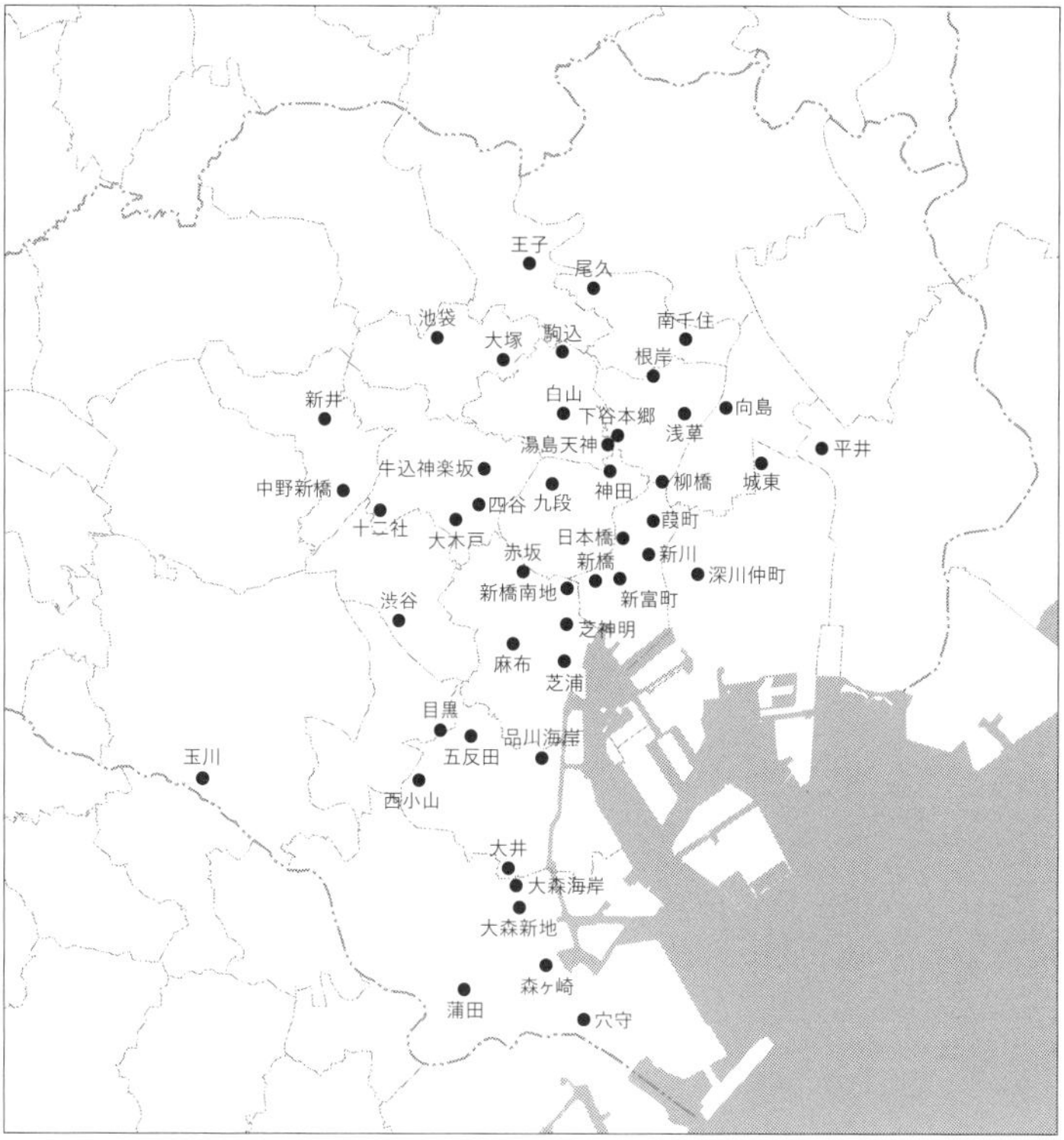

（出所：西村亮彦、内藤廣、中井祐『近代東京における花街の成立』2008）

芸妓は本来は性的サービスはせず、別に娼妓（遊女《ゆうじょ》）がいる。娼妓中心で成り立つ場所を遊廓（明治以降は「貸座敷」）という。

西村亮彦《にしむらあきひこ》、内藤廣《ないとうひろし》、中井祐《なかいゆう》の論文『近代東京における花街の成立』によれば、三業地、二業地は最盛期に東京区部だけで46カ所あったという。

同論文は花街を四つの時代区分と地理的特徴によって精密に調査、分類しており、非常に有益である。以下、同論文を引用しつつ解説する（〈　〉内は引用。明らかな誤記は修正した）。

〈（1）**江戸時代に成立した花街**

江戸時代に成立した花街は、その時期と背景から4つのグループに分けられる。まず、元吉原《もとよしわら》の置かれた葭町《よしまち》（引用者注＝現・日本橋人形町《にほんばしにんぎょうちょう》一、三丁目。芳町とも）とその移転先の浅草《あさくさ》（新吉原《しんよしわら》）（引用者注＝現・台東区千東四丁目）では遊女屋の抱え芸妓が誕生したのに加え、吉原移転の際には日本橋・深川仲町《なかちょう》（引用者注＝現・江東《こうとう》区富岡《とみおか》一丁目）などに遊女が拡散してこれが後年芸妓となっていった。次に、柳橋と新橋は、水運の便から吉原遊廓と深川の岡場所（引用者注＝後述）へ通う客の集散地となり、船宿が数多く立地すると、これが後年遊興の場にも用され、芸妓が出入りするようになった。一方、江戸時代の社寺門前は遊興色が強く、湯島天神《ゆしまてんじん》・芝神明《しばしんめい》（引用者注＝現・港《みなと》区芝大門《しばだいもん》一丁目）・牛込神楽坂《うしごめかぐらざか》・下谷本郷《したやほんごう》（引用者注＝現・台東区上野《うえの》二丁目、文京《ぶんきょう》区湯島三丁目）・城《じょう》東《とう》（引用者注＝現・江東区亀戸《かめいど》三丁目）・新川《しんかわ》・新橋南地《なんち》・赤坂では、社寺門前などに非公許の遊女屋の集まる岡場所が形成され、天保《てんぽう》の改革で風紀が取り締まられた際に、遊女から芸妓への転身が進んだ。また、向島《むこうじま》・王子《おうじ》・目黒《めぐろ》・十二社《じゅうにそう》（引用者注＝現・新宿《しんじゅく》区西新宿《にししんじゅく》四丁目）などの近郊の風光明媚《ふうこうめいび》な地では、八代将軍吉宗《よしむね》の行楽地の開発や、将軍の鷹狩《たかが》りの恩恵を受けて行楽地化したことが花街の素地となり、明治以降、料理茶屋などに芸妓の出現を見ることとなった〉（『近代東京における花街の成立』）。

元吉原の時代に、すでに元吉原以外の遊女屋、岡場所を幕府は禁じていた。だが、いっこうになくならず、新吉原移転の条件として、「風呂屋の取りつぶし」という形で、湯女《ゆな》のいる岡場所が排除された。それでも隠れ里として岡場所は存在し続け、100カ所近い場所にあった。有名なところでは、深川、本所《ほんじょ》、根津《ねづ》、音羽《おとわ》、浅草などがあった。

また、新吉原で火事が起こった際には吉原以外の場所で「仮宅《かりたく》」として営業が行われる。仮宅は浅草、深川など、さまざまな場所が幕府によって選定されたが、仮宅のかなりの場所が岡場所のある場所と重なっていた。仮宅は吉原より格式張らずに遊べると、かなり盛況だったという。

〈2〉明治期に成立した花街

まず、明治維新に伴い、武家地が開放されたことや、幕府に統制されていた芝居が市中に進出したことで、四谷《よつや》・新富町《しんとみちょう》・九段《くだん》・神田《かんだ》は繁華な地となり、芝居茶屋の進出などを背景に芸妓が出現した。次に、明治20年代から大井《おおい》・大森《おおもり》海岸・芝浦《しばうら》・穴守《あなもり》（引用者注＝現・大田《おおた》区羽田《はねだ》四、五丁

江戸時代の岡場所位置

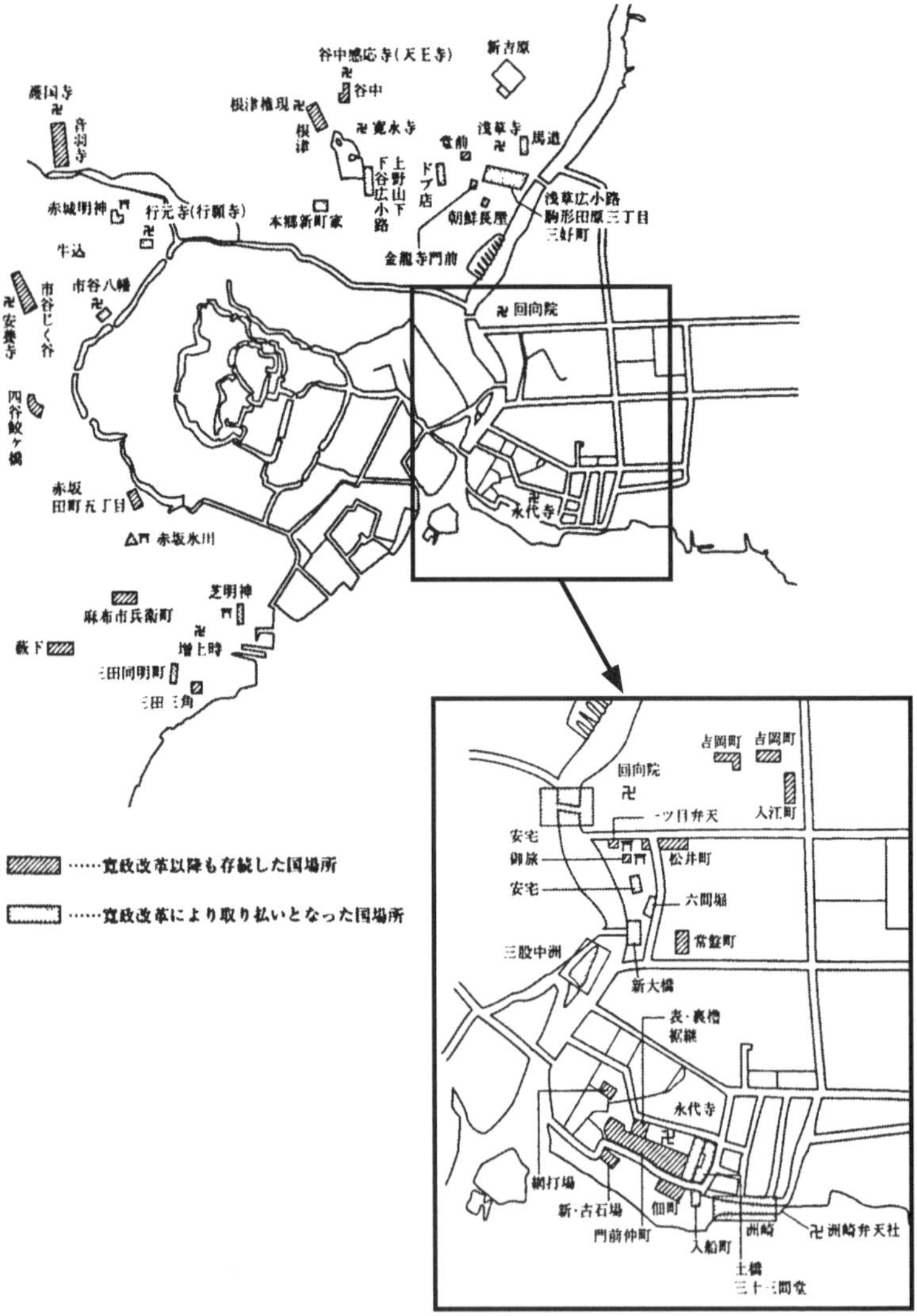

（出所：平田秀勝『江戸における岡場所の変遷』1997）

目）などの風光明媚な海浜部では海水浴による行楽地化が始まり、さらにこれらの地域や渋谷《しぶや》（引用者注＝円山町《まるやまちょう》）では鉱泉が新たなレクリエーションとして流行したのを受け、料理屋や料理旅館に後年芸妓が進出することとなった。鉱泉と花街の関係は、後年花街となった森ケ崎《もりがさき》（引用者注＝現・大田区大森南《おおもりみなみ》四、五丁目）・五反田《ごたんだ》・尾久《おぐ》にも引き継がれていくこととなる。

（3）明治末〜大正初めに成立した花街

明治半ば、既存の花街や新開地《しんかいち》に矢場《やば》や銘酒屋《めいしや》（引用者注＝220ページ参照）の形をとった私《し》娼窟《しょうくつ》が発生し、これが後年、花街の成立や組合の結束、指定地拡大などの契機となった。まず、白山《はくさん》・麻布《あざぶ》（引用者注＝港区麻布十番《じゅうばん》）といった新開地では、これを契機に花街を設立して風紀を正す動きが見られた。そして、芝神明や葭町のように既存の花街に私娼窟が混在していた地域では、風紀を正すべく組合組織の結束が図られた。また、既存の花街に隣接して巨大な私娼窟が形成されていた渋谷では、新たな指定地の許可が下りた。一世を風靡《ふうび》した私娼窟も、大正5・6年（1916〜17）の私娼撲滅運動で浅草と城東を残して姿を消すこととなる。そして震災（引用者注＝関東大震災）の際に、浅草では三業地の指定を受けることでついにこれが一掃された一方、城東には罹災《りさい》した業者が流れて私娼窟と花街が並存する形となった。

（４）大正末～昭和初めに成立した花街

大正９年（１９２０）に指定地制度（引用者注＝三業地指定地制度）が確立したのを受け、翌10年（１９２１）に根岸《ねぎし》・五反田、同11年（１９２２）に森ヶ崎・尾久・駒込《こまごめ》・大木戸《おおきど》（引用者注＝新宿区新宿二丁目）・新井《あらい》・大塚《おおつか》・十二社に指定が下りる。また、昭和２年（１９２７）にも蒲田《かまた》・玉川《たまがわ》・平井《ひらい》、翌３年（１９２８）には西小山《にしこやま》・池袋《いけぶくろ》・中野新橋《なかのしんばし》が新たに指定を受けた。これらの多くは、鉄道開通などによって新たに開けてきた地域に、地元有志が土地発展の策として花街を誘致するという形で指定がなされたものだった。しかし、これらの大量の指定が、政治的な癒着や地価の暴騰などの弊害を招いたため、昭和５年（１９３０）には指定地新設を取りやめる警視庁の方針が出されることとなった。ただし、品川《しながわ》遊廓（引用者注＝品川区北品川《きたしながわ》一、二丁目）では例外的に、昭和７年（１９３２）に芸妓業だけが風紀上の理由から新規埋立地（引用者注＝品川区東品川《ひがししながわ》一丁目）へ集団移転した。大正13年（１９２４）に埋立地に新設された大森新地《しんち》（引用者注＝大田区大森本町《おおもりほんちょう》二丁目）、昭和３年（１９２８）に三業地に指定された旧宿場町の南千住《みなみせんじゅ》も、これと同様の背景によるものと言える〉（『近代東京における花街の成立』）。

また、加藤政洋《かとうまさひろ》の『花街　異空間の都市史』（朝日選書）によれば、１９３３年の東京都の芸妓数は９９４１人。総人口が２０７万人だから、約２００人にひとりが芸妓。女性の１％くらいだった。芸妓屋は３７０３軒、待合は２６２５軒、料理屋は７３２軒だった。

さらに、加藤によれば、1922年の東京市とその周辺（現在の23区内）の三業地33カ所のうち、芸妓屋数が最も多いのは新橋煉瓦地《れんがち》（いわゆる新橋）で341軒、次いで葭町296軒、下谷本郷231軒、柳橋206軒であった。

料理屋が最も多いのは浅草の41軒。以下、渋谷39軒、五反田36軒、駒込32軒。待合が最も多いのは新橋煉瓦地と新橋南地を合計して271軒、次いで葭町253軒、浅草173軒となっている。葭町は芸妓屋と待合の数が近いが、渋谷も芸妓屋122軒に対して待合99軒、富士見町《ふじみちょう》（千代田区《ちよだ》）も芸妓屋101軒、待合97軒、亀戸も芸妓屋87軒、待合79軒と、それぞれ数が多く、かつ同じくらいである。対して日本橋は芸妓屋が149軒あるが、待合は51軒、牛込も芸妓屋142軒、待合80軒、赤坂は芸妓屋111軒、待合17軒と、芸妓屋は多いのに、待合が少ない。

こういう軒数のバランスの違いがどういうことを意味するのか私にはわからないが、シンプルに考えれば、芸妓屋に対して待合が多い花街は、近隣に娼妓も多くいて、性的サービスが多かったということであろうか。あるいはカフェーの女給を連れ込みやすかったのか。

また、1931年の東京府（現・東京都）の「労働児童調査」によると、11〜14歳の女子就業者321人のうち、なんと127人が芸妓見習であり、最多である。次点は子守で120人、3位は女中で40人である（東京都『東京百年史　第五巻』）。今でいう小学校高学年から中学2年生くらいの女子が働くとすれば、ほとんどがそういう職業だったのだ。

なお、赤線については38ページ、青線については144ページで概説する。

各花街の成立の過程とその背景一覧

（引用者注＝アミカケは本書で紹介した街）

時期	類型	名称	濫觴・契機	移転等	花街成立の背景
江戸時代	吉原と深川	葭町	1618	×	遊廓＋芝居＋（私娼窟）
		浅草	1657	1873	遊廓＋芝居＋社寺＋（私娼窟）
		日本橋	1657	×	転入
		深川仲町	1658〜1680	×	岡場所（社寺）
	船宿	柳橋	1624〜1644	×	転入（船宿）
		新橋	1688〜1715	1872	転入（船宿）＋遊芸師匠
	岡場所	湯島天神	1624〜1644	×	岡場所（社寺）＋（私娼窟）
		芝神明	1661〜1673	×	岡場所（社寺）＋（私娼窟）
		牛込神楽坂	1736〜1743	×	岡場所（社寺）
		下谷本郷	1744〜1748	×	岡場所（社寺）＋風光（池）＋（私娼窟）
		城東	1789〜1801	×	岡場所（社寺）＋（私娼窟）
		新川	1764〜1773	×	転入＋岡場所
		新橋南地	1751〜1764	×	岡場所（社寺）
		赤坂	1751〜1764	×	岡場所
	近郊の行楽地	向島	1801〜1804	×	風光（川）
		王子	1789〜1801	1927	風光（滝・池）＋社寺＋（私娼窟）
		目黒	1804〜1830	×	風光（滝・池）＋社寺
		十二社	〜1885	×	風光（滝・池）＋社寺＋（指定地出願）
明治期	維新の土地転用	四谷	1842〜1845	×	風光（滝・池）＋芝居
		新富町	1868	×	遊廓＋芝居
		九段	1869	×	社寺
		神田	1857〜1870	×	芝居

※花街成立の背景の内、既に花街が成立してから起きた出来事や、
決定的ではないが多少成立と関係したものは（カッコ付き）で記入している
※濫觴《らんしょう》・契機（引用者注＝成立時期）と花街成立の背景の内、指定地出願運動が
起こったと思われるが、資料から確認できなかったものは、［ ］で記入している

明治期	海浜レジャーと鉱泉	大井	?	×	風光(海浜)＋海水浴
		大森海岸	1893	×	風光(海浜)＋海水浴
		芝浦	1872	1920	風光(海浜)＋海水浴＋鉱泉＋移転(埋立地)
		穴守	1894	×	社寺＋風光(海浜)＋海水浴＋鉱泉
		渋谷	1887	1913	鉱泉＋(私娼窟)
明治末〜大正初め	私娼窟の脱出	白山	1891〜1895	×	私娼窟＋指定地出願
		麻布	〜1910〜	×	私娼窟＋指定地出願
大正末〜昭和初め	1921年の指定	根岸	[?]	×	市街化＋[指定地出願]
		五反田	1921	×	鉱泉
	1922年の指定	森ヶ崎	1894〜1896	×	鉱泉
		尾久	1914	×	鉱泉＋指定地出願
		駒込	1921	×	市街化＋指定地出願
		大木戸	?	×	市街化＋指定地出願＋(芝居)
		新井	?	×	市街化＋(社寺)
		大塚	1920	×	遊芸師匠＋指定地出願
	1927年の指定	蒲田	1921	×	市街化＋指定地出願
		玉川	1907	×	風光(川)＋指定地出願
		平井	[?]	×	市街化＋[指定地出願]
	1928年の指定	西小山	1928	×	市街化＋指定地出願
		池袋	1920	×	遊芸師匠＋指定地出願
		中野新橋	[?]	×	市街化＋[指定地出願]
	移転等	大森新地	1922〜1924	×	埋立地
		南千住	1661	×	遊廓
		品川海岸	1601	1932	遊廓＋移転(埋立地)

※〜xxxx：xxxx年より前、xxxx〜XXXX：xxxx年〜XXXX年の間、
〜xxxx〜：およそxxxx年、?：年代不明、×：該当せず
(出所：前出『近代東京における花街の成立』掲載の図表より抜粋)

児童労働の職種別人数（年齢別・性別）

年齢	8-10		11-14		15-18		計	
性別	男	女	男	女	男	女	男	女
子守	7	17	19	120	4	3	30	140
芸妓見習	-	8	-	127	-	14	-	149
女中	-	3	-	40	-	29	-	72
硝子工場職工	-	-	12	1	46	1	58	2
菓子屋小僧	1	-	26	6	20	4	47	10
製函職工	-	-	23	5	7	3	30	8
製本工見習	10	-	17	8	-	-	27	8
鉄工場職工	-	-	14	-	18	-	32	-
印刷工見習	-	-	14	1	15	1	29	2
洋服裁縫見習	1	-	16	2	11	-	28	2
家具工見習	-	-	19	-	10	-	29	-
鍛冶屋小僧	2	-	16	-	11	-	29	-
紙商小僧	-	-	8	-	18	-	26	-
自転車屋小僧	-	-	15	-	10	-	25	-
魚屋小僧	-	-	20	1	3	-	23	1
電球製造工見習	-	-	6	3	11	3	17	6
硝子商小僧	-	-	12	1	9	1	21	2
飾職見習	-	-	11	1	10	-	21	1
ブリキ職見習	-	-	11	-	11	-	22	-
飲食店手伝	2	1	14	1	2	1	18	3
金物屋小僧	-	-	15	-	6	-	21	-
玩具製造販売	-	-	9	2	9	1	18	3
八百屋小僧	1	-	10	2	7	-	18	2

（出所：東京都『東京百年史　第五巻』1972掲載の図表より抜粋）

第一章　境界の街

二子玉川、二子新地

大人のための三業地と子どものための遊園地

セレブな街の昔は？

二子玉川《ふたこたまがわ》というと、今はマツコ・デラックスも嫌うほどのセレブな街として全国的にも有名である。1969年に日本初の郊外型ショッピングセンターといわれる玉川髙島屋《たかしまや》が開業して以来、東急田園都市線《とうきゅうでんえんとし》の一大商業拠点となり、近年はオフィス街、タワーマンション街としても発展している。たしかにファッション雑誌から抜け出てきたかのような美しい女性が多い。

しかし、この二子玉川、昔は多摩川《たまがわ》沿いの行楽地であり、料亭、旅館など十数軒が並ぶ三業地もあった。なかでも1918年に開業した「水光亭」は二子玉川を代表する料理屋旅館だった。図面を見ると2階建てで、20部屋ほどもある大規模な建物である。庭も広く、映画の撮影にも使われたという。

敷地の北西には別館もあったが、これは三菱《みつびし》の岩崎《いわさき》家の所有であったものがこの地に移築され、

二子玉川の鮎漁
（出所：世田谷区教育委員会社会教育部管理課文化財係編
『世田谷区文化財調査報告書 第15集』2005）

藤田という人の所有になっていたが、これを「水光亭」が借用したという。

渋谷円山町に行く代わりに二子玉川へ

　歴史をさかのぼると、多摩川は江戸時代には鮎《あゆ》漁《りょう》が盛んであり、人々は漁を見物しながら川辺で遊ぶというスタイルで行楽を楽しんだ。それが明治末期以降、行楽地として発展したらしい。

　ネットを検索したら、一般の方が書かれたと思《おぼ》しき、こういう記事が見つかった。それによると、荏《え》原《ばら》郡玉川村（現・世田谷《せたがや》区）の農家の若い衆も多摩川を越えて川崎宿《かわさきしゅく》の廓《くるわ》に行くか、あるいは品川や渋谷の青物市場《あおものいちば》の帰り道、品川の遊女屋や渋谷道玄坂《どうげんざか》の荒木山《あらきやま》二業地（現・渋谷区円山町）で遊女を抱いてくるのが遊びのコースだったという。

　それが明治時代に入ると、ごく近くの場所で廓《くるわ》遊《あそび》ができるようになり、玉川村にも小規模な廓をつくる人たちが現れ始めた。第1号となった「滝本楼」は玉川村第一の侠客《きょうかく》・木村米吉によるもの。明治20年代に等々力不動尊《とどろきふどうそん》の滝つぼの東側に建った瀟洒《しょうしゃ》な2階建てで、某大手新聞の広告欄にまで登場したほど、その名が轟《とどろ》く有名店だったという。

鮎漁で楽しむ地域が三業地に発展

　二子玉川の発展に寄与したのは渋谷から二子玉川（駅名はたびたび変更されているが、本稿では二子玉川に統一する）までの玉川電気鉄道（のちの東急玉川線。田園都市線の前身となった路面電車）の敷設（1907年）である。鉄道開業までは「亀屋」という料理屋が1軒あるだけだったが、開業後は十数軒に増えた。

　また、沿線における会社員、軍人、官吏などの中流階級の増大も寄与した。彼らは家族とと

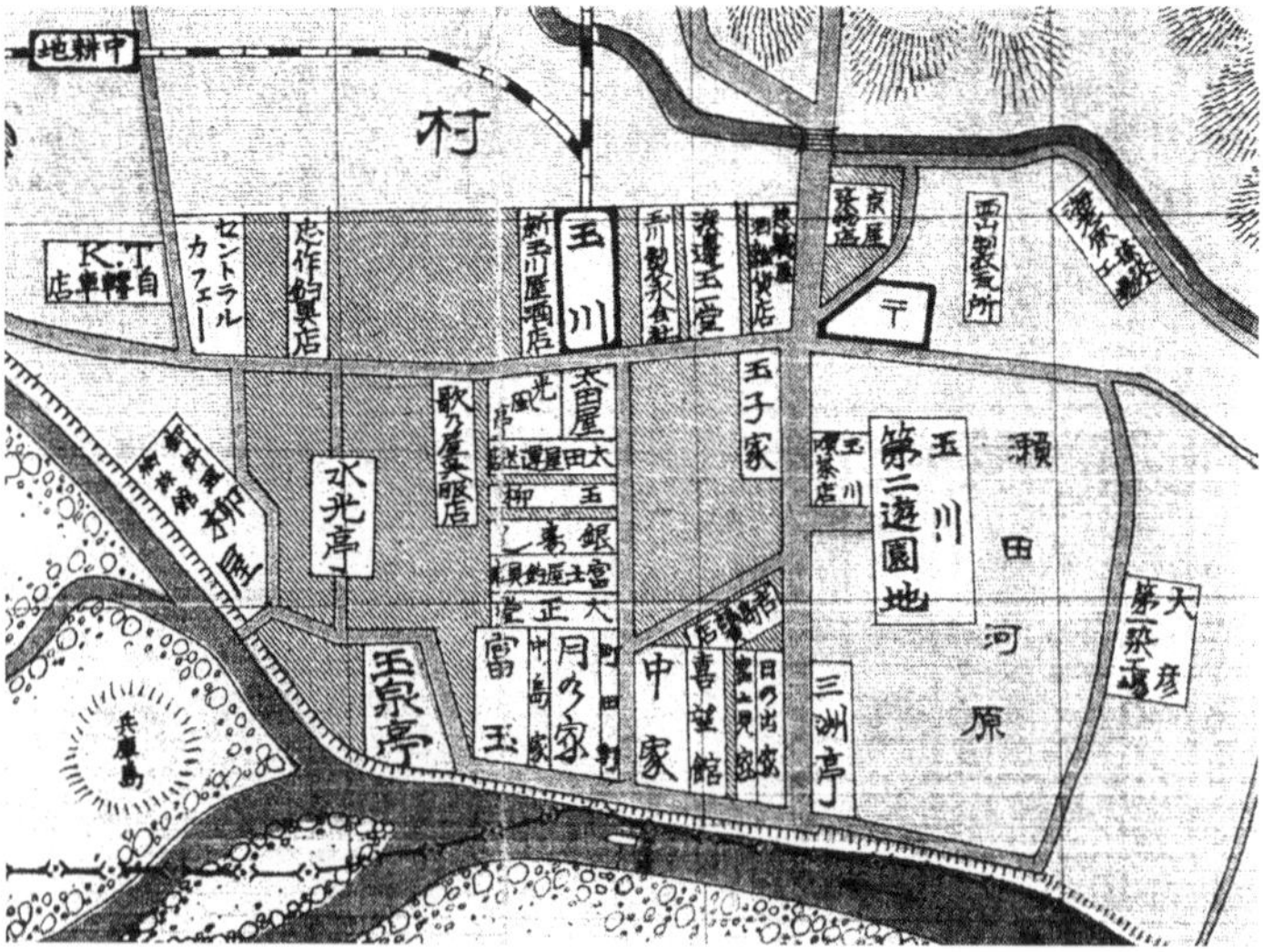

二子玉川に遊園地があったころ（出所：同前）

もに日曜日に休むというライフスタイルを持っていたため、自然の豊かな郊外の二子玉川も行楽地として人気を得たのである。

1909年には玉川電気鉄道は玉川村瀬田《せた》の地主から7000坪の土地を借り入れて遊園地を開業した（「玉川第一遊園地」という）。

玉川閣の絵葉書

この遊園地には川沿いの田んぼを整備してつくった菖蒲園《しょうぶえん》があり、小鳥、猿、鹿などの動物がいたらしい。河原には兵庫島《ひょうごじま》という小さな島が今もあるが、ここも散策路として整備された。都会の仕事で疲れる中流階級たちが自然の中でリラックスする場所だったのであろう。

この遊園地の経営は1913年から1917年までは浅草の「花屋敷《はなやしき》」（現・浅草花やしき）の経営者である大滝勝三郎に委ねられた。大滝は自然散策型だった遊園地を、より娯楽的なものに変えた。「清水《きよみず》の舞台」を模した「玉川閣《ぎょくせんかく》」など十数棟の建物（今風にいうとパビリオン）を建て、そこに演芸場もつくった。

それらの建物は1914年の東京大正博覧会で使用されたものを移築したものだ。また、「玉川閣」は演芸のない日には料理屋から料理を取り寄せて貸席としても使われたという。

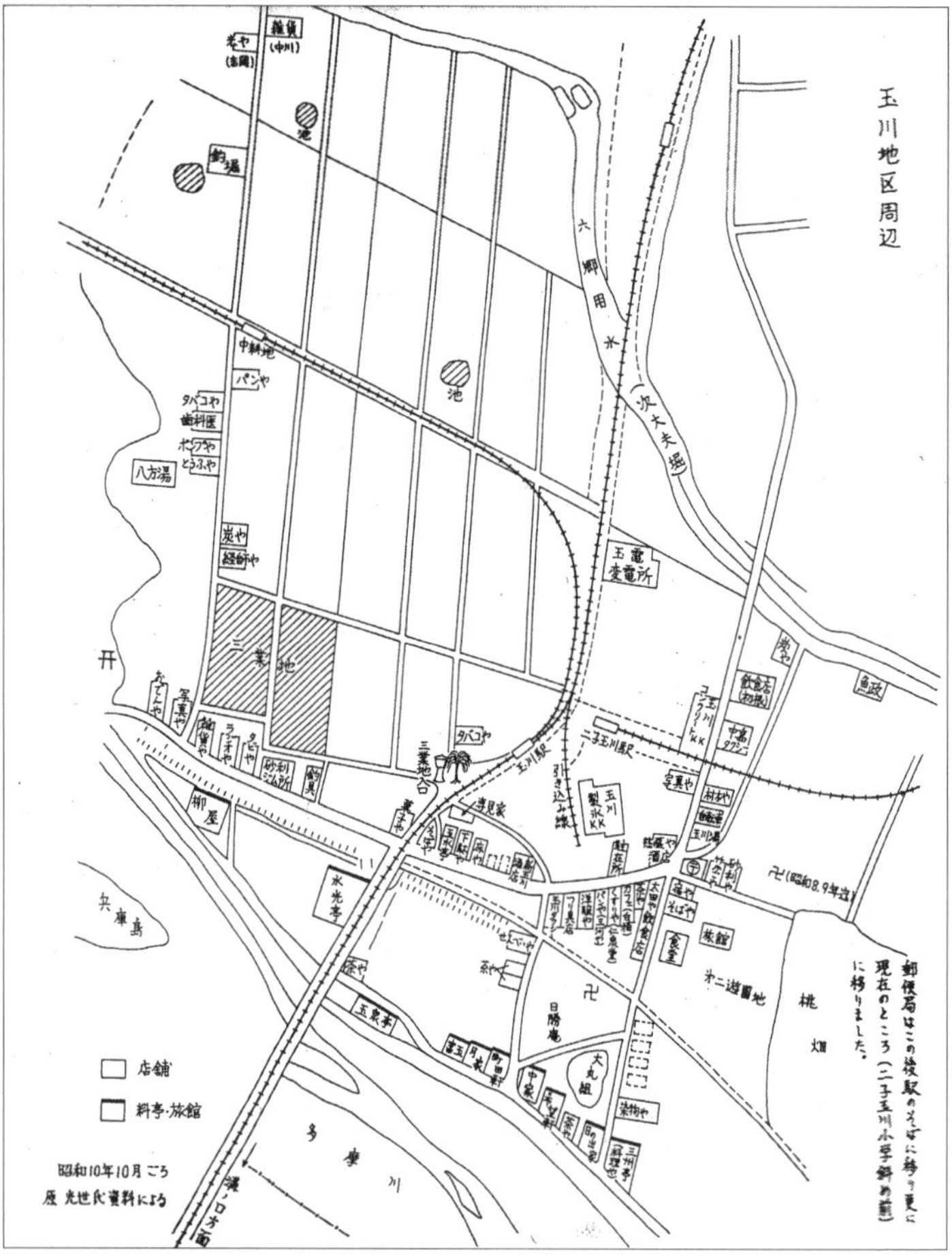

二子玉川三業地周辺地図（1935年ごろ）
（出所：世田谷区生活文化部文化・国際課
『ふるさと世田谷を語る 玉川台・瀬田・玉川』1993）

大人も子どもも楽しめる場所に発展

１９１８年には二子玉川駅から遊園地までの道沿いに桜の木が百数十本植えられた。また、児童用の遊具が設置され、グラウンドがつくられて青少年の運動会も行われるなど、遊園地全体が子ども向けに整備されていった。

１９２１年には遊園地内ばかりか、兵庫島、多摩川沿岸にイルミネーションを設置したというから、なかなかモダンな遊園地になっていったのである。

もちろん、鮎漁を屋形船や座敷から眺め、獲った鮎をさっそく賞味しながら宴席を囲むという江戸時代以来の娯楽も続けられた。そうした遊び方は、かつては富裕層だけのものだったが、玉川電気鉄道の開業以後は中流階級にまで大衆化した。遊園地とともに鮎漁と料理屋を家族で楽しむことも増えたのではないか思われる。

１９１８年には玉川電気鉄道自身が料理屋経営に乗り出した。多摩川沿いにある東京信託株式会社が所有する「喜月楼」という料亭を買収し、新たに経営を委託した先が前述した「水光亭」だったのである。「水光亭」では料金を安めに設定したため、人気が出て、１９２０年には増築が必要なほどになった。

遊園地も人気が増し、１９２２年には「第二遊園地」をつくることになる。１９８５年まで存在した「二子玉川園」という遊園地の前身である（場所は駅の東側）。今度は青少年、児童用に特化し、噴水、プール、テニスコートもつくられた。プールには５００席の観覧休憩所と定員１０

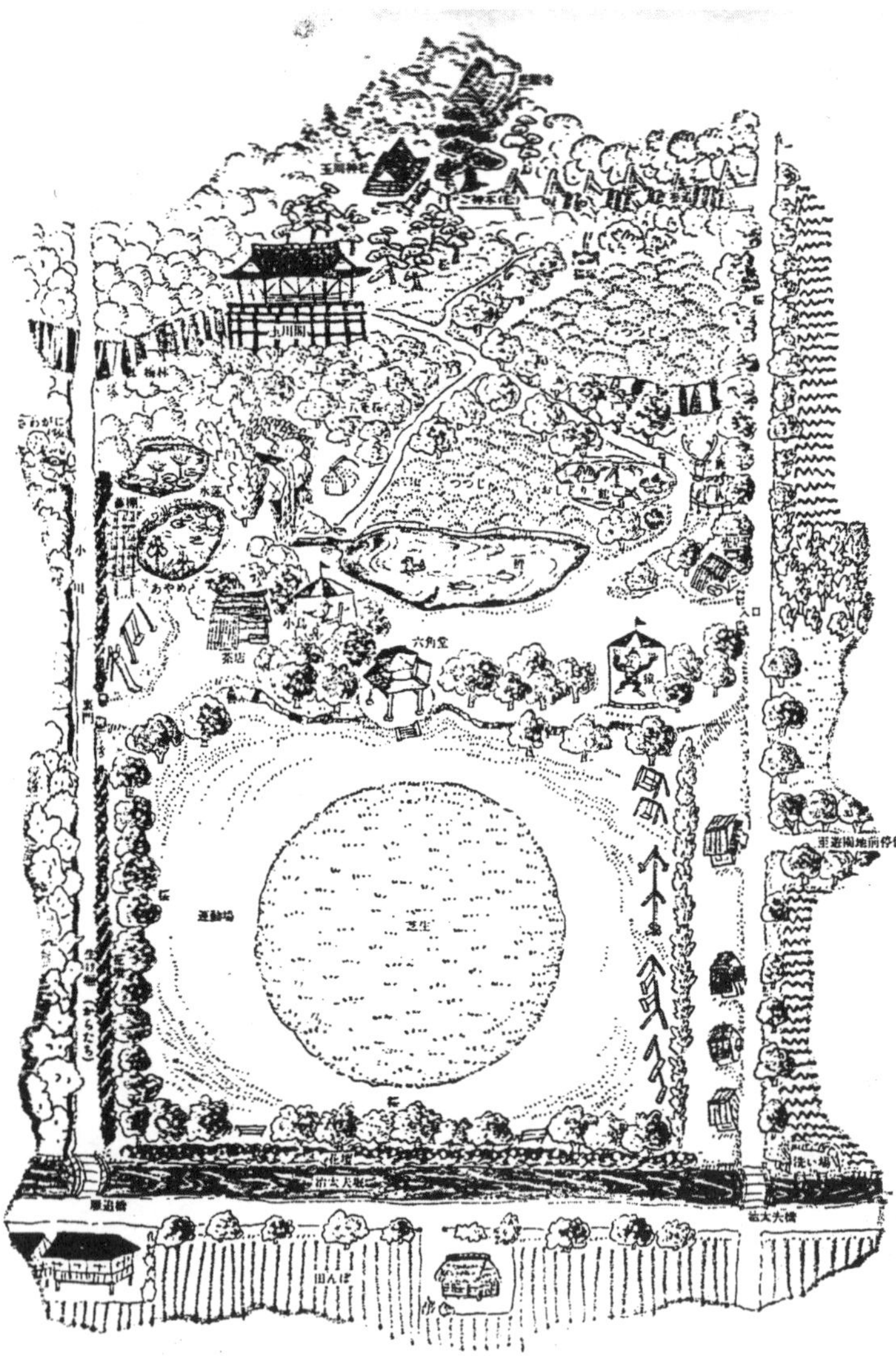

玉川園の配置図（出所：同前）

二子亀屋（出所：二子・溝口民俗文化財緊急調査団編『二子・溝口宿場の民俗』川崎市教育委員会社会教育部文化課、1984）

00人の観覧台が設けられた。場所はかつての「二子玉川園」、今はオフィスビルやタワーマンションが建っている場所だ。

また、園内には1927年に「家族館」も設置され、館内に各種娯楽施設が備えられたというが、具体的には何かわからない。おそらくは卓球などができるようにしたのかと推測される。

さらに、1931年には子ども向けに林間学校の誘致をするための施設建設も行われたという。

このように、子どもや家族というものが重視されるようになったというところが、この時代の特徴として注目すべき点である。その流れが現在の二子玉川に受け継がれているといえよう。

多摩川の対岸の川崎市高津《たかつ》区二子《ふたご》にも三業

地があった。三業地として成立したのは1924年。二子橋《ふたごばし》の建設中に職人たちがお金を落とすようになったのがきっかけで、橋の完成後は東京から客が来るようになったからである。二子にある旅館の「二子亀屋」が最初に芸者の置屋「新亀屋」を二子神社裏につくった。続いて「千代鶴」という置屋ができ、三業地として発展していった。

1924年の段階では「養心亭」「第二千代鶴」「美川亭」「玉川屋」、諏訪《すわ》から来た「吉田屋」の5軒があったが、1932年には二子三業組合員数は43軒に増えていた。大森や渋谷から来た業者が多かったという。

料理は鮎、鯉《こい》、鮒《ふな》、鯰《なまず》、鰻《うなぎ》などであり、屋形船も出て、七輪を船に持ち込んで船の中で料理をすることもあった。夏には高津観光協会主催で花火大会も催された。

進駐軍相手のキャバレーに敷地を貸した

話を東京側に戻すと、「第一遊園地」のある駅西側には1932年に日蓮宗《にちれんしゅう》総本山関東別院が建立されることとなった。

周辺には玉川神社などの寺社が多く、1927年には周辺地域が三業地指定を受けていたため、門前町の歓楽街になっていった。つまり、駅の東は子どもや家族連れ向け、西は大人の男女の街になったのである。

三業地の景気がよかったのは1933年から1935年ごろだった。都心の花柳界と比べれば

二子玉川駅から撮影した富士観会館（昭和50年代）
（撮影：大勝庵・玉電と郷土の歴史館 大塚勝利 Wikipedia CC BY-SA 4・0）

6割程度の安さのため、人気があった。しかし、賑《にぎ》やかさは都心には遠く及ばず、「場末」の感はぬぐえなかったようだ。

1936年の阿《あ》部《べ》定《さだ》事件の定と石《いし》田《だ》吉《きち》蔵《ぞう》がタクシーで都心から二子玉川まで乗りつけ、三業地の待合「田川」で逢《あ》い引きをしたのは有名である。

戦局が厳しくなる1940年になると、料理屋の多くも景気が悪化し、多くは多摩川の向こうにできた軍需工場の労働者のための寮になっていった。

戦後は「水光亭」は進駐軍の米兵相手のキャバレーに敷地を貸したこともあった。1959年に三業地制度は廃止され、「水光亭」は「富《ふ》士《じ》観《かん》会館」と名を変えた。近年まで残っていて、電車からも見えたので記憶している方も多いであろう。

亀有、金町、松戸

水戸街道沿いの遊廓、赤線

亀有駅南口の赤線地帯跡

秋本治《あきもとおさむ》のマンガ『こちら葛飾区《かつしか》亀有《かめあり》公園前派出所』（集英社《しゅうえいしゃ》）で有名な葛飾区亀有には戦後すぐ「赤線地帯」があった。亀有駅南口を出て右斜め方向に行ったあたりである。

赤線地帯の名前を「亀有楽天地《らくてんち》」といった。戦争で焼け出された墨田《すみだ》区の玉《たま》の井《い》（現・東向島《ひがしむこうじま》五、六丁目、墨田三丁目）の私娼窟の経営者が立石《たていし》、亀戸、鳩《はと》の街《まち》（現・墨田区向島五丁目、東向島一丁目）などと並んで亀有にも移転してきたのが由来である。

敗戦直後に占領軍のためにRAA（レクリエーション・アンド・アミューズメント・アソシエーション、特殊慰安施設協会）による慰安所、つまりは売春のための場所が、もともとの私娼窟や遊廓や花街などに、1945年8月につくられたのだ（117ページで詳述）。しかし、性病の蔓延《まんえん》のために慰安所はすぐに禁止され、1946年1月に公娼制度も廃止されたので、RAA跡地はそのまま私

ジュエリー
理・リフォーム
TEL 3603-0
岩澤

カフェテラス
四季
SHIKI-WAIKIKI店より
ハワイ情報をお教えします。
そこです

亀有赤線跡

亀有のスナック街

亀有赤線跡。中央下の三角地帯
（出所：住宅協会地図部編集局『全住宅案内地図帳』1962）

亀有赤線跡近く

娼窟となった。警視庁がそれらの地域を地図上で赤線で囲んだため、赤線地帯（特殊飲食店街ともいう）といわれたのである。1952年の時点で東京都内の赤線地帯に1142軒の特殊飲食店があり、4454人の娼婦《しょうふ》が働いていたという。

亀有には43軒の特殊飲食店があり、180人の娼婦がいた。現在では、もうだいぶ店も建て替わったようだが、それでもスナック、飲み屋などとして残っているところも少なくない。

赤線跡地の南側には水戸《みと》街道が走っている。今は国道6号といわれ、江戸通りの浅草からが水戸街道と呼ばれるようだが、本来の水戸街道は北千住《きたせんじゅ》（千住宿《せんじゅしゅく》）の日光《にっこう》街道から分岐し、葛飾区小菅《こすげ》一丁目を経由して現在の水戸街道より北側を亀有まで来ていた。今の江北橋《こうほくばし》通りがそれにあたり、赤線地帯のすぐ南である。

だから、江戸時代から亀有に街道を行き来する人々のための飲食、娯楽、慰安の店があったとしてもおかしくない。そういう土地の歴史が赤線を引き寄せたのであろうか。

「新宿」へ

旧水戸街道をそのまま東に進むと中川《なかがわ》。橋の手前のショッピングモールと川の間には香取《かとり》神社があり、橋を渡っていると向こう岸にお寺や神社がいくつか見える。そのあたりが旧水戸街道沿いの一画である。

旧水戸街道は川を渡ると川に沿って南に曲がる。ここが新宿《にいじゅく》の宿場である。沿道には問屋や旅館4、5軒が並んでいたらしい。参勤交代の武士たちも、ここで休憩した。中川で獲れる鯉は美味だったという。今もぽつぽつ商店が営業している。地主か名主《なぬし》と思われる立派な家もある。

新宿の街道筋

中島守利像

江戸時代の水戸街道は東海道《とうかいどう》、奥州《おうしゅう》街道、中山道《なかせんどう》に次いで往来が多く、かなり栄えていた。商業が盛んで、小都会のようだったという。農業専業は少なく、農地はほかの地域の村民が耕作に来ていたというから、けっこう優雅な暮らし方をしていたのである。

旧街道を南下して突き当たるあたりに立派な銅像がある。南《みなみ》葛飾《かつしか》郡新宿村（現・葛飾区）出身の政治家・中島守利《なかしまもりとし》（1877〜1952）である。独学して新宿郵便局長、新宿町長、東京府議会議員を経て1920年に衆議院議員となった。戦後は日本自由党代議士会長などを務めた人物だ。

そして、そこを東に左折。道の南側に日枝《ひえ》神社がある。しばらく歩くと北に左折。ただし、ここで南に右折すると佐倉道《さくらみち》である。水戸街道は水戸佐倉道といわれ、水戸道と佐倉道がここで分岐するのである。

水戸道のほうをしばらく歩くと今度は東に右折という具合に、旧水戸街道は四角を描いて曲がり続ける。このように曲がり道にしたのは見通しを悪くして戦《いくさ》のときに敵が攻めづらいようにしたものである。角には寺や神社を配置して、いざというときは、そこに隠れられるようにしたわけだ。

新宿周辺。太い灰色の線が旧・水戸街道（出所：「葛飾区史」内「子ども葛飾区史」第2章 葛飾区の歴史、第6節 江戸時代）

この新宿には花街や飯盛宿《めしもりじゅく》（飯盛女という娼婦がいた）があったような雰囲気がない。おそらく、そういう機能を亀有のほうに任せていたのではないかと私は勝手に推測しているが、どうだろう。

このように栄えていた新宿なのだが、今はあまり知る人はいないだろう。鉄道ができてから、商業などの中心は、どうしても駅周辺に集中するからである。だから、金町《かなまち》駅からも亀有駅からも遠い新宿なんて、住んでいなければ知らない遠い場所だ。

本当なら、そういう宿場に鉄道を敷くべきだったかもしれないが、町民の一部が鉄道に反対して敷かれなかった。こういうことは明治時代にはどこでも見られた現象である。鉄道はそれまでの馬を使った輸送業者から見れば敵であり、また蒸気機関車が吐き出す煙や火の粉が嫌われたのである。

だから、新宿にも駅はできなかった。運輸の中心としての座は奪われ、参勤交代もなくなって、かつての宿場町は衰退したのである。

金町──京成線沿いの旧街道の味わい

さて、この旧水戸街道を歩いて京成《けいせい》金町線の京成金町駅に近づくと、街道の幅は4メートルほどしかなくなる。この幅が街道の本来の幅だという。いくら旧街道でも、その後、自動車に合わせて少しは拡幅されているが、この京成金町線の近くは幅が非常に狭い。その狭い街道沿いに居酒屋、焼き鳥店などがずらっと並んでいる。金町栄《さかえ》通りである。

これらの店も10年ほど前までは開店休業のような店やシャッターを閉めた店が多かったという。そこに2011年に東京理科大学工学部が神楽坂から移転してきた。学生数4000人。駅前にはタワーマンションなどが建ち、新住民が増えて、街道沿いだけでなく、商店街が息を吹き返したのだそうだ。

松戸の平潟遊廓

常磐《じょうばん》線で江戸川《えどがわ》を渡ると松戸《まつど》である。松戸は水戸街道の宿場町、江戸川の水運の拠点、あるいは江戸から千葉方面に川を渡ってくる船着き場として古くから栄えた。そうなると、当然、遊廓も栄える。

ただし、史料上は江戸以前の遊廓の記録はなく、大正時代になって、ようやく平潟《ひらかた》遊廓の名が登場するという。

平潟遊廓ができたのは明治の半ばであり、全盛期は関東大震災後で、100人以上の娼妓がいたという。震災で吉原など東京都心の遊廓、三業地が燃えてしまったのが繁栄の一因だろう。

京成金町線に沿う旧水戸街道の飲み屋街

場所は今の松戸駅の西口。旧水戸街道を渡って何分か歩いたところだ。このあたりは街道と江戸川に挟まれているが、昔は街道からすぐに江戸川の河原と田んぼだった。そこに水運のために掘割をしたのが今も残る坂川《さかがわ》であろう。

坂川にはいくつも橋が架かっており、宿場町や水運の拠点としてこのあたりが栄えていたころは、さぞかし賑やかで情緒もあっただろうと想像される。

松井天山《まついてんざん》という千葉県の各地を描いた画家が1930年に描いた松戸鳥瞰図《ちょうかんず》を見ると、街道の裏はすぐに田んぼであり、その西に坂川があり、それからまた田んぼがあって、田んぼの向こうに遊廓がある。昔の吉原と一緒で、湿地帯の向こうに出島のように遊廓があったのだ。

当時の平潟の町にはお金があったので、水道を引いたのも松戸で初、道路は舗装されていたという。

平潟遊廓には十数軒の貸座敷（妓楼《ぎろう》）があったが、いちばん古いのが「若松楼」といって、1915年にはもうあった。

経営者は西田徳三郎。平潟の寺である来迎寺《らいこうじ》には、徳三郎の息子かと思うが、東葛飾郡《ひがしかつしか》会議

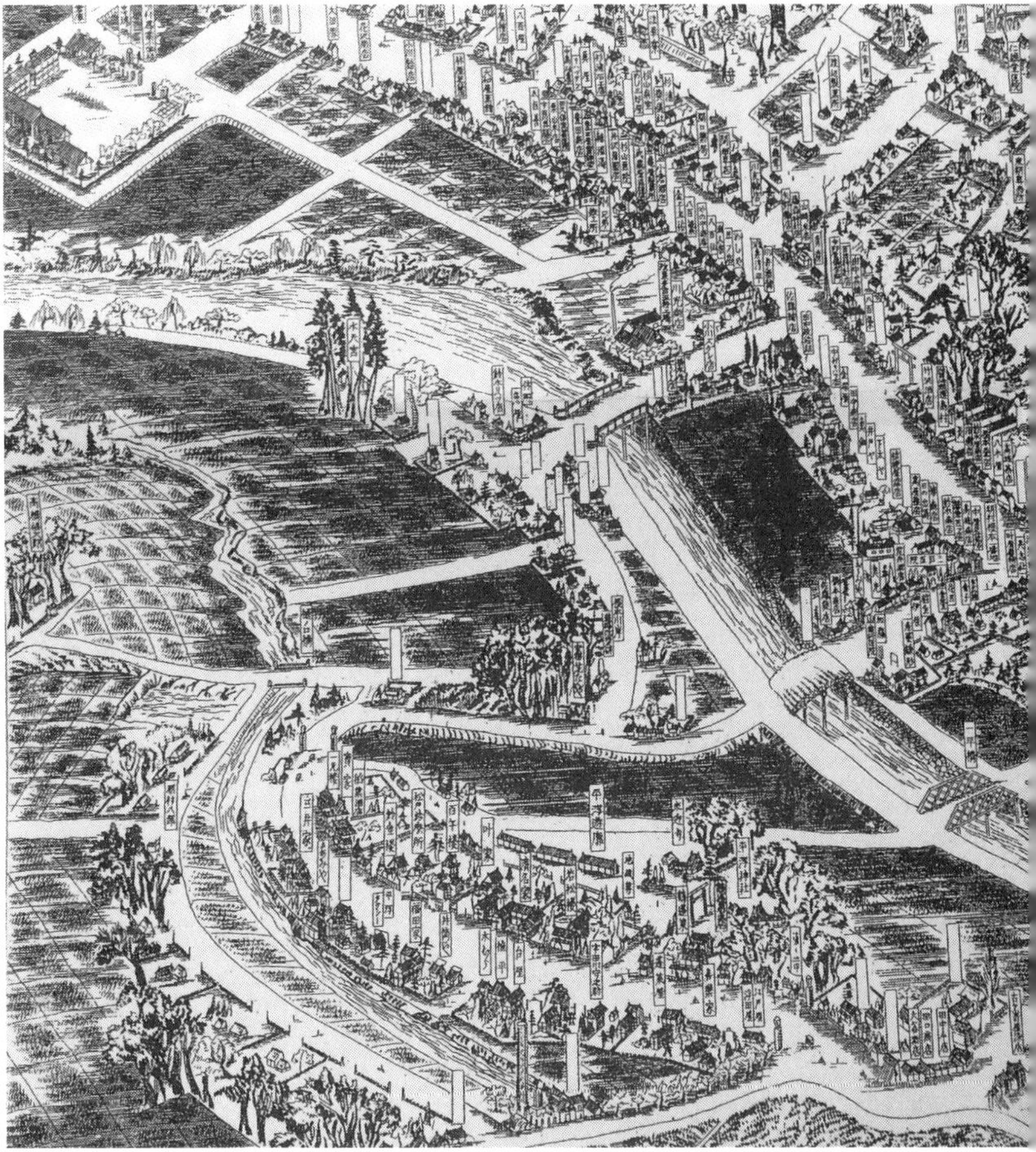

松井天山が描いた松戸鳥瞰図。左下が平潟遊廓。
右上が松戸駅。黒いところは田んぼ（1930年）

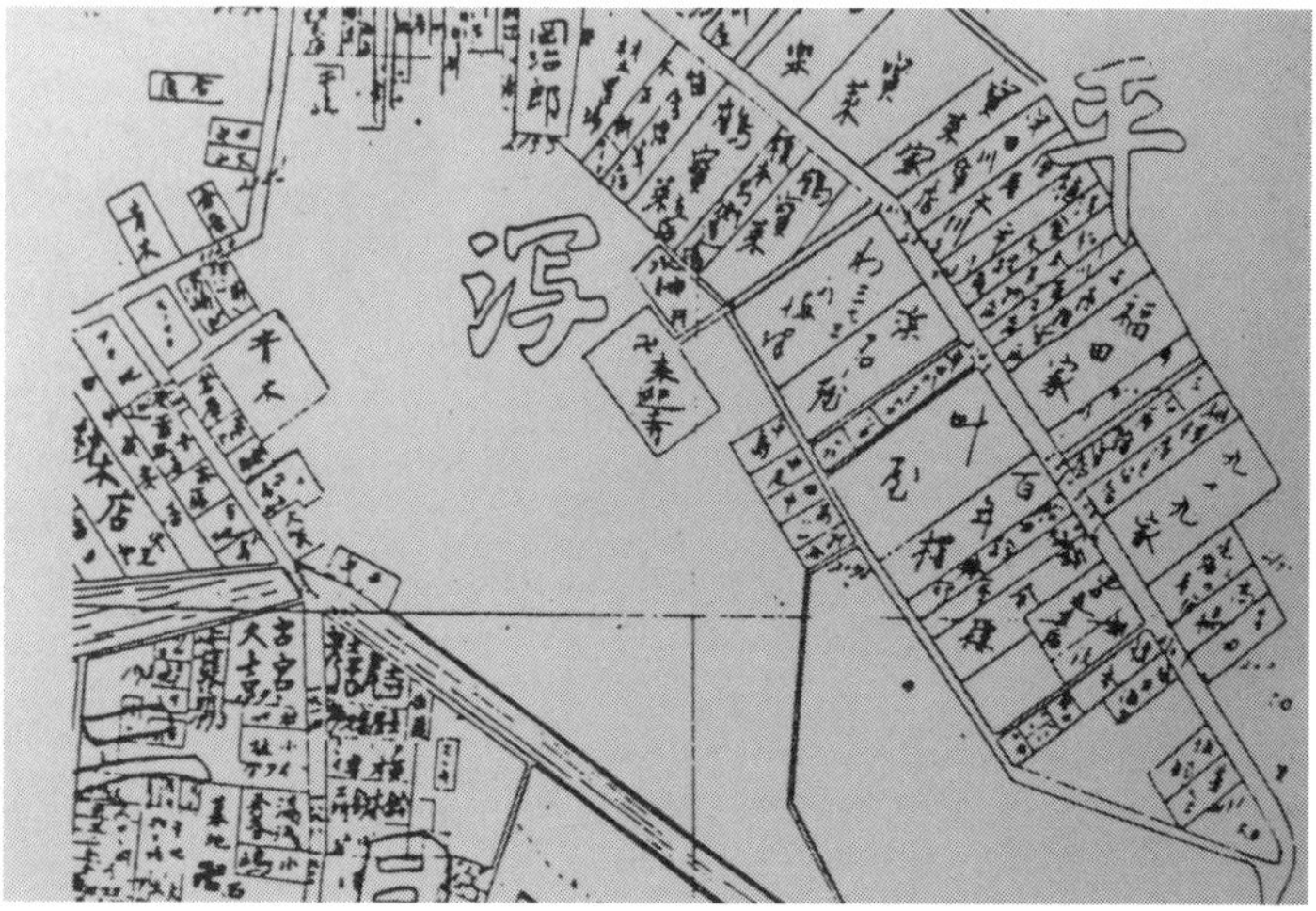

大正時代の平潟遊廓
（出所：地図資料編纂会『昭和前期日本商工地図集成 第1期』柏書房、1987）

員・西田譲を称える大きな石碑が建っているほどである（1918年建立）。

ただし、「若松楼」は、その後、吉原から来た川窪逸雄に経営を譲り、「豊川楼」となった。

貸座敷のなかで最も売上が多く、建物も豪華だったのは「三井家」だった。新宿《しんじゅく》（昔の内藤《ないとう》新宿）の宿場の資産家・内田新太郎が1923年ごろに「吉原にも負けない立派なものを」といってつくったものだという。コンクリートの土台の上に建っており、表は唐破風《からはふ》の屋根の下に鯉の滝登りの彫刻をはめた玄関だった。最初は「九十九楼《つくもろう》」といったが、内田は三井《みつい》、三菱を尊敬していたので、途中で改名した。三菱の創業会社が九十九商会といったからである。

「福田家」と「百年」という遊廓は擬洋風建築だった。「福田家」は船頭だった宇田川兼吉の後妻がやり手で、1930年ごろに擬洋風に建て替え、三井家と並ぶほどの売上だった。道路に面して正方形の黒いタイルを貼り、庭にはシュロの木が植えてあった。

「百年」は黄土色のモルタル木造で、窓には赤、緑、黄色、青のステンドグラスがはめ込まれていて派手だったという。「叶家」「浜名家」という貸座敷も親戚の経営だった。

「鈴金楼」という貸座敷は世田谷のチンチン電車の車掌だった鈴木録太郎が道楽をして、流れ流れて平潟の「浜名家」の番頭となり、別の貸座敷の「鶴宝莱」の仲居と一緒に開いた店だそうだが、そんな人生もあるのかと驚く。

戦後は学生の宿泊に使われていた旧平潟遊廓の特殊旅館
（出所：「毎日グラフ」1954年9月1日号）

平潟には遊廓だけでなくビリヤード場、射的場、カフェー、食堂、質屋、建具屋、髪結い屋、水菓子屋（果物屋）、仕出屋、たばこ屋もあった。遊女が着る着物は主に上野松坂屋《まつざかや》に注文したので、松坂屋は１９３７年、松戸の市街地に出張所を設けて衣料品、雑貨を販売するほどだった。そのほか、着物は地元の葛西屋《かさいや》などから買った。葛西屋は今も旧水戸街道沿いにある。

遊廓時代の歴史を感じさせる古い柳の木

しかし、第2次世界大戦が激化すると、平潟遊廓は1942年に王子兵器という軍需企業に売られて社員寮となった。戦後、王子兵器から返却されたが、「百年」はGHQ（連合国軍最高司令官総司令部）の要請で進駐軍専用のダンスホールとなり、「福田家」が改名した「渡洋館」と、「浜名家」と「福田家」が共同経営する「宝家」の二つは進駐軍の兵隊向けの売春宿になってしまったのだ。

「喜楽」という貸座敷は中国や満州《まんしゅう》からの引き揚げ者の寮になり、風呂が大きかったので、町内の風呂屋としても使われたという。

売春防止法の施行により、遊廓は廃止される。建物はその後、マンションや一戸建て住宅に建て替わっていったが、1990年代までは、まだ古い遊廓建築が残っていたらしい。その時代に見ておきたかった。

森ヶ崎、穴守

東京湾岸海浜リゾートの誕生

お金持ちの坊ちゃん、お嬢さんが鰻や鯉を食べて暮らしていた

森ヶ崎の歴史は面白い。以下、『大田区史（資料編）民俗』によると、ここは1897年ごろには養魚場がつくられて敗戦後まで続いた地域であり、スッポン、鰻、鯉、亀が養殖されて日本橋の魚市場に出荷されていた。

また、大正時代以前（1910年以前）は療養地だった。1894年に干ばつに襲われたときに水を求めて井戸を掘ると鉱泉が出た。そこで1895年に無料の公衆浴場ができ、同年に「光遊館」「盛平館《もりへいかん》」、1899年には内務省衛生試験所によって鉱泉成分の分析が行われて医学上の効用が確認され、「森ヶ崎鉱泉」として東京近郊の保養地、湯治場として人気を得た。鉱泉病院もできて、貧血、リウマチ、皮膚病など万病に効果ありとして人気があった。

鉱泉病院は療養者が集まり、肺結核患者のサナトリウムのようであったという。病人は旅館の

森ヶ崎鉱泉旅館寿々元の絵葉書

離れや別荘に滞在することも多く、たいていは金持ちの坊ちゃん、お嬢さんが鰻や鯉を食べて暮らしていた。

また、近隣の隠居老人が1カ月くらい旅館に泊まることもあったというから、現在の大田区の話とは思えない。まるで地方の温泉場のようである。

1900年代に入ると旅館の数が急増し、旅館の周囲には池や釣り堀がつくられ、宿泊者はそこで釣りを楽しむようになった。

さらに、1915年に当時の大出版社・博文館《はくぶんかん》の専属の車屋・小沼金次郎が森ヶ崎に旅館「大《だい》金《きん》」を開業。博文館の文芸誌『文章世界』の編集長・加能作次郎《かのうさくじろう》の紹介で作家たちや資生堂《しせいどう》の若旦那が「大金」に訪れるようになった。

小沼は、〈文学者の客が好きで、朝起きて文学者の滞在客がいない時は寂しいと云《い》うような質であったから、いつとなく女中も心得て、徹夜する

大森町森ヶ崎富士川旅館の絵葉書

と云うと、何も云われなくても、夜中に食べる物を用意してくれた。それで、云い伝え、聞き伝えて、大正八、九年頃までは、森ヶ崎のその家は文学者の客が絶えたことがない、と云っても誇張でない〉（宇野浩二《うのこうじ》『文学の三十年』中央公論社《ちゅうおうこうろんしゃ》。原文は旧仮名づかい）

「大金」は15部屋があり、大広間は百畳敷きで、宴会で賑わった。市内から結婚式を挙げに来る人もいた。

「万金《まんきん》」は下谷二長町《したやにちょうまち》（現・台東区台東一丁目）にあった「市村座《いちむらざ》」の関係者によって営まれていたので、役者、浪曲師などの芸能人がよく利用した。日本橋の横山町《よこやまちょう》や本郷《ほんごう》の旦那衆や伊勢丹《いせたん》の社長も来たという。

「富士川」は新橋の有名なすき焼き店の「今朝《いまあさ》」の関係者によって経営されていて、主に横山町の旦那衆が得意先であったそうで、またしても横山町であるが、繊維問屋の町であるから、全国に営業をして回るのが仕事であり、森ヶ崎に泊まることが多かったのであろうか。

「寿々元《すずもと》」は上野の鈴本《すずもと》演芸場の黒柳路久が別荘のように使っていたものが旅館になったもの。ここも尾崎士郎《おざきしろう》らの作家が常宿にしていていた。社会主義者の堺利彦《さかいとしひこ》も常客であり、人力車でやってきたが、人力車のあとから警官がたくさん追いかけてきたという。

「大和館《やまとかん》」は湯質がよく、花柳病（性病）に効くといわれていたので、芸者衆がよく利用した。

「三春園」は木挽町の待合の女将の別荘

こうして森ヶ崎は芸者遊びの町になっていく。芸妓屋組合が組織されたのは1922年である。三味線のつま弾きが聞こえ、竹藪《たけやぶ》の細道には湯道具を抱えた若い芸者のなまめかしい姿がちらほらと見えるようになった。高級感はないが、下級会社員の宴会場には絶好の土地であった。

芸妓の源氏名《げんじな》も独特で、「メロン」とか「ヨット」といったものが多かったというから、面白い。現在の安いキャバクラのようである。

永井荷風《ながいかふう》によれば、森ヶ崎の「三春園」という待合は木挽町《こびきちょう》（現・中央区銀座《ぎんざ》の東半分）で羽振りのよかった「対月」という待合の女将《おかみ》が保養のための別荘として建てたものだが、こんな立派な別荘をたまにしか使わない

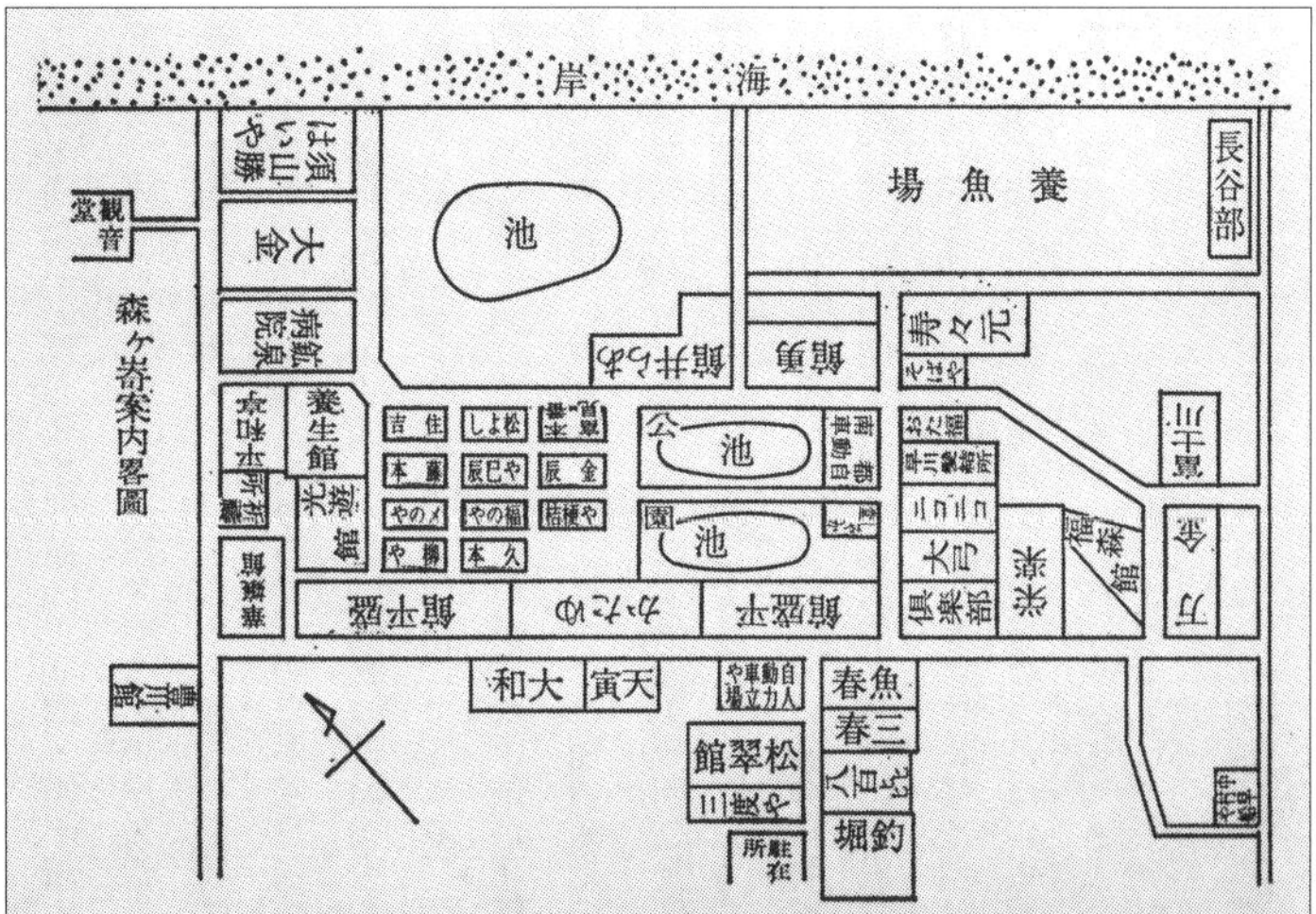

図26　大正末期の森ヶ崎

大正末期の森ヶ崎（1924年ごろ）（出所：『大田区史（資料編）民俗』1983）

のはもったいないということで、木挽町のほうは養女と女中に任せて、別荘のほうを支店のような扱いで、贔屓《ひいき》の客筋や芸者衆が客を連れ込む店として経営するようになったのだという。その芸者衆も新橋など東京市内から連れてきたらしい。

芸者衆は都心など別の町から芸者置屋が連れてきたが、旅館の女中は地元採用であった。羽田の漁師の娘が多く、12～13歳で住み込みで雇われた。

また、昭和初期発行の「森ヶ崎八景絵葉書」によると、森ヶ崎は〈四季おりおりの行楽清遊に適するのみならず〉、鉱泉はラジウム包含量が甲州増富《こうしゅうますとみ》温泉（山梨県北杜《ほくと》市）に次いで全国2位、旅館、料亭、芸者置屋も多数そろっており、〈お退屈しのぎ〉には釣り堀、大弓、玉突き、射的などの遊技場もあった。そういえば昔、群馬県の伊香保《いかほ》温泉に社員旅行で行ったとき、「退屈しのぎ」に弓をした。こういうものは玉突き、射的と同様、温泉街の必須娯楽なのだ。

「魚春」という一種のデパートメントストアや青果店、酒店などもあるから、自炊するにも便利になっていた。先述した鉱泉病院の療養者たちも、しばしば自炊をしていたらしく、これらの店を利用した。ほかにも外食用に「天寅《てんとら》」「おた福」「ニコニコ」などの飲食店、喫茶店があった。

「魚春」は名前の通り、本来は鮮魚店であり、大正時代にこの地に来て魚を旅館に売っていた。主人の妻もそば店の「栄庵」を開店したという。

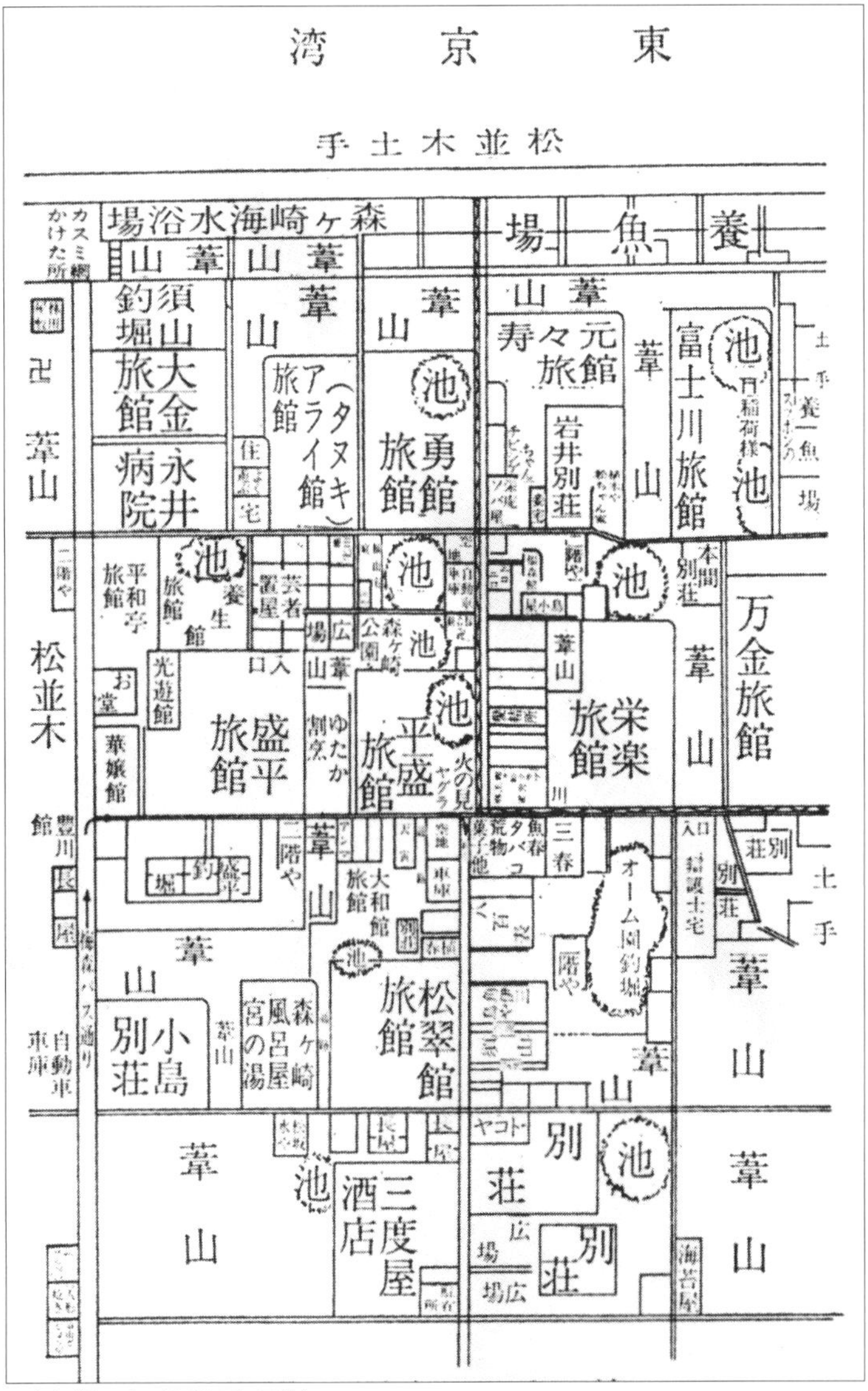

昭和初期の森ヶ崎（出所：同前）

震災後は工員寮の町へ

こうして発展をしてきたところに関東大震災があり、震災後の森ヶ崎は連れ込み専門の鉱泉街となったらしい。都会の喧噪《けんそう》を避ける保養地というより、「享楽地」となっていった。

また、震災後は東京に「円《えん》タク」と呼ばれる1円出すと市内ならどこまでも行くというタクシーが登場し、人力車に代わって主要な移動手段になっていく。統計によると、1896年には全国で21万6888台の人力車があったが、1936年には1万7454台に減っている。東京市内には1886年には4万4348人の車夫《しゃふ》（人力車を引っ張る者）がいたが、1931年にはたった1358人に減った。東京は人力車の減り方が激しい。

対して乗用車の台数は全国で1914年には681台だったが、1932年には6

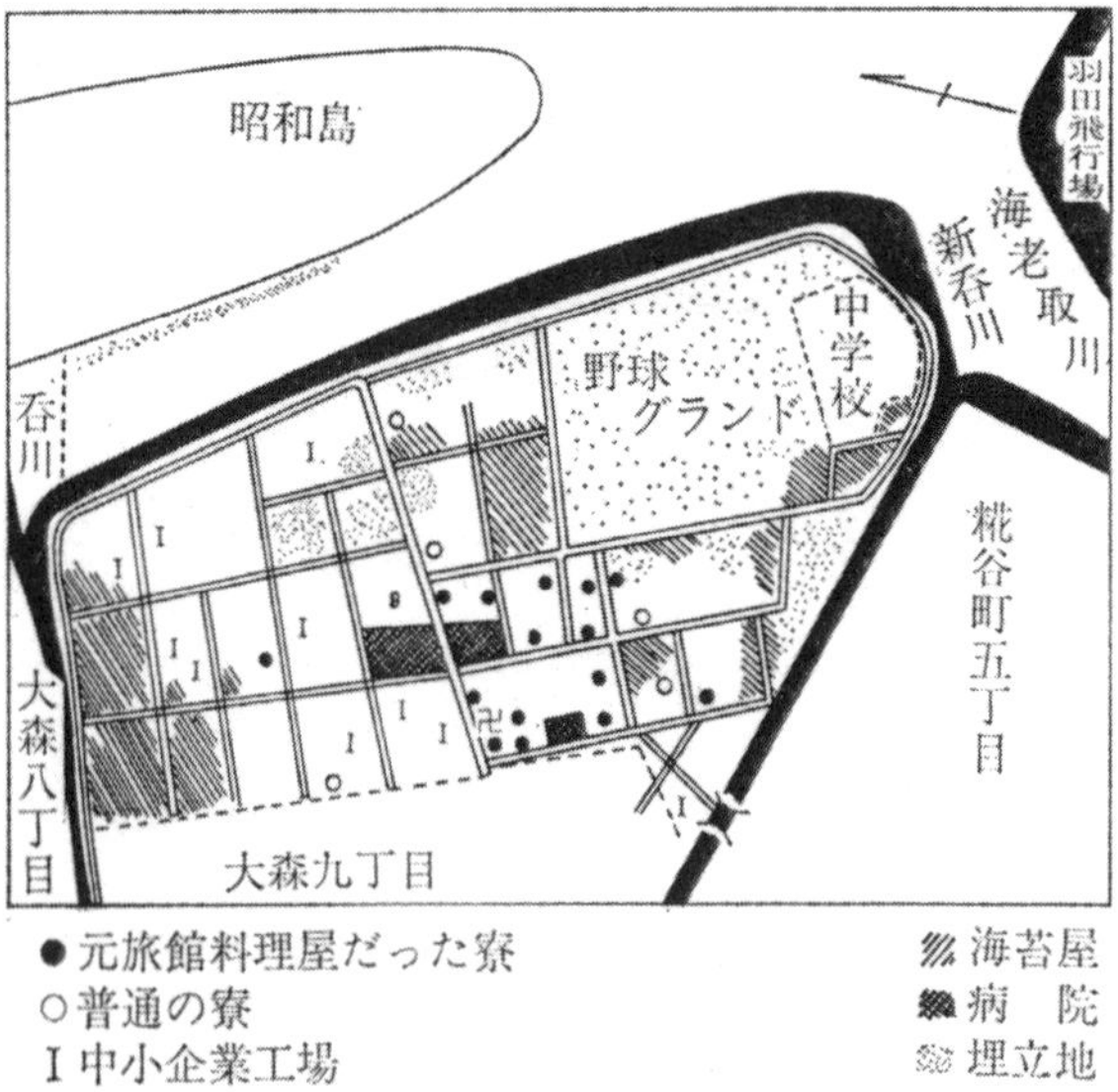

敗戦直後の森ヶ崎。旅館が工員寮に変わっている（出所：同前）

穴守稲荷（出所：穴守稲荷神社公式サイト）

羽田穴守稲荷御本社前通（出所：同前）

万4282台に増えている。ハイヤー、タクシーの数は1936年に全国で4万426台である。ちょうど人力車の数と反比例しているのだ（齊藤俊彦《さいとうとしひこ》『人力車の研究』三樹書房《みきしょぼう》）。

他方、鉄道の整備によって東京から熱海《あたみ》が近くに感じられるようになり、長期滞在するなら熱海が選ばれるようになったので、森ヶ崎などは、せいぜい2、3日の滞在しかされなくなった。しかも工業化が進むと海が汚染され、海水浴が次第に廃れていく。鉱泉に療養に来る人も減っていった。

さらに、1935年あたりから戦争の影が濃くなり、軍需工場が増えると、旅館は工員のための寮に変わっていくことも増えた。こうして森ヶ崎の花街としての繁栄は15年ほどで終わるのである。

「女性の病気」を守る穴守稲荷三業地

羽田の穴守稲荷《いなり》周辺にも花街ができたが、「穴守」が「女性の病気」を守るという解釈がなされたため、花柳界や遊廓の人々に強く信仰された。京急《けいきゅう》穴守線稲荷橋《いなりばし》駅（現・京急空港線穴守稲荷駅）から800メートルの参道があり、花柳界の人たちが寄進した高さ2メートルほどの鳥居が隙間なく立ち並んでいたので、橋を渡って穴守稲荷までは雨の日でも傘がいらないほどだったという（1913年に穴守線が延伸して穴守駅ができると、参道は200メートルになった。現在の穴守稲荷は敗戦後に羽田空港の拡張によって移転したので、当時の場所ではない）。

このように、東京の南部は芝浦、品川から海に沿って穴守まで花街がずーっと連なる状態になったのである。いわば東京の海浜リゾート地が形成されたのだ（116ページ下図参照）。

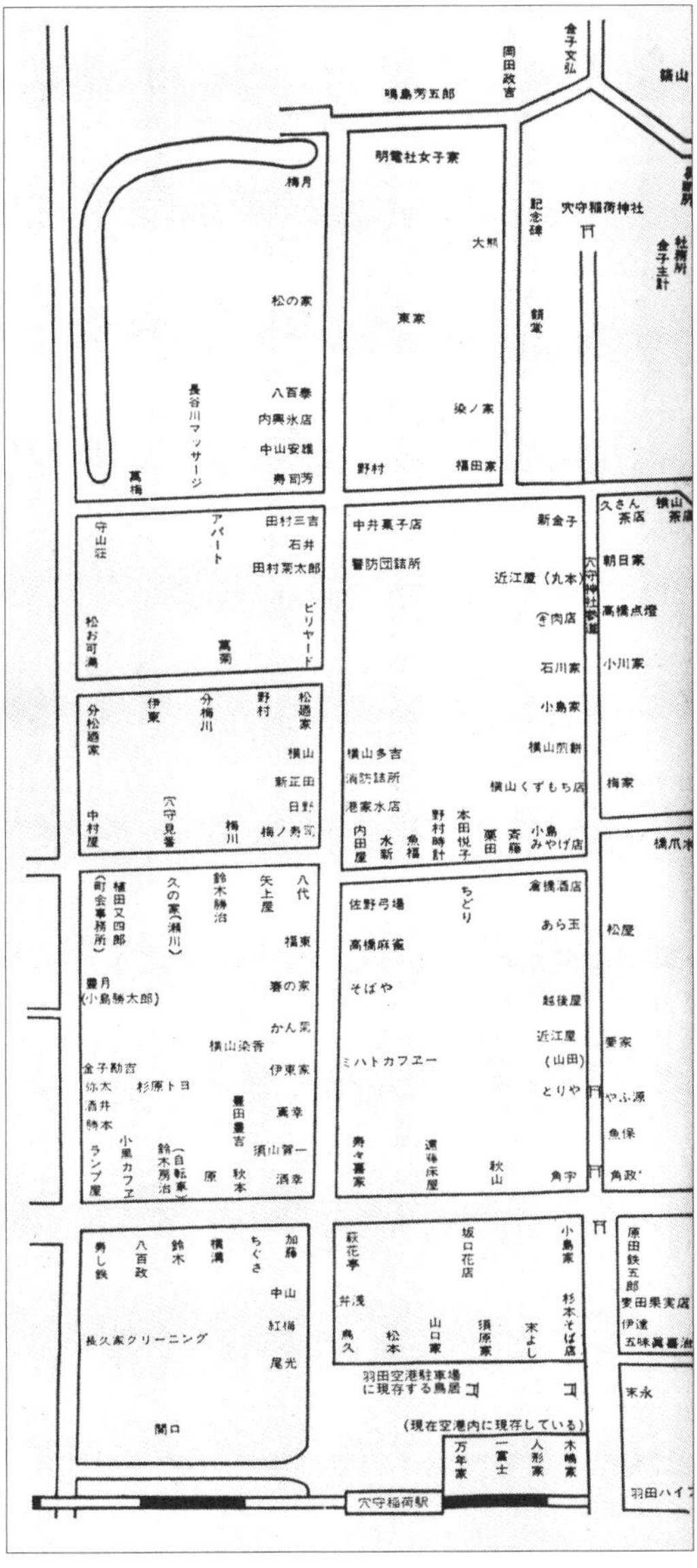

穴守稲荷界隈（1944年）
（出所：『蒲田区　羽田鈴木町　羽田穴守町　羽田江戸見町　居住者概略図』鈴納会地図作成委員会、1978）

平井、小岩、新小岩

戦前の三業地が残り、戦後の赤線跡もある

新小岩の赤線跡地は今もスナック街

敗戦後の東京の下町には、いくつもの赤線地帯があったが、そのうち二つが江戸川区にあった。ひとつは総武《そうぶ》線新小岩《しんこいわ》駅から10分ほどのところであり、もうひとつは総武線小岩《こいわ》駅から20分ほどのところである。また、赤線ではないが、平井は戦前娯楽の街として栄え、三業地もできて賑わい、今も料亭などが多い。

まず新小岩。新小岩駅は葛飾区だが、南口の商店街をしばらく歩くと江戸川区になる。商店街はシャッター通りではなく、すべての店が営業している。最近はマンションも増えたから、若い人たちの買い物需要も多いのだろう。

商店が少しまばらになったあたりが赤線跡。町名は江戸川区松島《まつしま》。亀戸で戦災にあった業者が立石と新小岩に移転してできたもので、79軒の業者、175人の女性がいたという。

新小岩赤線跡の歓楽街

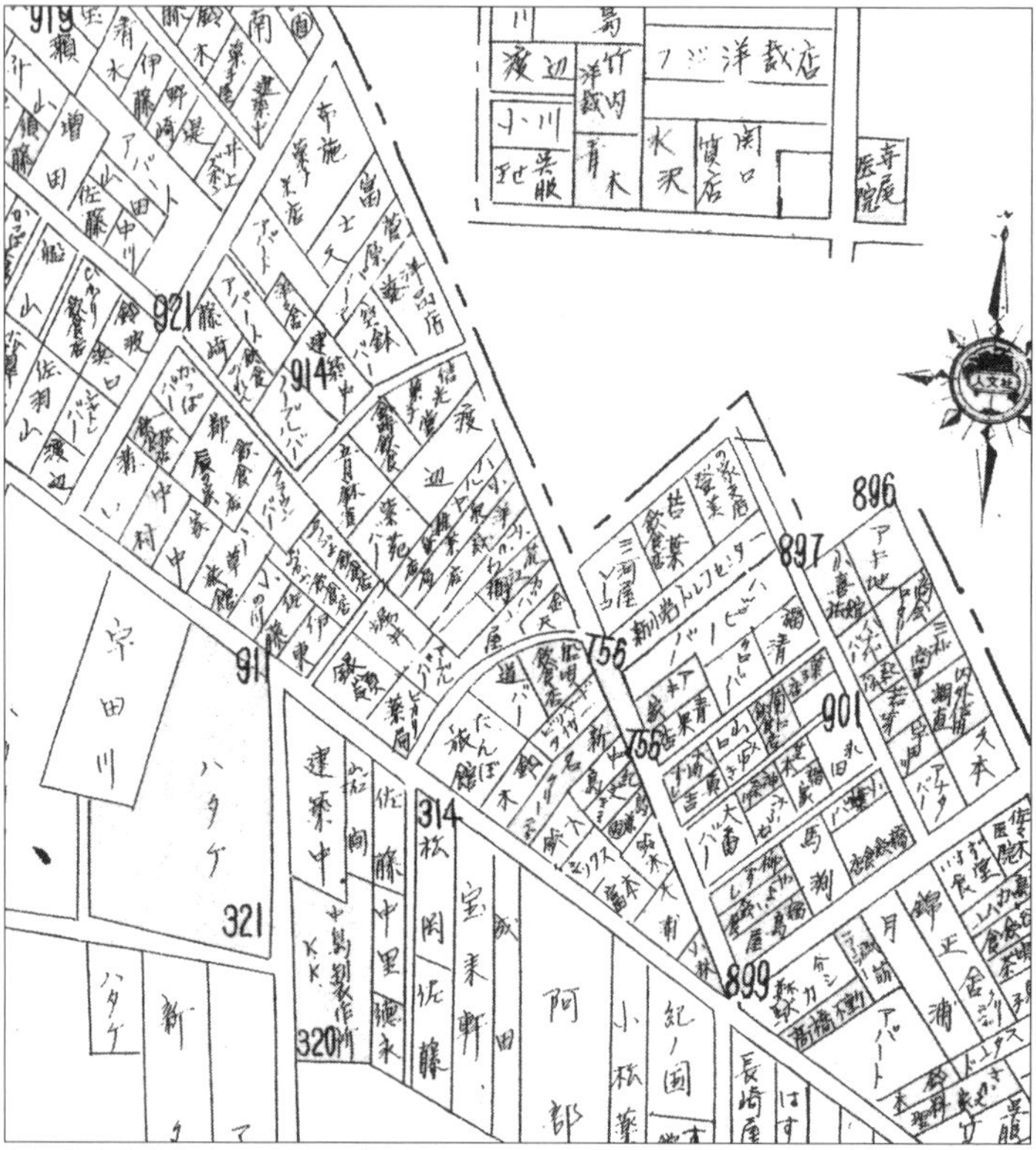

新小岩赤線跡地。バーが多く、旅館もあるが、畑もある
（出所：『全住宅案内地図帳』1962）

昔は川だったところに蓋をした道路2本に挟まれた三角地帯であり、1962年の地図を見るとバーが多数あり、旅館も2軒、ビリヤード場も見えるが、隣に畑もある。1941年の地図を見ると何も描いてないので、市街地ではなく農地だったのだろう。

小岩には有名な「東京パレス」があった

次に千葉街道に入り、東に向かう。10分ほど行くと新中川《しんなかがわ》を渡る。渡った橋の右手の低地に焼き肉店がある。なんだかうまそうだ。

橋を渡り切ると二枚橋《にまいばし》というバス停がある。二枚橋は今渡った橋ではなく、新中川に並行して流れていた小さな川を渡る橋だ。そのバス停の北側が赤線だった。

今は団地形式の官舎が建っている。もともとは精《せい》工舎《こうしゃ》（現・セイコーホールディングス）の木造2階建ての女子寮が5棟並んでいたらしい。それを戦後、そ

新小岩付近（撮影：なかだえり）

のまま利用して米兵用のダンスホールと売春のための慰安施設となった。その名も「東京パレス」。とてもパレスという代物ではなかったはずだが、そういう名前だった。当時は「青春の殿堂都下随一のダンスホール」と謳《うた》われた。1962年の地図を見ると、建物が7棟ほどある。ひとつはダンスホール。ひとつが診療所。あとが飲み屋兼女性と遊ぶ部屋だったのか。吾妻《あづま》通り、憩い通り、中央街、スズラン通りといった名前までついている。坂口安吾《さかぐちあんご》によると、もともとひとつであった大きな部屋を二つに分け、一方は椅子やテーブルを置いた喫茶スペースにし、もう一方は4部屋か5部屋に分割して2畳半の部屋として接客をしたらしい。今は官舎が5棟ずつ2列並んでいるので、似たような配置である。

また、女子寮だったので、共同炊事場や大浴場もあった。地図の文字の書かれていない長方形がそれかもしれない。美容室、化粧品店、寿司《すし》店、焼き鳥店、中華そば店などもあり、生活には便利だったらしい。単なる慰安所ではなく、商店街の中に慰安所があるといった形になっていたようだ。

今、あたりをぐるっと回ってみると、地主らしい大きな邸宅がある。また、街道の反対側には公園があり、その北側は道路だが、暗渠《あんきょ》である。

昔の地図を見ると、この赤線は水路で周囲を囲まれていたらしい。吉原と同じ構造である。水路があるから別世界という感じがするし、働く女性たちからすれば、かたぎの世界とちょっと離れることができる効果があるだろう。

小岩赤線跡地。1962年の地図だが、「東京パレス」と書かれている
（出所：『全住宅案内地図帳』1962）

東京パレス跡地の現状

東京パレス跡地の周囲を水路がめぐっている

ここで57軒の業者、135人のダンサー兼女給が働いた。ダンサーは体を売る女性とは本来は別の職種なのだが、米兵にしてみれば、そんなことはおかまいなしで、ダンサーも結局は体を売ることになったのだそうだ。

かつて赤線であったことを感じさせるものは、もう街中には残っていない。ただ、新中川を渡る直前にボロい商店があり、中に入ると、暗い店内に大人のおもちゃやエロ雑誌を売る自販機が並んでいたのだけが往時を偲《しの》ばせた。

平井は町中華と昭和喫茶が多い

平井駅というと総武線の駅だが、降りたことがある人は少ないだろう。両国《りょうごく》、錦糸《きんし》町《ちょう》、亀戸では降りても、平井では降りない。マイナーな駅である。1899年に駅ができたが、乗降客数は今も3万人程度と小さい駅だ。

だが、行ってみると、けっこう面白い。駅北口に出ると、すぐに「平井ショッピングセンター」がある。外観は数階建てのモ

平井ショッピングセンター

ダニズム建築なのだが、1階と2階がショッピングセンターになっている。ショッピングセンターといっても、1階は靴下店と婦人服店と化粧品店があったくらいで、2階は居酒屋、寿司店、うどん店と昭和喫茶。おたくの聖地になる前の中野《なかの》ブロードウェイを限りなく小型化したような感じといえば、わかる人にはわかるか。

ショッピングセンターの西にある西友《せいゆう》も建物のデザインがけっこうかっこいい。昔はスーパーといっても、建築に凝る時代だったのだ。

また、街を歩くと昭和な喫茶店がいくつかある。

「町中華」も多く、昭和世代のノスタルジーをそそる。

マイナーな駅だが人気の三業地があった

平井には1920年代初頭には、すでに「寿亭」「田中亭」「演芸倶楽部《くらぶ》」「丸参亭」といった寄席があり、映画館としては小松川電気館《こまつがわでんきかん》があって人気があった。小松川電気館は朱塗りの和洋折衷様式の建物で、330平方メートルの広さ、400人が収容できた。

平井には明治、大正時代から、「文明開化の夜が明けりゃ　平井田んぼの蛙《かえる》の子　三味《しゃみ》の音色に踊り出す　天下晴れての太平町　平井田んぼに火がついた」と歌われていたらしく、古くから芸者衆はいたらしい。

三業地は昭和になってからで、1927年に小松川三業株式会社として設立され、戦前の最盛

平井の昭和喫茶

平井の町中華

平井三業地（出所：『全住宅案内地図帳』1962）

三業地の名残の
料亭などが多い

水郷

期には置屋45軒、待合30軒以上、料亭7軒、芸者250人ほどだった。日本橋、神田の旦那衆が浜町《はまちょう》や柳橋は人目につくといって、人力車で平井まで遊びに来ることもあったという。料亭として、1937年ごろに平井三業組合となった。

戦争中は空襲で壊滅し、三業地の復興は1950年からだった。料亭14軒ができ、芸者数は50人ほどだった（上村敏彦《うえむらとしひこ》『東京　花街《かがい》・粋な街』街と暮らし社）。

今行っても、料亭や小料理屋などがかなり残っている。これだけたくさん残っているのは東京でも随一ではないだろうか。木造の味わい深い建物が往時を偲ばせる。

コラム

カフェー——女給と自由に遊ぶのがモダンという時代

初田亭《はつだとおる》の『繁華街にみる都市の近代―東京―』（中央公論美術出版）によれば、日本ではカフェ（カフェー）は長い間、女給を置いて洋食、洋酒、ビールなどを供する飲食店の意味で使われてきたという。統計的には「喫茶店」であり、1898年の「東京市統計年表」では喫茶店が貸座敷（江戸時代までの遊廓の名称を変えたもの）、引手茶屋《ひきてぢゃや》、待合茶屋、貸席、料理店（料理屋とも。料亭）、銘酒店（銘酒屋とも。220ページ参照）、新聞縦覧所（新聞を読む場所という名目で、実は女性と遊ぶ場所）、芸妓屋などとともに「風俗に関する諸営業」として分類されていた。

「喫茶店」は東京市では震災後の1924年から急増し、1923年には55軒だったのが、1928年には671軒、1933年には2601軒、1938年には3307軒と、増加した。

それに対して、「料理店」は1914年の547軒から1930年代は300軒前後に減少。震災の影響もありそうだが、カフェーなどのモダンな業態が出てきたことで、料亭が下

国立歴史民俗博物館におけるカフェーの展示

火になっていったのであろう。だから、芸者からカフェーの女給に転職した女性も多かったのである。言い換えると、格式張った料亭で芸者と遊ぶより、カフェーで女給と自由に遊ぶのがモダンだ、という時代になったのである（２０２１年に放送中のＮＨＫ朝ドラ「おちょやん」

銀座のカフェーの内部
（出所：改造社編『日本地理体系 大東京篇』改造社、1929）

でも主人公がカフェーに勤めていたので、雰囲気がわかる）。
待合茶屋、今でいうラブホテルのようなものも増えており、1913年に1193軒だったのが、1924年に1997軒、1929年には2180軒である。

また、「銘酒店」は1915年の1004軒をピークに、1918年には統計から消えている。「新聞縦覧所」も1913年の577軒が、1923年には9軒に激減した。これは「銘酒店」や「新聞縦覧所」が近代化する東京市内にふさわしくないものとして排除されたからであるが、その代わりに「喫茶店」が増えたにすぎないといえる。銘酒屋と新聞縦覧所を合計すると、1915年までは1200軒ほどだったが、1931年の喫茶店は1254軒なのである。銘酒屋、新聞縦覧所と同じ業者が喫茶店を始めたケースも多かったに違いない。1929年には警察が「「カフェー」「バー」等取締要綱」を定めて、取り締まりを強化している。

1933年には「特殊飲食店営業取締規則」が警視庁によって制定され、女給が接待するのが「特殊飲食店」（これが通常「カフェー」と呼ばれる）、そうでないのが「普通飲食店」（「純喫茶」ともいわれた）とされた。つまり、同じ喫茶店でも、女給を置けば特殊、置かなければ普通であり、西洋料理店、支那料理店も特殊と普通があった。1933年には喫茶店の場合は特殊が1701軒、普通が900軒だった。1940年には特殊が1129軒、普通が1738軒と逆転しているが、これは戦争が厳しくなり、風俗を乱す特殊飲食店が規制されたからであろう。

こうして見ると、1924年から1933年までが、いわゆる「カフェー」の全盛期だったといえる。

東京(旧市部)の風俗に関する店舗数

	喫茶店	待合茶屋	引手茶屋	料理店	銘酒店	氷水店	飲食店	新聞雑誌小説類縦覧所
1898年	69	422	142	361	560	2384	3473	
1899年	69	463	139	385	605	2792	3741	
1900年	74	480	140	440	612	3147	4151	
1901年	74	511	136	482	688	3576	4640	
1902年	66	520	134	492	660	4237	5194	
1903年	74	563	127	526	703	4575	5754	
1904年	62	584	123	503	587	4758	6170	
1905年	55	636	116	513	446	4784	6174	
1906年	58	687	113	524	450	5037	6271	
1907年	57	784	110	490	398	5074	6546	
1908年	48	826	107	534	366	5273	7222	
1909年	44	883	109	545	387	5661	7736	
1910年	52	901	104	520	340	5564	8222	
1911年	51	961	92	533	300	5818	8637	
1912年	47	1053	76	529	625	6393	8971	
1913年	46	1193	83	540	718	5875	9495	577
1914年	41	1257	73	547	723	4811	9381	488
1915年	40	1400	70	460	1004	6679	9452	183
1916年	38	1274	70	423	656		8907	173
1917年	32	1323	70	414	279		8831	121
1918年	25	1399	71	394			8070	48
1919年	27	1465	71	375		4777	8087	38
1920年	32	1559	71	374		4106	8468	39
1921年	31	1643	70	385		4266	9212	39
1922年	32	1735	70	392			9888	39
1923年	55	1338	8	253			9362	9
1924年	159	1997	63	318			12764	6
1925年	226	2104	62	323			12962	6
1926年		2127	63	315			12898	6
1927年	397	2149	61	304			12931	4
1928年	671	2172	61	290			13036	
1929年	1073	2180	60	331			13652	
1930年	1082	2139	58	307			14346	
1931年	1254	1852	57	277			15051	
1932年	2056	1985	53	279			15110	
1933年	2601	1990	50	355				
1934年	2402	1980	47	357				
1935年	2479	1767	47	354				
1936年	2518	1956	47	305				
1937年	3065	1963						
1938年	3307	1960						
1939年	3061	1969						
1940年	2867	1955						

資料：『東京市統計年表』(出所：初田亨『繁華街にみる都市の近代』)

第二章　近郊

北千住

日光街道から移転し、柳町となって栄えた

学校に行けなくてこういう商売をやっている

北千住は日本橋から始まる日光街道の最初の宿場町として江戸時代から栄えた。荒川《あらかわ》経由で秩父《ちち ぶ》、入間《いるま》方面からの材木なども北千住経由で江戸（木場《きば》）に運ばれたため、水運の拠点でもあった。

そういう街には必ず遊廓が誕生する。幕府が正式に認めた遊廓としては、吉原のほか、日光街道の北千住、東海道の品川、中山道の板橋《いたばし》、甲州街道の新宿《しんじゅく》の遊廓が認められた。

それと別に、「違法」な岡場所も北千住にはできた。公娼《こうしょう》である元吉原が新吉原に移転する際に「風呂屋の取りつぶし」という形で湯女（という名の売春婦）がいる場所が排除されたのだが、現実には「岡場所」は存在し続け、100近いところに存在していた（19ページ参照）。

地元の商店街関係者の証言によると、千住小学校には遊女がお金を寄付したという記録が残っていた。「自分たちは学校に行けなくてこういう商売をやっているから」という理由での寄付だ

ったという。1871年ごろの話である（前出『横丁の引力』）。

岡場所時代の名残か、10年ほど前まで旧日光街道から入る路地にはソープランドがあった。普通の住宅かアパートのような木造モルタル建築であるが、堂々と看板を掲げていたのでびっくり

旧日光街道から入る狭い路地にあった木造ソープランド

した。

停車場から大門までの路地には私娼が立っていた

1896年に今の常磐線が開通し、北千住駅が開設された。1899年には東武《とうぶ》鉄道の北千住駅もできた。1900年に内務省の指示により、東京府によって貸座敷営業区域の指定が行われ、遊廓の隔離政策が取られた。風紀取り締まりと花柳病の予防のためであった（五十嵐典彦『「千住柳町《やなぎちょう》」調査報告書（二）』）。

また、駅は日光街道に近いために風紀上の問題から遊廓などを移転すべきだという気運が高まった。そのため、遊廓は減少していったが、駅と離れた場所に移転することになり、今の千住柳町に1919年に移転し、二業地として指定された。遊廓数は16軒で娼妓数は100人ほどだったが、1925年には娼妓は265人に増えた。

1910年には日光街道の千住四丁目の角から遊廓の北側までの「四丁目新道」が整備された。これが今の「いろは通り」であり、その後の柳町整備の契機となった。1918年には土地区画整理組合が地主から土地を買収し、柳町遊廓の区画整理が進んだ。

1920年代には今の新しい日光街道が整備され、震災直後には被災した板橋、吉原の遊廓からも移転があり、妓楼数は56軒を数えた。1928年には「柳町」という地名が町議会で議決された。

同年に水天宮《すいてんぐう》から上野を経て千住四丁目、千住二丁目などに停車場のある市電ができ、二丁目の停車場から遊廓の大門《おおもん》まで徒歩10分ほどであったため客が増え、娼妓数も増加した。停車場から大門までの路地には私娼が立っていたという。娼妓数は１９３７年に４０５人となった。

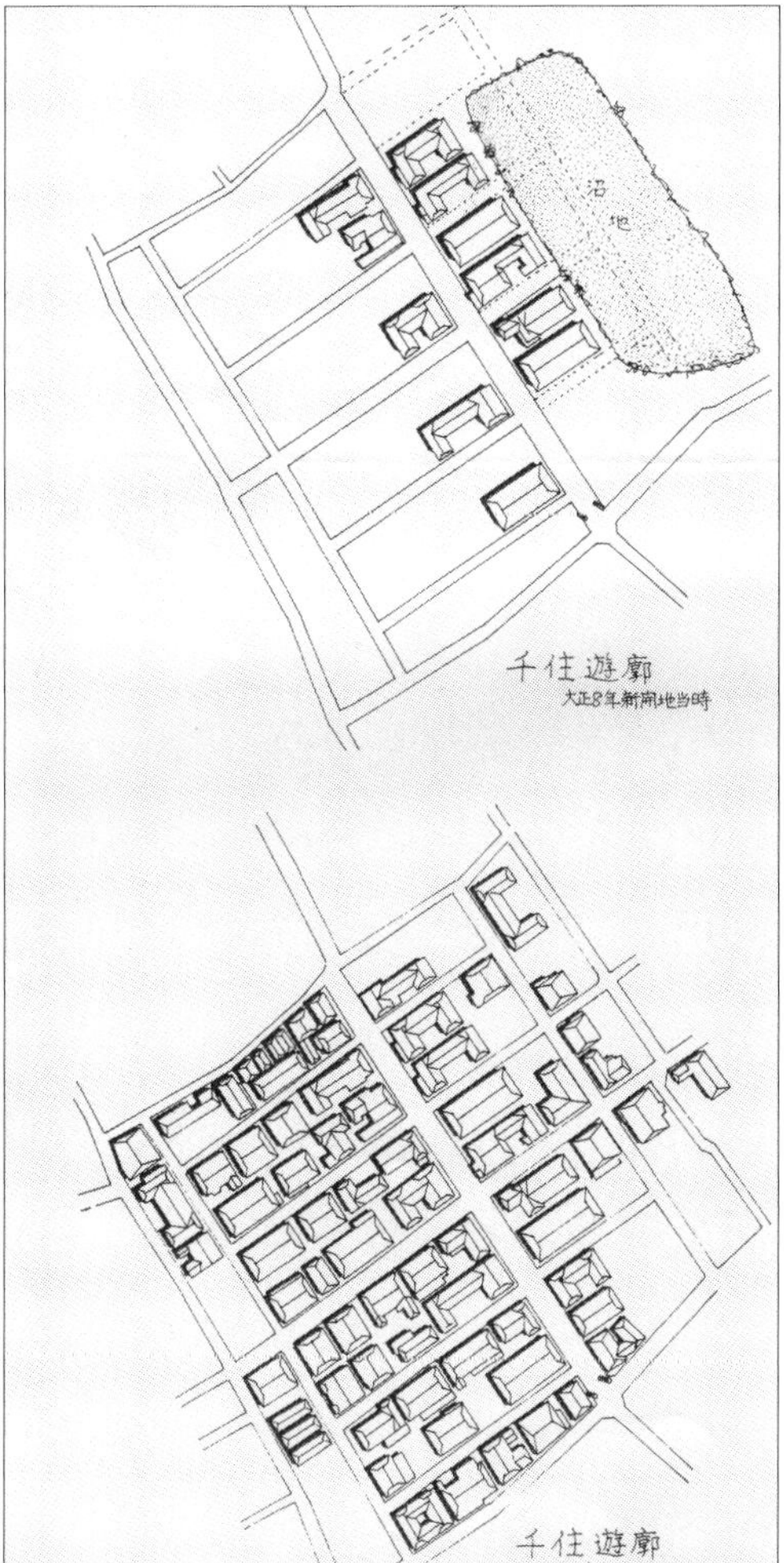

大正時代に発展した千住柳町の遊廓。1919年には池があり、それを埋め立てたことがわかる。右下に大門がある。
大門から下にある道を行くと千住二丁目交差点。柳町の北側が「いろは通り」であり、右に進むと千住四丁目にいたる
（出所：五十嵐典彦『「千住柳町」調査報告書（二）』1972）

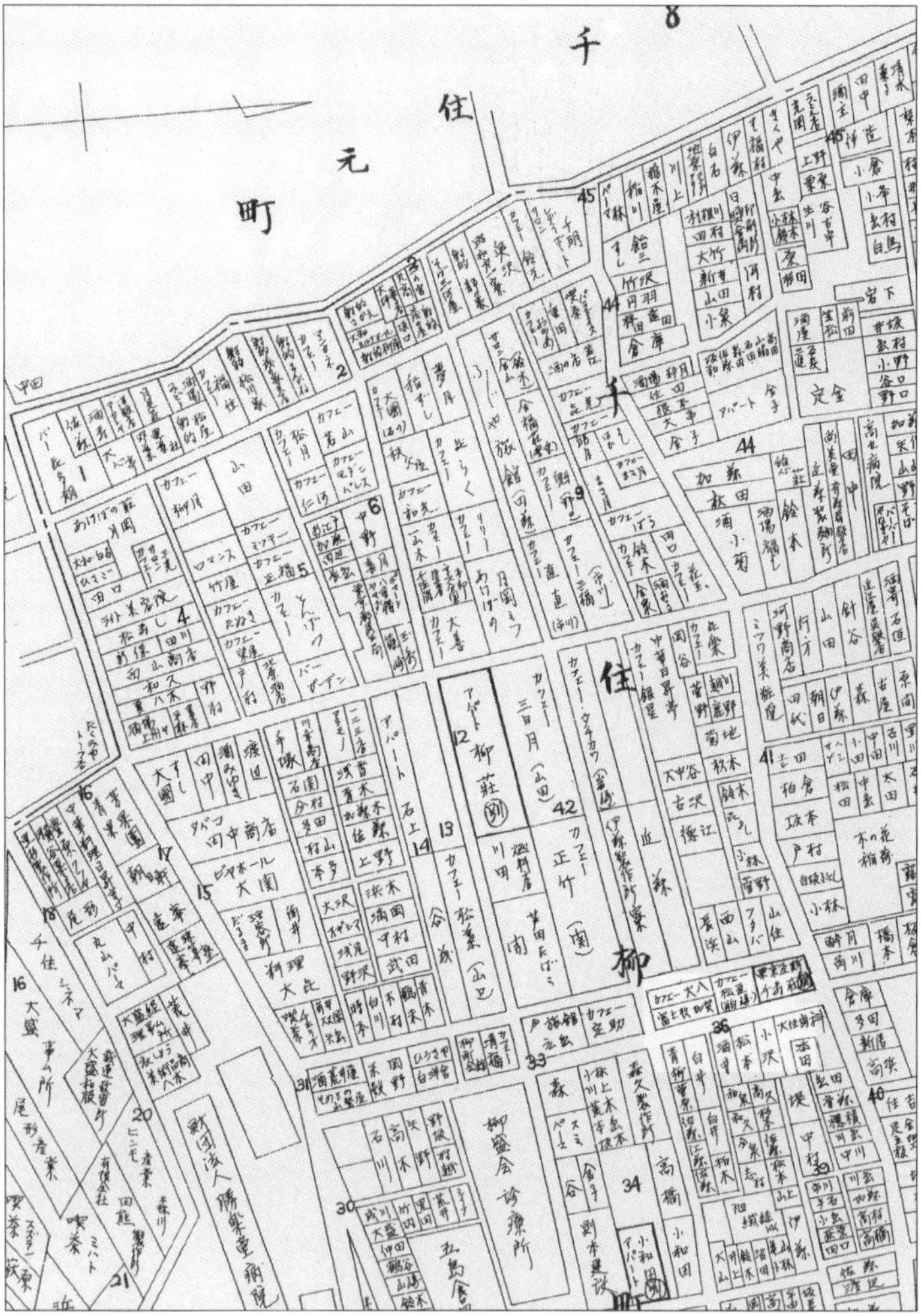

北千住三業地。赤線でもあったのでカフェーやビヤホールもたくさんある
(出所:『全住宅案内地図帳』1962)

千住貸座敷娼妓事務所跡地に大発見！と思ったが……

大門は遊廓の南東端にあったが、大門があったところから西に、今は「千住大門商店街」が伸びている。とんねるずの「きたなシュラン」にも出た「双子鮨《ふたごずし》」もこの商店街にある。

料亭やカフェー、遊廓だったと思われる

遊廓の名残（撮影：なかだえり）

遊廓のまわりには銭湯が散在していた。遊びに行く前に体をきれいにしていくためである。キング・オブ・銭湯の「大黒湯《だいこくゆ》」「金の湯《きんゆ》」「ニコニコ湯」などがそうだ。東京メトロのコマーシャルで石原《いしはら》さとみが訪ねたキング・オブ・縁側の「タカラ湯」もそのひとつだ。

双子鮨

赤線時代のデザインの店

今、千住柳町を訪ねても、遊廓の名残はほとんどない。着物の染め物店や扇子などを売る小間物店などが今もあるのがせいぜいである。

数年前はまだ、それと思しきものが残っていたようだが、今は改築されたり建て替えられたりしたようだ。遊廓ではないが、戦後の赤線だった時代の名残かと思われる外観の店はあるくらいか。

遊廓のあった場所の東側にある駐車場に、ちょっと変わったデザインの石の門があり、その門の片方のてっぺんに不思議な木の彫り物が乗っかっていた。よく見ると竜であり、かつては真っ赤に塗られていたらしい。どうやら、これこそ遊廓時代の名残のようである。

ちょっと変わったデザインの石の門

門柱の上に龍の彫り物

調べてみると、「千住貸座敷娼妓事務所」があった場所である。おそらくその門が今も残っているのだ！　と大喜びして土地の詳しい人に聞いたが、「それは違うだろ。誰かがあとから乗っけただけだろう」と言われてしまった。

うーむ、ガセか。それでもいい。まるで古代の遺跡を探検するような気分を味わえるのも街歩き、遊廓跡探しの醍醐《だいごみ》味である。

日光街道から柳町遊廓までの路地沿いなども、なんだか色っぽい風景が多い

大門

立石

ホルモンの町は売血と売春と人情の町だった

仲見世の変遷

立石は下町のパラダイス、労働者のパラダイス、あるいは「せんべろの町」といわれる。せんべろとは千円でべろべろに酔えるくらい飲み食い代が安いという意味である。戦前からセルロイド工場などができて労働者が増え、安くてうまくて体力がつく食べ物を出す店が増えたのだろう。

現在の立石は駅前再開発のための地上げが北口で進んでいる。だが、同じく南口の再開発予定地は、まだ表面的には何も進んでおらず、パラダイスを求めて遠方からも人を集めている。先日、私も有名なホルモンの店「宇《う》ち多《だ》」に行ったが、15時開店のために12時20分から並ぶ人がいるほどであった。

「宇ち多」はもう60年以上前から営業しているそうで、1957年の地図にも出ている。だが、「宇ち多」と同様人気の寿司店「栄寿司《さかえずし》」は1957年にはなかった。1957年当時は店が今

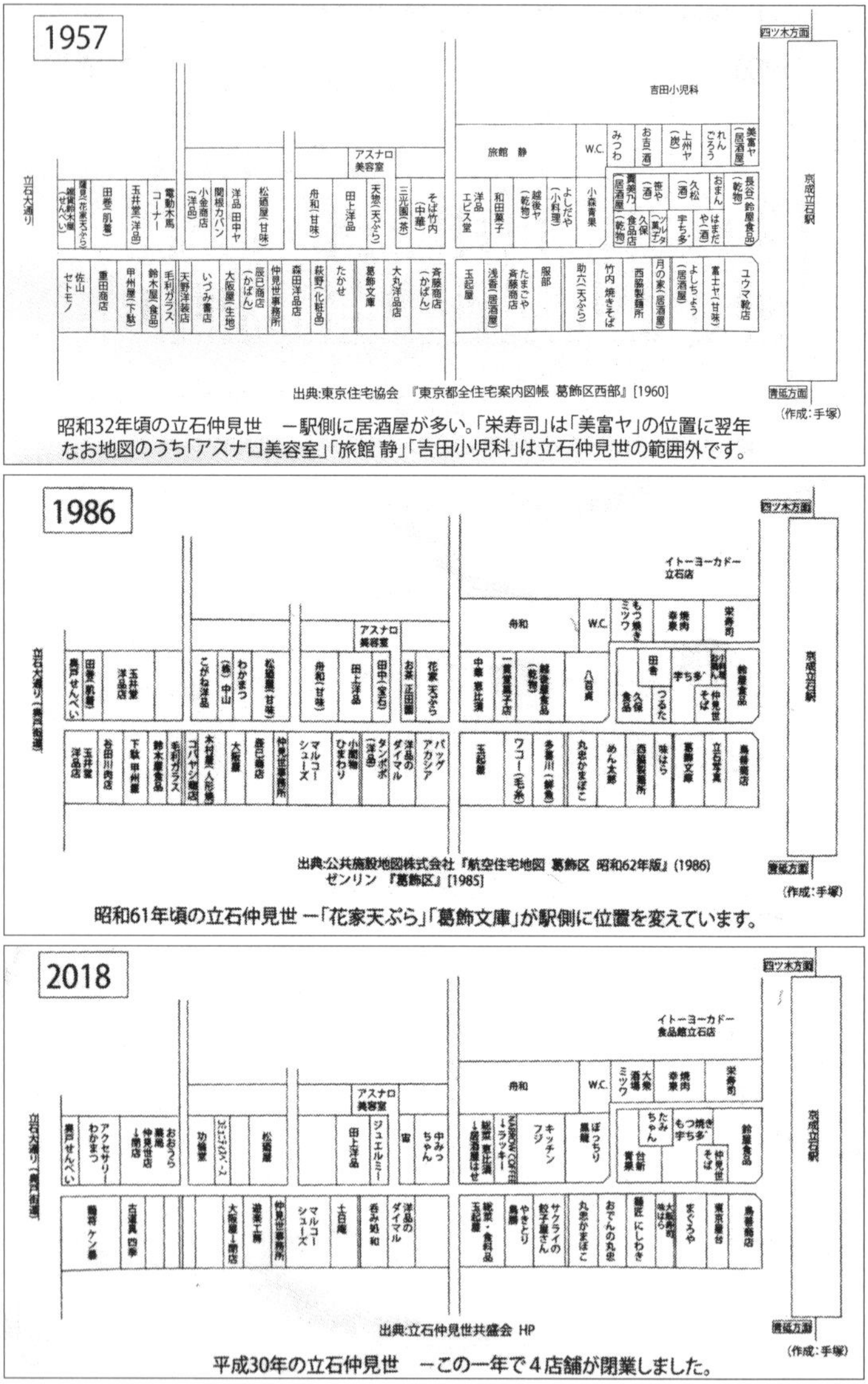

昭和32年頃の立石仲見世　ー駅側に居酒屋が多い。「栄寿司」は「美富ヤ」の位置に翌年
なお地図のうち「アスナロ美容室」「旅館 静」「吉田小児科」は立石仲見世の範囲外です。

昭和61年頃の立石仲見世 ー「花家天ぷら」「葛飾文庫」が駅側に位置を変えています。

平成30年の立石仲見世　ーこの一年で４店舗が閉業しました。

立石仲見世（1957年、1986年、2018年）（出所：葛飾探検団『可豆思賀7
葛飾探検団／定点観測2018 立石』葛飾区郷土と天文の博物館、2018）

の東半分しかなかったようで、その後、西側などに店を広げたらしい。1986年の地図でも、まだ今の形ではない。どうりで店の形が四角ではないのだ。

黒人向けの慰安所ができ、白人とピストルで撃ち合う

さて、立石は戦後すぐ赤線地帯となった。RAAによる米軍向けの売春施設が全国各地にできたが、立石もそのひとつだったのである（117ページ参照）。京成立石駅の北口の一帯である。1945年3月10日の東京大空襲で焼けた亀戸の私娼窟の業者の幹部が立石に住んでいたという事情があって、6月6日に開業した。つまり、8月15日の敗戦前である。吉原の再開は6月13日、鳩の街ができるのが6月19日だったので、立石はひと足早かった。

仲見世

もともと亀戸には419軒、800人の女性がいたが、1軒残らず被災した。移転先として「勝手のわからないところには行かれない」ということで、立石、小岩、新小岩の3カ所が候補に挙がり、分散移転したのである。結果、立石には8軒の業者と30人の女性で慰安所が始まった（1954年には54業者、女性145人でピーク）。3畳と6畳しかないボロ長屋

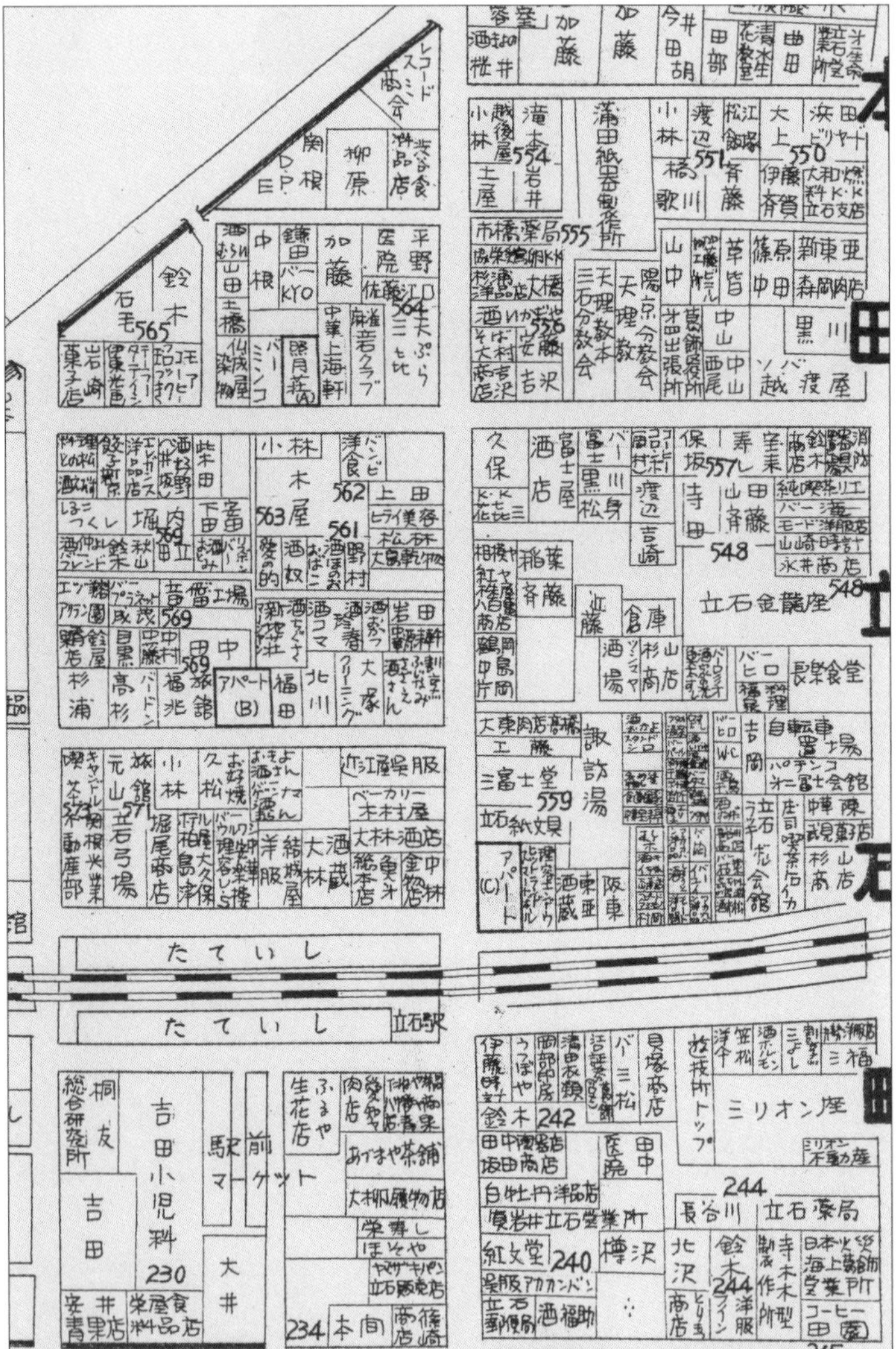

立石駅北口。バーが多い。「愛の的」という店も。
南口駅前マーケットが今の宇ち多があるところ（出所：『全住宅案内地図帳』1962）

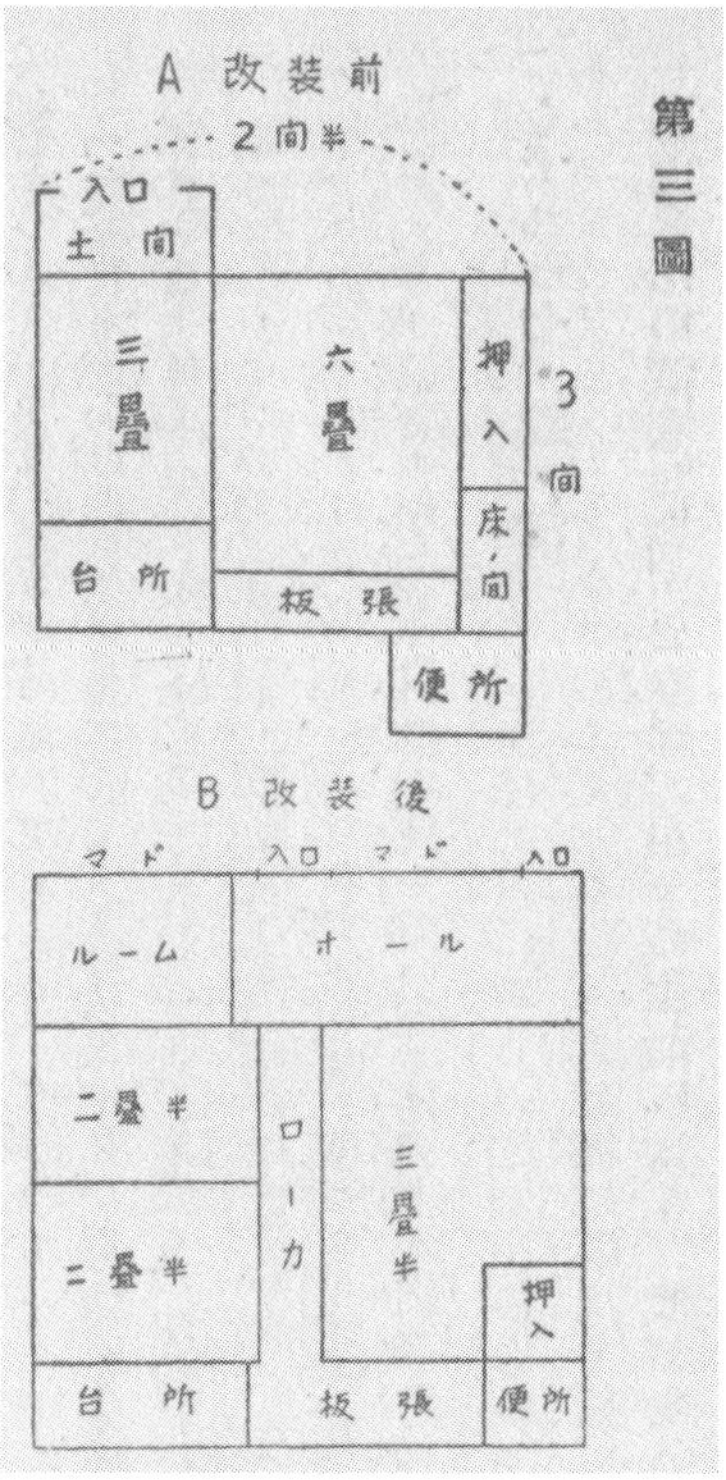

立石の私娼窟。部屋を小割りにした
（出所：神崎清『戦後日本の売春問題』
社会書房・現代新書、1954）

に「産業戦士慰安所」の看板を出し、兵隊と徴用工は安く優待した。3畳と6畳が間仕切りされて、2畳半と2畳半と3畳半の3部屋に分けられた。天井はすすけ、ふすまは破れていた。

　戦後は米兵向けのＲＡＡとなった。亀有と立石は黒人兵向けだった。35軒の業者と１００人の女性に増えていた。9月になると、数台のトラックに積み込まれて黒人兵が押し寄せた。１００人の女性では応じ切れない繁盛ぶりで、料金が20円から50円に跳ね上がった。当時の立石にはビヤホールもあり、ここには白人兵も訪れた。黒人と白人が衝突し、ピストルで撃ち合うこともあったという。立石でたんまり儲《もう》けた業者は亀戸に戻り、立派な新築を建てて再開した。

　だが、性病の蔓延やアメリカ本国の世論や従軍牧師からの批判などによって米兵の立ち入りが禁止され、全国のＲＡＡが１９４６年3月27日になくなり、11月14日に日本人向けの赤線地帯となった。赤線時代の立石は闇ブローカーや愚連隊《ぐれんたい》などの客で賑わったらしい。

ピカレスクな映画の舞台にぴったり

数年前、昔の日本映画を上映する映画館「阿佐ヶ谷《あさがや》ラピュタ」で『東京湾』（1962年）という映画を見た。どこかで見た街並みだなあ、これは立石じゃないかと思っていると、駅前の踏切から南口の商店街が見える場面があって、ああ、やっぱりと思った。

この映画では佐藤慶《さとうけい》と西村晃《にしむらこう》という戦後2大悪役俳優が出ているが、佐藤が麻薬か何かの取引をしていて、その取引の場所が立石の小料理屋という設定だったと思う。小料理屋の奥に行くと隣の理髪店につながっていて、理髪店の主人は病気でろくに口もきけず、動けもしない。その主人の前で妻と佐藤が交わる、などなどというピカレスクな映画だ（記憶が曖昧なので恐縮だが、VHSが入手できず、DVDなどがないので確認できない）。

松本清張《まつもとせいちょう》原作の映画『張込み』（1958年）の一場面も立石で撮影された。当時はお金のために血を売る人がいたが、この作品でも犯人が血を売っていた。その現場を名脇役・宮口精二《みやぐちせいじ》演じる眼光鋭い渋い刑事が検証するという場面だ（宮口精二は本当に名脇役だ）。

当時、立石には「ニチヤク血液銀行」という血液銀行が本当にあり、そこでロケがされたのだ。血液銀行にやってきた売血者は1日600～800人、まれに1000人を超える日もあったという。200ccの採血で得られる金額は400円。現在の価格で8000円ほどだったらしい。

ニチヤクとは日本《にほん》製薬株式会社であり、1950年代から立石八丁目に本社ビルがあった。そして、国策により輸血用の血液を集めるため、国民からの売血を受ける施設「ニチヤク血液銀行」を開設したのだそうだ。当時、地元の人たちは「バンク」と呼んでいた。立石駅の東方面、現在は葛飾税務署のある場所だ。ベトナム戦争のときは米軍がこの輸血用の血液製剤を大量に消費したという。

山の手アパート風やウエスタン酒場風

話を赤線に戻す。店はネオンサインで装飾されたものがあったのは当然だが、門がある、庭つきの、一見すると山の手のアパート風のものや、ウエスタン酒場風の店もあったという。なるほどたしかに赤線地帯ではないが、立石の別の場所で戦前の同潤会《どうじゅんかい》アパート風のデザインの建物を私は見たことがある。近くにビリヤード場があり、このへんもその手の場所だったと立石出身者に教えてもらったことがある一帯だ。

私は同じ葛飾区の堀切《ほりきり》でも戦前のものと思われるかなりデザインの凝ったアパートを見たことがあるが、それをじっと眺めていると、通りがかりの地元男性が、「あれはお妾《めかけ》さんのアパートだよ」と教えてくれた。

そもそも20世紀に入ってからの遊廓やカフェーのデザインはアールヌーヴォー風やアールデコ風が多いと思うが、それは19世紀末から1930年代にかけてのヨーロッパの流行を取り入れた

赤線時代のものと思われる建物が
今も少し残る立石駅北口

ものなのであろう。そして、同じような西洋風のデザインのアパートに、その種の女性が住んだこともあったのであろう。

情が厚いのが売り物

だが、赤線時代の立石は都心からの交通の便が悪く、客は少なかったらしい。先述したように、狭い長屋を改造しただけの見すぼらしい店で、場末の木賃宿《きちんやど》のような状態だった。客の来ない日もあり、赤字続きなので、業者も自宅ではなく店に住むこともあった。そうなると、店に生活感が漂うので、ますます客足が遠のき、商売上がったりになって女性が逃げ出してしまい、やむなく業者の妻や息子の嫁が働くこともあったというから、なかなか悲惨である。

働く女性たちは18～22歳が多かった。東北の出身者が多く、新潟や長野や茨城からも女性が集められた。なかには障害者の女性もいた（もちろん障害者がいたのは立石だけではない）。

東京で水商売をする女性には東北や新潟出身が多いというのは、ほぼ定説である。色が白くて美人が多い、情が厚いといったことが理由である。まあ、水商売に限らず、東京の特に下町には東北、新潟出身者が多いので、水商売の女性に特に多いかどうかは知らないが、立石の赤線の女性たちは情の厚さが特徴だったらしい。北国から出てきた貧しい家庭の出身者ゆえであろうか。

このように、立石の赤線地帯は下町らしい情感と暗黒街的な雰囲気が混ざり合って、たしかに映画の舞台にふさわしそうな場所だったようである。

大井、大森、品川

近郊のリゾート地が戦後は特殊慰安施設第1号に

海岸にできた花街

かつての大井海岸町《おおいかいがんちょう》（現・品川区南大井《みなみおおい》二、三丁目）は、東は遠く房総《ぼうそう》の山々、南は多摩川の清流を隔てて富士山《ふじさん》、北は筑波《つくば》山《さん》まで見え、水もきれいで、渚《なぎさ》には小魚や小海老《こえび》、蟹《かに》が生息し、潮干狩りはいつでもできたので、味噌汁《みそしる》をつくるときは海に行けば間に合うというほどだったという。

1891年ごろ、古くから潮干狩りの場所として知られた八《や》幡《わた》海岸に八幡海水浴場ができた。これは大森の丘の上に「八景《はっけい》園《えん》」を創設した久我邦太郎がつくったものである。

それがきっかけとなり、また今の京急本線が1901年に開

「東京湾」初の海水浴場が大森に
（出所：「おおた区報WEB版」平成29年1月1日号）

品川三業地

（撮影：なかだえり）

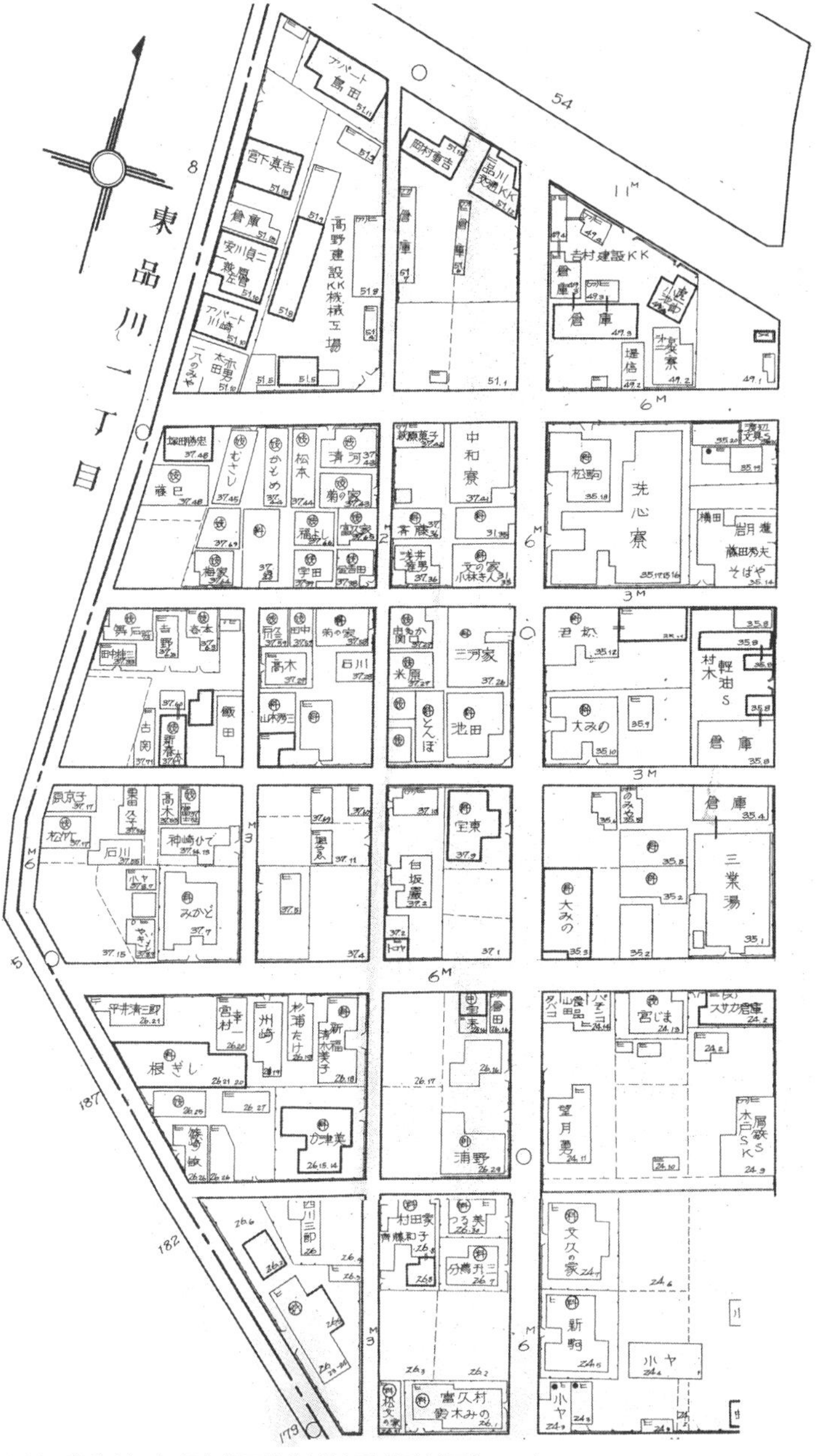

品川三業地（出所：都市整図社『火災保険特殊地図』1953）

現在の大井海岸町

老舗寿司屋の
松乃鮨

通すると交通の便がよくなり、磐井《いわい》神社の鳥居前に古くからあった茶屋が維新後に料亭となって、大井海岸および隣接する大森海岸の花街としての歴史が始まった。

また、品川三業地は大井三業地の芸者屋が1932年に東品川三丁目（現・一丁目）の埋立地に集団で移転したものだという。

大井では料亭「楽楽」「やなぎ」「小町園」「見晴し」などができ、1929年には芸者置屋が42軒、芸者数は200人はいたという。

現在はマンションが並ぶ風景になってしまったが、京急本線の西側の大井海岸町には、そこもかなりマンションなどに変わってしまったとはいえ、なんとか花街の雰囲気が残っている。

大井海岸町にある「松乃鮨《まつのずし》」は1910年に芝神明で屋台の寿司店としてスタート。幼

大森海岸三業地（出所：同前）

少のころから寿司店を手伝っていた2代目は料亭が立ち並ぶ神楽坂に修業に出て1936年、2代目は大森海岸に出店。当時の大森海岸は海苔《のり》の名産地とともにコハダ、赤貝、ハマグリ、羽田沖の穴子など素晴らしい寿司ネタが目の前の海で獲れる、まさに江戸前寿司の本場だった。

2代目は成功し、数寄屋《すきや》造2階建ての店を建て3代目が引き継いだあと、1989年に大火で全焼。現在の店は3代目が自身の実家を改装し、燃え残った看板を掲げて店を再スタートさせたものだという（松乃鮨ホームページより）。

大森新地——蒲田や横浜から労働者や映画関係者が集まった

大森新地は都《みやこ》土地という会社が旧東海道の美原《みはら》商店街の東側に広がる浅瀬1万坪を埋め立てて1926年に完成させたもので、会社の名前を取って「都新地」と名づけた。

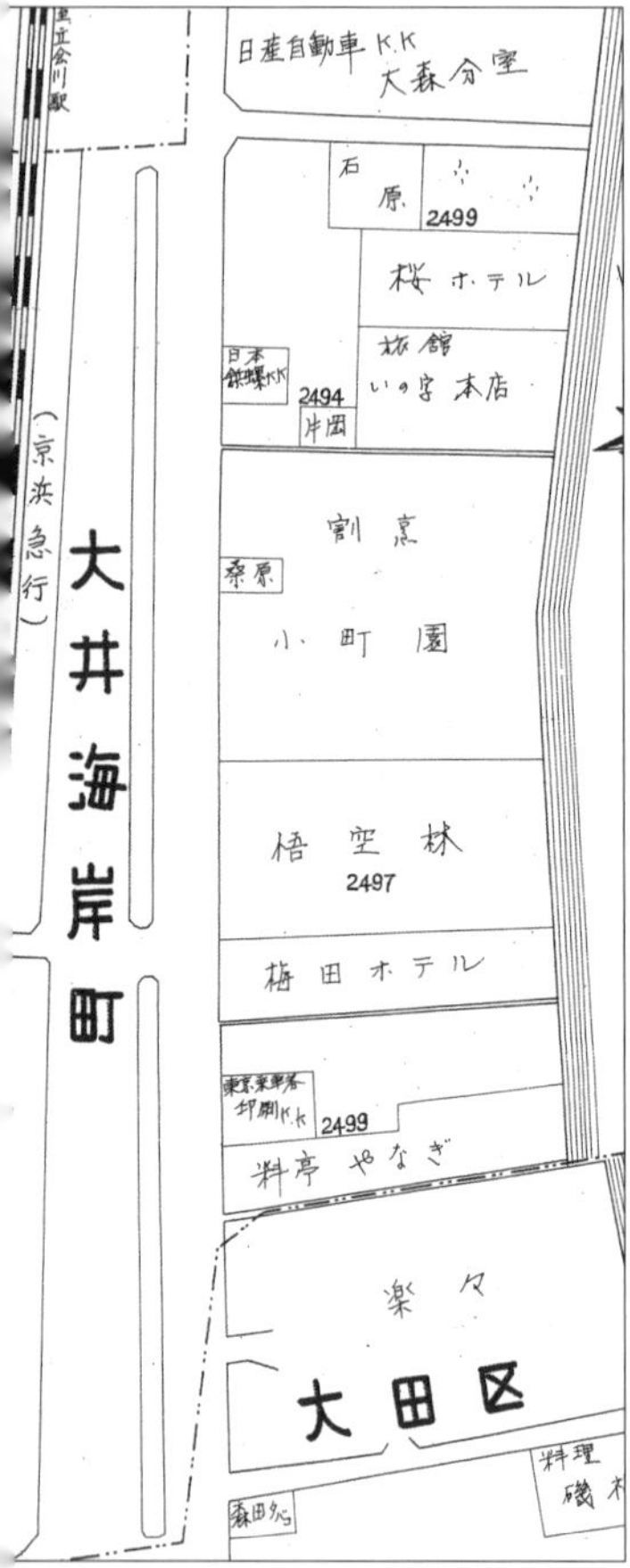

大井海岸三業地（出所：『全住宅案内地図帳』1962）

大森新地三業地（出所：『火災保険特殊地図』1958）

当時の地図だと、まわりは海である。

関東大震災後、芝浦など都心部から芸者置屋が移転してくると、１９３０年には置屋が31軒に急増し、同年に大森新地三業組合が設立された。

大森新地の最盛期は１９３３年から１９４０年あたりだそうで、蒲田や横浜《よこはま》方面から、労働者や映画関係者が客として集まったようである（「大森海岸　芸妓置屋　由《よし》の家《や》」「大井海岸　芸妓置屋　まつ乃《の》家《や》」各ホームページ、前出『東京　花街・粋な街』）。

現在の大森新地

大森海岸、大森新地、森ヶ崎の立地（編集部作成）

「アメリカの兵隊と親善のために交際をするのです」

　大正、昭和の華やいだ、あるいはのんびりした歴史とは異なり、戦後の大井海岸は米軍の進駐に備えて日本政府がＲＡＡを設置した町として記憶されなければならない。

　ＲＡＡは日本語では「特殊慰安施設協会」といったが、特殊ということは特殊浴場と同じで、ただの慰安ではない。米兵に性を売ったのだ。日本は江戸時代以来、吉原を公的な売春施設としてきたが、敗戦直後も国が一般女性の貞操を米兵から守るという理由で、政府が三業地などの役員を集めてＲＡＡをつくらせたのである。米兵が日本の女性に暴行をすると思ったのは、日本兵が侵略先で暴行をしていたからだと推測するのが自然だろう。

　ＲＡＡは広告を打った。「新日本女性に告ぐ！　戦後処理の国家的緊急施設の一端として、駐屯軍慰安の大事業に参加する新日本女性の率先協力を求む！　女事務員募集。年齢十八歳以上二十五歳迄。宿舎、被服、食糧当方支給」。敗戦後まもない8月28日のことである。

　女性たちが集まったのは銀座。「幸楽」という中華料理店を警察が接収し、「福助」という食堂を買収してＲＡＡ本部の事務所となった。

　米軍が上陸する8月28日までに、ＲＡＡは１３７０人の女性を集めた。焼け跡で仕事も食べ物もない女性たちがどんどん集まった。その9割は裸足《はだし》でやってきたという。ほとんどが素人娘だった。

　集まった女性たちには、まず飯を食わせた。食えるだけで大変なことだった。食後、女性たちは、国家の大事業とは売春であると知らされて仰天した。

ある女性は、「ダンサーか事務員と思ってきたのですが」と質問すると、「お国のためになる仕事なのです。誰に恥じることもありません。慰安婦といっても、戦争中と違って、アメリカの兵隊と親善のために交際をするのです。お互いに仲よくやる仕事です」と回答された。

だが、食っていくためにはしかたなかった。給料は高かった。女性たちのうち、まず50人がRAAの1号店である大井の「小町園」に送り込まれた。

吉原、新宿、千住は白人兵用、亀戸、新小岩、玉の井は黒人兵用

女性たちはトラックに乗せられて大井に向かった。焼け残った料亭はすべて買収されていた。「小町園」の前には朝からすでに米兵のジープが行列をなしていた。

女性たちは到着すると、まず世話役の女性が「まだ男を知らない人はいますか」と聞いた。「応募された方には処女の方が多いのです。日本の女性を守るために、一身を犠牲にする覚悟で、清い体で応募してくださった方もあるのです。どうぞ経験者はよく指導してあげてください」。手を挙げた女性は30人ほどいた。「はい、その方たちは、あとで私の部屋に来てください。お教えしますから」と世話役の女性は言った。

それから女性たちは風呂に入れられ、消毒器や手洗いの設備を見て回った。着物は三越《みつこし》、白木《しろき》屋《や》で焼け残ったものをすべて差し押さえてあったので、それを着た。化粧品は資生堂から押さえ

RAAが当初開設したキャバレー（ダンスホール）、ビヤホール、慰安所

地区別	名称	概要
丸ノ内・銀座	オアシス・オブ・ギンザ	キャバレー・銀座松坂屋地階 ダンサー 400名
	東宝ビヤホール	ビヤホール 銀座七丁目
	千疋屋	キャバレー 銀座八丁目 ダンサー 150名
	耕一路	キャバレー 銀座八丁目 ダンサー 20名
	伊東屋	ダンスホール 銀座三丁目 ダンサー 300名
	録々館	キャバレー 銀座西三丁目 ダンサー 50名
	工業倶楽部	レストラン 丸ノ内一丁目（将校用）
	ボルドー	バー 銀座八丁目
	日勝亭	ビリヤード 銀座八丁目
品川	パラマウント	キャバレー 京浜デパート ダンサー 350名
芝浦	東光園	キャバレー ダンサー 30名 慰安婦 10名
向島	大倉別邸	レストラン 高級宴会場（将官用）
板橋	成増慰安所	慰安所 慰安婦 50名
赤羽	小僧閣	キャバレー ダンサー 100名
京浜地区（大井・大森）	小町園	慰安所 慰安婦 40名
	見晴し	慰安所 慰安婦 44名
	やなぎ	慰安所 慰安婦 20名
	波満川	慰安所 慰安婦 54名
	悟空林	慰安所 慰安婦 45名 ダンサー 6名
	乙女	慰安所 慰安婦 22名
	楽々	慰安所 慰安婦 20名
三多摩地区	調布園	慰安所 慰安婦 54名
	福生	慰安所 慰安婦 57名
	ニュー・キャッスル	三鷹 慰安所 慰安婦 100名 ダンサー 150名
	楽々ハウス	調布 慰安所 慰安婦 65名 ダンサー 25名
	立川パラダイス	キャバレー・慰安所 慰安婦 14名 ダンサー 50名
	小町	立川 キャバレー・慰安婦 10名 ダンサー 10名
三軒茶屋	士官クラブ	将校用慰安所 慰安婦随時派遣
熱海	富士屋ホテル	ホテル・キャバレー ダンサー 50名
	玉ノ井別館	ホテル
	大湯	キャバレー・ダンスホール・ダンサー 50名

（出所：鏑木清一『秘録 昭和のお吉たち 進駐軍慰安作戦』番町書房、1972）

てあった。月島《つきしま》の内閣統計局の倉庫に差し押さえた物資を入れていたという。

そもそも最初に慰安施設として接収しようとしたのが日本橋の三越だった！　だが、そんな目立つところに米兵が集まると周辺の婦女子も暴行されるから、施設は分散立地させよと警視庁がいうので、大森のほか、立川《たちかわ》、福生《ふっさ》、三鷹《みたか》などの多摩《たま》地域も含めて東京都内各地、また箱根《はこね》・強羅《ごうら》の常盤館、熱海の観光閣にも施設ができた。

向島の大倉喜八郎《おおくらきはちろう》（1837〜1928年）別邸（278ページ参照）も市川《いちかわ》の料亭も接収されて慰安施設となった。大倉別邸や向島、人形町、白山の花街は高官用の慰安施設にされた。吉原、新宿《しんじゅく》、千住は白人兵隊用、亀戸、新小岩、玉の井は黒人兵用とされたという。

米兵は日本の男たちよりずっとやさしかった

翌朝からが仕事だった。料亭は畳の上にベッドを置き、床の間の柱にペンキを塗って洋式に見せたという。

開店すると列をなしていた米兵たちが土足のまま障子やふすまを蹴破ってドッと上がり込んできた。ベッドだけでは足りず、広間に布団を敷いた。広間で仕切りもなしに抱き合っている者もいた。それでも女性が足りず、あぶれた米兵が暴れた。女郎屋《じょろうや》、芸者屋の主人たちは大金を持って田舎に行き、疎開している女性たちをどんどん買い集めてきた。

米兵の巨体に驚いた女性も多かった。恐怖におびえながら、女性たちは無我夢中で米兵の相手をした。午後の閉店までに、ある女性は23人の相手をした。何日かすると1日60人の相手をする女性までいた。

時間外にやってきて帳場女性をねじ伏せるということは日常茶飯事だった。「小町園」のある娘は膣《ちつ》を破られて失神した。布団は血の海で、米兵は娘の血でふすまに「very good」と落書きした。あまりのことに逃げ出す女性や発狂する女性、逃げ出して電車に飛び込み自殺をする女性もいた。

経験のない処女では効率が悪いということで、そういう女性は向島の妓楼に回し、交換でベテランの女性を連れてきたりもした。

だが、一方で、米兵の中には日本の男たちよりずっとやさしく親切だった者も多かった。米兵は鬼畜で日本の婦女子を暴行すると思ってRAAをつくった側としては拍子抜けするほどだった。男が女にあんなに親切にしなければならないのか、戦争に勝った国の男なのにと、日本の男たちはびっくりしたという（東京焼け跡ヤミ市を記録する会著、猪野健治《いのけんじ》編『東京闇市興亡史』草風社《そうふうしゃ》、鏑木清一《かぶらぎせいいち》『秘録　昭和のお吉たち　進駐軍慰安作戦』番町書房《ばんちょうしょぼう》、小沢昭一《おざわしょういち》・永六輔《えいろくすけ》『色の道　商売往来　平身傾聴裏街道戦後史』ちくま文庫）。

高円寺

戦前のカフェー街がスナック街として残る

大阪由来？の庶民の町

高円寺《こうえんじ》というと、ひと昔前は大槻《おおつき》ケンヂに象徴されるパンクロックの街だったが、今は金髪、長髪、黒革に銀の鋲《びょう》といったいでたちのパンク野郎を見かけることもなくなった。昔より普通で静かになり、古着店めぐりやカフェめぐりをするためにけっこう遠くから若者がやってくる街になったようだ。

中央線高円寺駅ができたのは1922年のことであり、もうすぐ100周年である。1923年に関東大震災が起こると、下町や都心部に住んでいた人々が山手《やまのて》線の西側に移住するようになり、それで高円寺も人口が急増した。

また、隣の中野に陸軍があったので、軍人も多く住んだらしい。高円寺は少尉、中尉、大尉といった尉官、阿佐ヶ谷は少佐、中佐、大佐といった佐官、荻窪《おぎくぼ》は少将、中将、大将といった将官が住むといわれた。だから、阿佐ヶ谷や荻窪より庶民的である。

震災後、高円寺には中央区の佃島《つくだじま》の労働者が移住してきたという話もあり、佃島の労働者は江戸時代に大阪から来た。それもあってか、ますます庶民的な雰囲気が街に漂うのである。

カフェーがたくさんあった

さて、戦前の高円寺にはカフェーがたくさんあった。カフェーというのは、今のカフェとは違って、むしろ激しめのキャバクラみたいなものである。女給と呼ばれるホステスがいて、テーブル席の男性客の隣に座り、お酌をする。ついでにいろいろ触られる。抱きついたり、男性の膝の上に乗ったりする（このへんの様子は小説家・林芙美子《はやしふみこ》原作、高峰秀子《たかみねひでこ》主演の伝記的映画『放浪記』［1962年］を見るとよくわかる）。

女給は戦前の人気職業であり、芸者を辞めて女給になる人もたくさんいた。10年ほど前、雑誌『小悪魔ageha』が人気だった時代のキャバクラ嬢とかメイド喫茶のメイドなど、今でいうとそんな感じの流行の職業だったのだ。

私娼窟であった玉の井（268ページ）ではカフェーというのは2階で春を売るための専門のカフェーであって、ちょっとお触りをするくらいでは客は帰らなかったはずだ。高円寺のカフェーがどれくらいのサービスをしたのかわからないが、玉の井と同じような本格的な場所ならもっと記録が残っているはずだし、基本は住宅地なので、もう少しソフトだったのかもしれない。

カフェーの女給の様子（北澤楽天・画）（出所：仲摩照久編『日本地理風俗体系 第二巻 大東京篇』新光社、1931）

高円寺に、なぜカフェーが増えたのかはわからない。佃島の労働者と一緒に労働者の慰安のために佃島にもあったであろう水商売も移転してきたのかもしれない。新《しん》宿《じゅく》のカフェーの女給がたくさん住んでいたのはたしからしい。ついでにカフェーの経営者も住んでいたのか詳細はわからないが、とにかくカフェーがたくさんできた。今でもピンサロやガールズバーが多いが、そういう歴史があるのだ。

１９４０年の地図を見ると、高円寺駅南口にカフェーが集まっている。バー、玉突き場（ビリヤード場）もあり、歓楽街、風俗街であることがわかる。玉突きは当時大流行した娯楽だった。映画館もあるから、かなり賑わっていたのだろう。映画館は１枚目の写真の左に写っているから、この写真はカフェー街を南側から撮影したものと思われる。

高円寺の昔のカフェー街。今のパル商店街の東側
（出所：石川光陽『昭和の東京　あのころの街と風俗』朝日新聞社、1987）

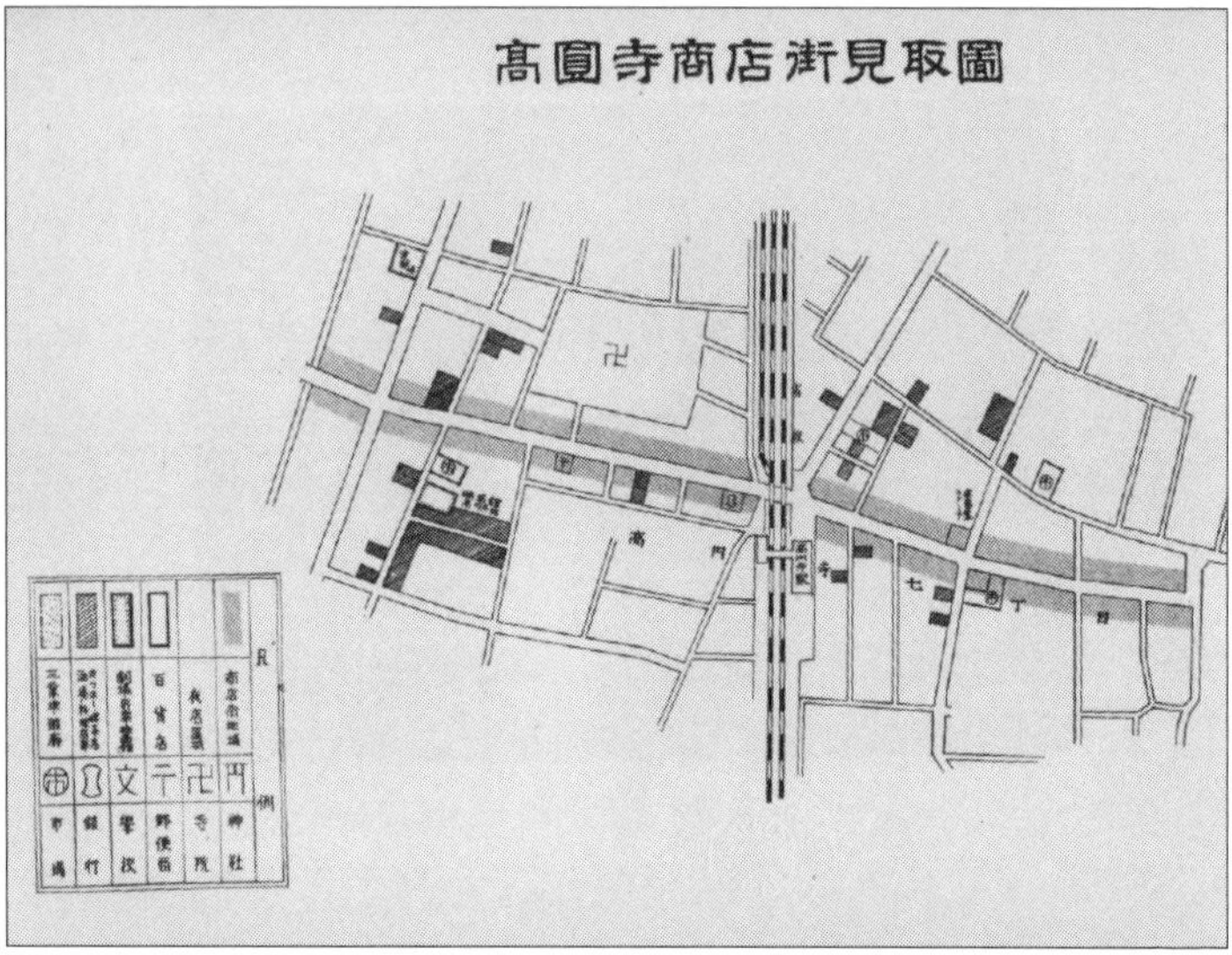

線路の右が北口、左が南口、黒いところがカフェー、喫茶、酒場
（出所：『東京市内商店街ニ関スル調査』東京商工会議所、1936）

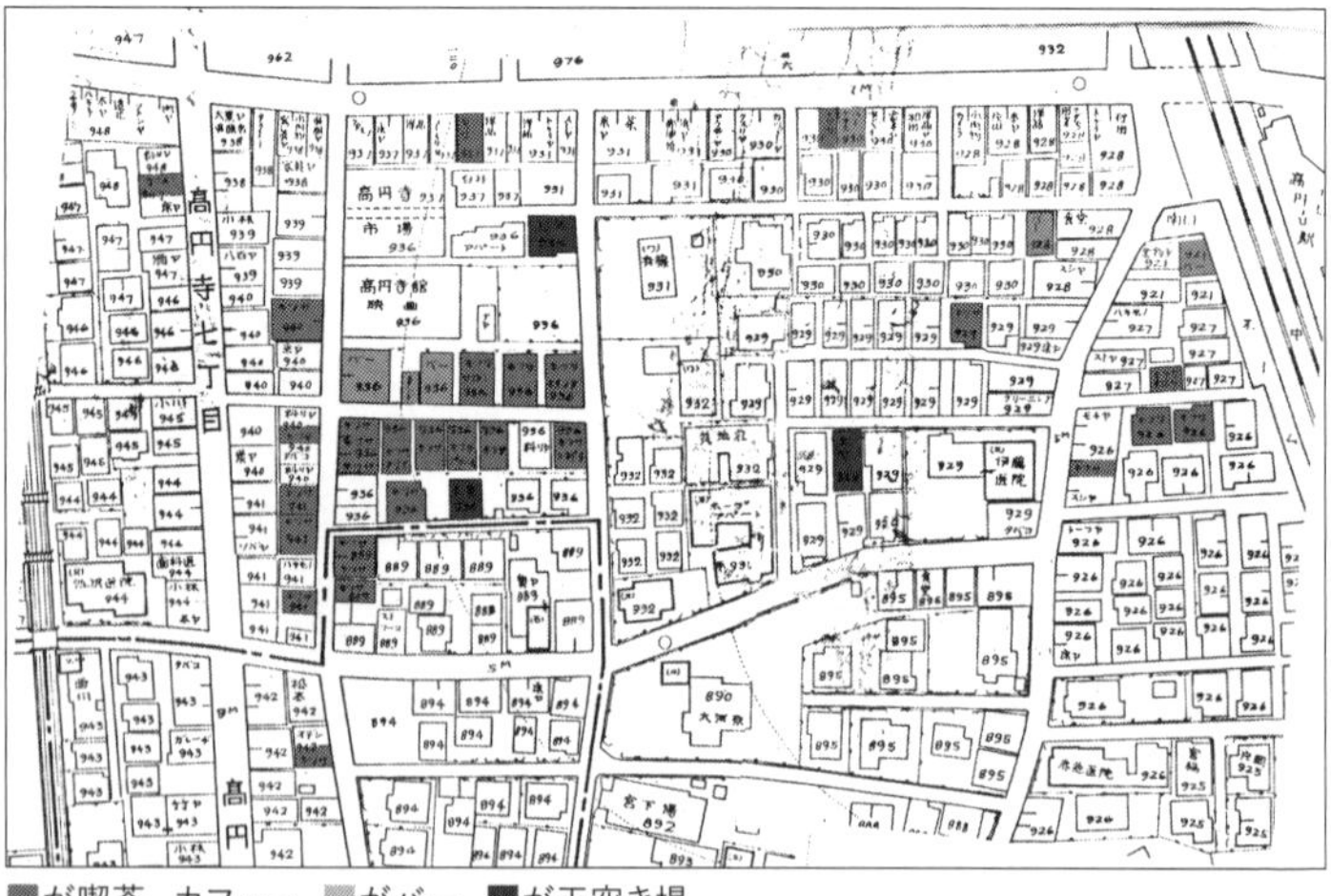

■が喫茶、カフェー、■がバー、■が玉突き場。
いちばん上を横断する道が今の南口のパル商店街
（出所：『火災保険特殊地図』1940に引用者が着色）

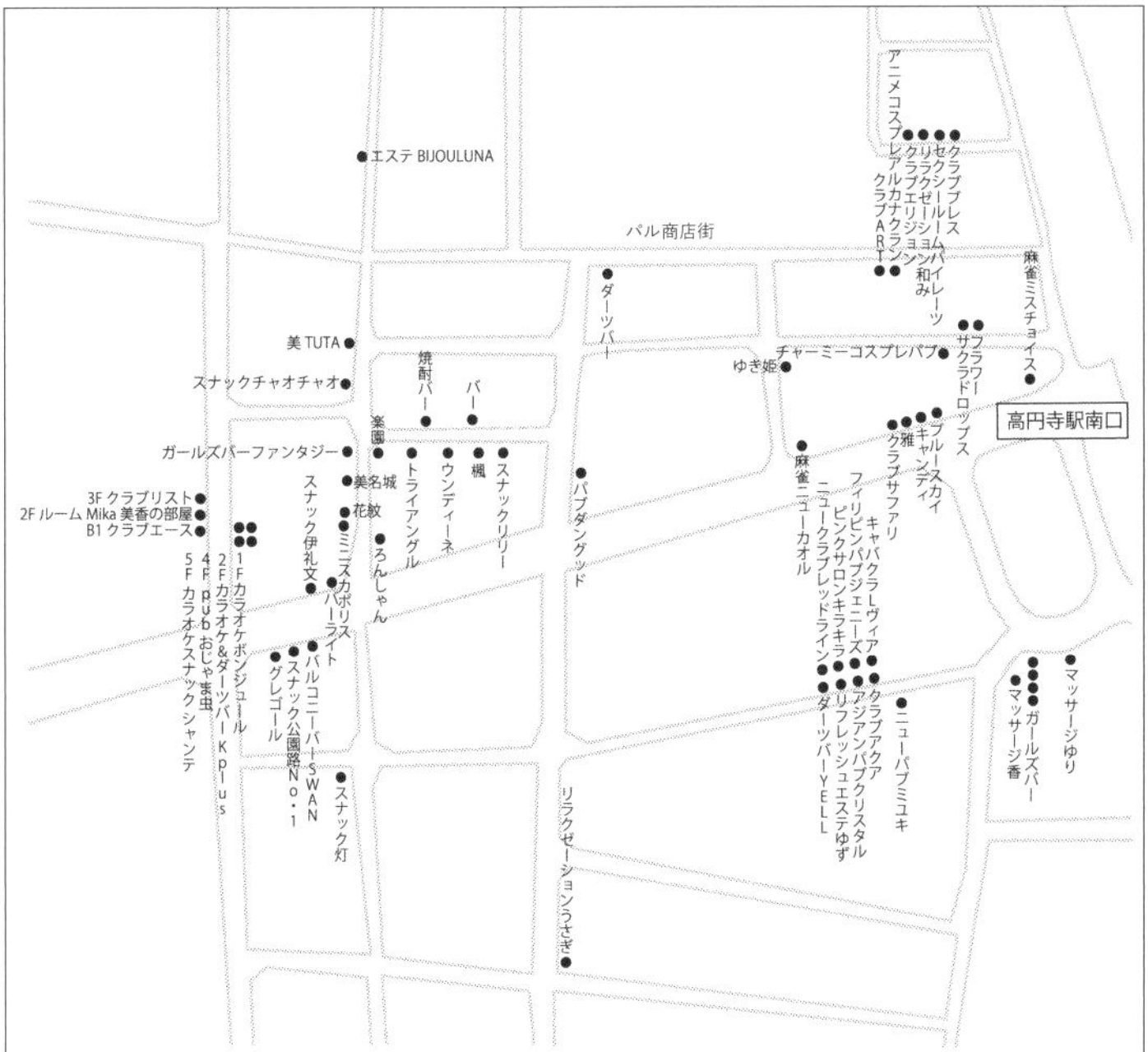

右ページ下の地図の現状を調査したもの。
ほぼ同じ位置にスナックなどがある（出所：筆者作成）

南口。元カフェー街の現在

北口

カフェーがいちばん集まっている場所は、戦後大きなバス通り（高南《こうなん》通り）になった。地図の上のほうの広い道は今の高南通りではなくて、パル商店街である。

また、1936年の地図を見ると、駅北口の現在ピンサロがある周辺がカフェー街だったことがわかる。

パル商店街の東側の路地（地図でいうと下のほうが路地）には、今もピンサロが2軒、アニメ系のガールズバーが1軒あり、スナックなども昔は多かったし、地図の下のほうが少し広い道のあたりは今もそうした店が多い。それが戦前の名残であろう。

試しに同じ地域が現在どうなっているかを調べてみたのがその次の地図である。戦前とほぼ同じ位置にスナック、飲み屋、キャバレー、風俗店などがあることがわかる。

お妾さんの町でもあった

今和次郎《こんわじろう》編集の『新版大東京案内』（1929年、ちくま学芸文庫より復刊）の「特殊街」の項には「お妾横丁」という項目があるが、そのお妾横丁の事例として高円寺も挙げられ、〈西郊《せいこう》高円寺のそこここも〉お妾の街として〈噂《うわさ》には上って〉おり、〈新宿《しんじゅく》のカフェの女給などが、多く住んでいることは事実だ〉と書かれている（原文は旧字、旧仮名づかい）。

同書でお妾横丁の代表として紹介されているのは日暮里渡辺町《にっぽりわたなべちょう》（現・荒川《あらかわ》区西日暮里《にしにっぽり》四丁目）、上野《うえの》桜木町《さくらぎちょう》、蒲田である。日暮里渡辺町はけっこう高級な住宅地だから、お妾さんがいたとは思えないが、その周辺にいたということか。

たしかに、日暮里から上野桜木町にかけては今、西日暮里から鶯谷《うぐいすだに》にかけてのラブホテル街に近い。根津はもともと遊廓があった場所だ。根岸には三業地もあった。蒲田も歓楽街があり、三業地もあった。だから、それらの街にお妾さんがいたとしても不思議ではない。

中野、新井薬師

阿部定が吉蔵と出会った街

中野駅北口は、お犬様、陸軍、中野ブロードウェイという珍しい変遷

中野というと、今はマンガ、アニメのおたくの聖地「中野ブロードウェイ」があまりにも有名である。中野ブロードウェイは1966年に高級マンションとして設計されたものであり、地下1階から4階までに商業施設が入り、マンションの中で生活が完結できるようにつくられた。開発者は原宿《はらじゅく》駅前のコープオリンピアと同じ東京コープ販売の宮田慶三郎《みやたけいざぶろう》である。設計は馬場信行。中野駅から北に延びるサンモール（美観通り商店街）が古い木造家屋が密集する一帯で遮られていたのを再開発して早稲田《わせだ》通りまで通れるようにしたものだ。

当時を知る団塊世代の男性の話によると、彼が高校時代の（つまり中野ブロードウェイ以前の）この通りには見世物《みせもの》小屋が並んでいたという。まだ焼け跡的な雰囲気だったというべきだろう。

中野ブロードウェイは当初、サンモールの上に4階建ての商業ビルを建設するだけの計画だっ

たらしいが、結局、商業施設の上にマンションができることになったのだ。

中野ブロードウェイの竣工《しゅんこう》当初はかなりの話題になり、沢田研二《さわだけんじ》や青島幸男《あおしまゆきお》が住んだというから、今だったら嵐《あらし》と秋元康《あきもとやすし》が住んでいるようなものだ。最近、YouTubeで中野ブロードウェイ建設計画時の映像を見つけたが、これがすごい。ル・コルビュジエの「ユニテ・ダビタシオン」のような近代建築の集合住宅をつくろうという意気込みにあふれている。

阿部定が吉蔵と出会った街

中野駅北口は最近、キリンビール本社、早稲田大学、明治大学もできて、ますます活気づいている。しかし、ここは本来、陸軍の街である。戦後は刑務所になった。さらに、江戸時代は徳川《とくがわ》綱吉《つなよし》の「生類哀れみ《しょうるいあわれみ》の令《れい》」によって江戸市中から集められた「お犬様」を飼っておく場所だった。今、中野サンプラザやNTTのビルや早稲田、明治があるあたりである。囲われた中に犬がいたので、昔は囲町《かこいちょう》（現・中野区中野四丁目）といった。というわけで、なんだかあまり明るい歴史とはいえない。

陸軍があったということは、軍人が遊ぶ場所があったということであり、それがおそらく中野ブロードウェイの北側にある新井三業地だっただろう。

新井は阿部定にイチモツをちょん切られた石田吉蔵が経営する料理屋があった花街であり、吉蔵と定はその料理屋で出会ったのだ（308ページ参照）。

刑務所から出所した人が迎えに来た家族と酒を一杯飲む場所

新井三業地の場所は中野ブロードウェイの北側の早稲田通りをちょっと東に歩いてから商店街の「あいロード」に入り、しばらくして右折する。この商店街はまだ昔の風情を残しており、なかなかレトロで楽しめる。

あるいは、新井薬師《あらいやくし》参道よりさらに東の中野五丁目という信号を左折して北上する。すると「柳《やなぎ》通り商店会」という表示が見えるから、その左右が三業地だ。通りの東側に料亭、西側に待合と置屋があったらしい。いうまでもないが、「柳」とつく地名はたいがい花街である。

中野区新井はもともと東多摩《ひがしたま》郡新井村。その後、豊多摩《とよたま》郡野方《のがた》村大字新井となり、1924年に野方町、1932年に東京市に合併して野方町と中野町の区域が中野区となった。

1927年には高田馬場《たかだのばば》から東村山《ひがしむらやま》を結ぶ鉄道の西武村山《むらやま》線（現・西武新宿《しんじゅく》線）が開通し、新井薬師に参拝する人も増え、地価が2倍に上昇したという。

また、時代はさかのぼるが、1910年には市ケ谷《いちがや》から監獄が移転してきた。豊多摩刑務所である。刑務所の前には「放免茶屋《ほうめんちゃや》」と呼ばれる茶屋ができて、出所した人が風呂に入ってから迎えに来た家族と酒を一杯飲む場所になっていたというから面白い。

三業地ができたのは1925年である。もともと新井薬師近くには「萬屋」「角屋」「山口家」「辰美野」という料亭があったが、その料亭の主人たちが三業地指定の請願活動を行った。「萬屋」や「辰美野」は窪寺《くぼでら》という一族が経営していたが、その一族に野方町の収入役がいたこともあり、請願が認められ、三業地ができたらしい。

マンションの名前に料亭の名前が残る

こうして、1929年ごろには待合の数は23軒、置屋は40軒、料亭は11軒となった。花街周辺には寿司店、鰻店、洋食店、カフェーなどが集まって賑やかになっていった。また、あいロードの早稲田通りに出る手前には「昭和亭」という、1階は商店で、2階が大衆演劇の寄席になっている施設もできたという。

そして、1937年には道路が拡幅され、柳が植えられて「柳通り」と呼ばれるようになった。現地に行ってみると、驚いたことに、1953年の地図にあるそば店、中華料理店、質店、不動産店、お茶店、金物店、履物店などなどが営業しているかどうかは確認し切れなかったが、まだかなり残っている。このあ

柳通り沿い。旧花街らしい建築だ

たりは開発が進まなかったために昔の街並みが残っているのだ。

　料亭があった地区は、住宅やマンションなどに建て替わっているが、元料亭らしい木造の建物も少しだけ残っており、色気のある雰囲気を漂わせている。

「つたや」という料亭があった場所に行ってみると、料亭はもうなく、料亭の周囲にあったらしい小料理屋も廃屋になっている。「つたや」があったはずの場所はマンションになっているが、そのマンションの名前が「アイビーマンション」だった！　アイビーは英語で「つた」である。

　街歩きをして、その街の過去を知りたいときは、こういうふうにマンションやビルの名前を詳しく見ないといけない。よく見れば、必ず何かが見つかるのだ。

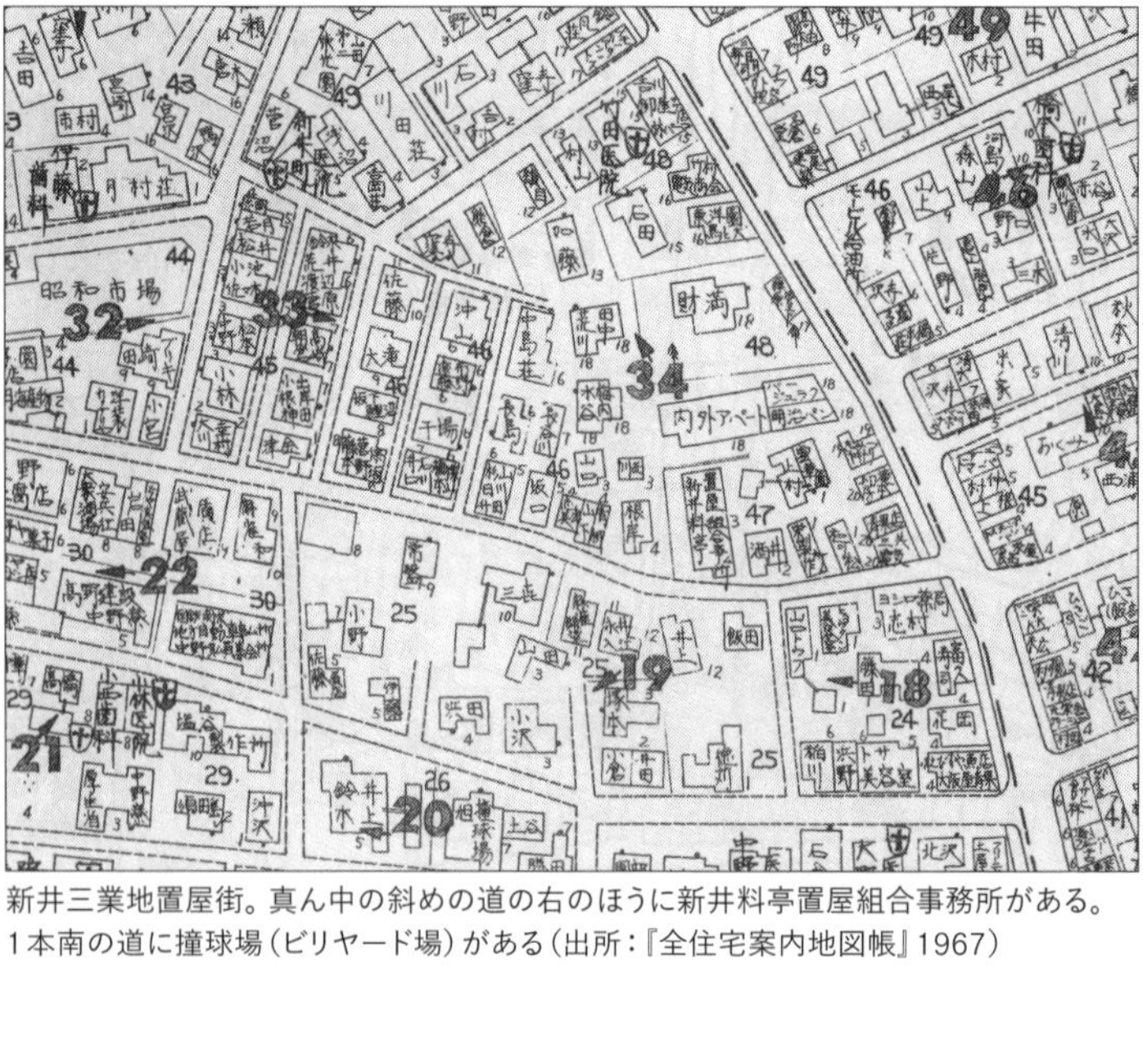

新井三業地置屋街。真ん中の斜めの道の右のほうに新井料亭置屋組合事務所がある。1本南の道に撞球場（ビリヤード場）がある（出所：『全住宅案内地図帳』1967）

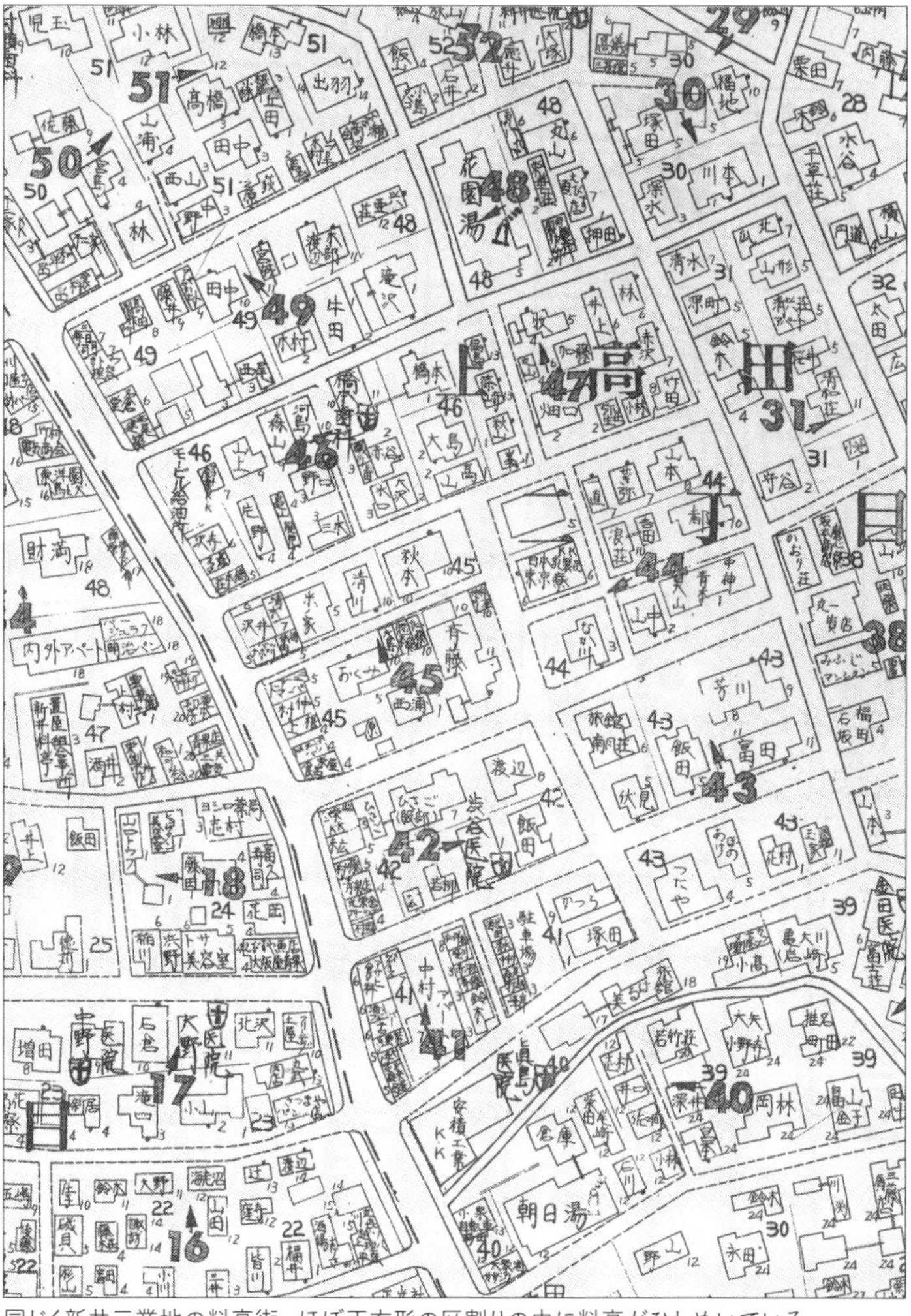

同じく新井三業地の料亭街。ほぼ正方形の区割りの中に料亭がひしめいている。
つたや、ひさご、あけぼの、かつら、おくみ、旅館南風荘などの名前が見える。
よく見るとバーも2軒ある。つたやの場所に今は「アイビーマンション」がある。
アイビー＝つたである。花園湯という色っぽい名前の銭湯もある（出所：同前）

現在の新井三業地

料亭や待合、置屋の名残か、
粋な家がある

コラム

中野新橋――神田川に蛍を放し、よしず張りの屋台も出た

1928年に伊藤金右衛門、鈴木初五郎、神田重太郎、近藤頴吾《えいご》らが創立委員となって中《なか》野《の》新橋《しんばし》を二業地指定地として請願し、認可された。

戦前は神田川《かんだがわ》の南側であり、戦争で壊滅したので、戦後は北側に移転した。開設当時は1、2軒の料理屋しかなく、芸者の派遣先が不足していたので、芸者は東中野《ひがしなかの》の釣り堀の「鈴木屋」（その後の「日本閣」。今はタワーマンションになり、下層部に結婚式場がある）、杉並《すぎなみ》・堀之内《ほりのうち》の妙法寺《みょうほうじ》門前や荻窪の料理屋、新宿花園町《しんじゅくはなぞのちょう》（現・新宿区新宿一丁目）にも回ったという。

1929年には料理屋が4軒に増え、芸者置屋は3軒、芸者は10人ほどとなった。

1930年には中野新橋二業組合見番事務所ができ、料理屋8軒、置屋10軒、芸者48人と増えた。

1932年には中野町も東京市の区となり、業者もさらに増加した。指定地内に桜並木をつくり、夏には神田川に蛍を放し、よしず張りの屋台も出すなど、盛り上げた。

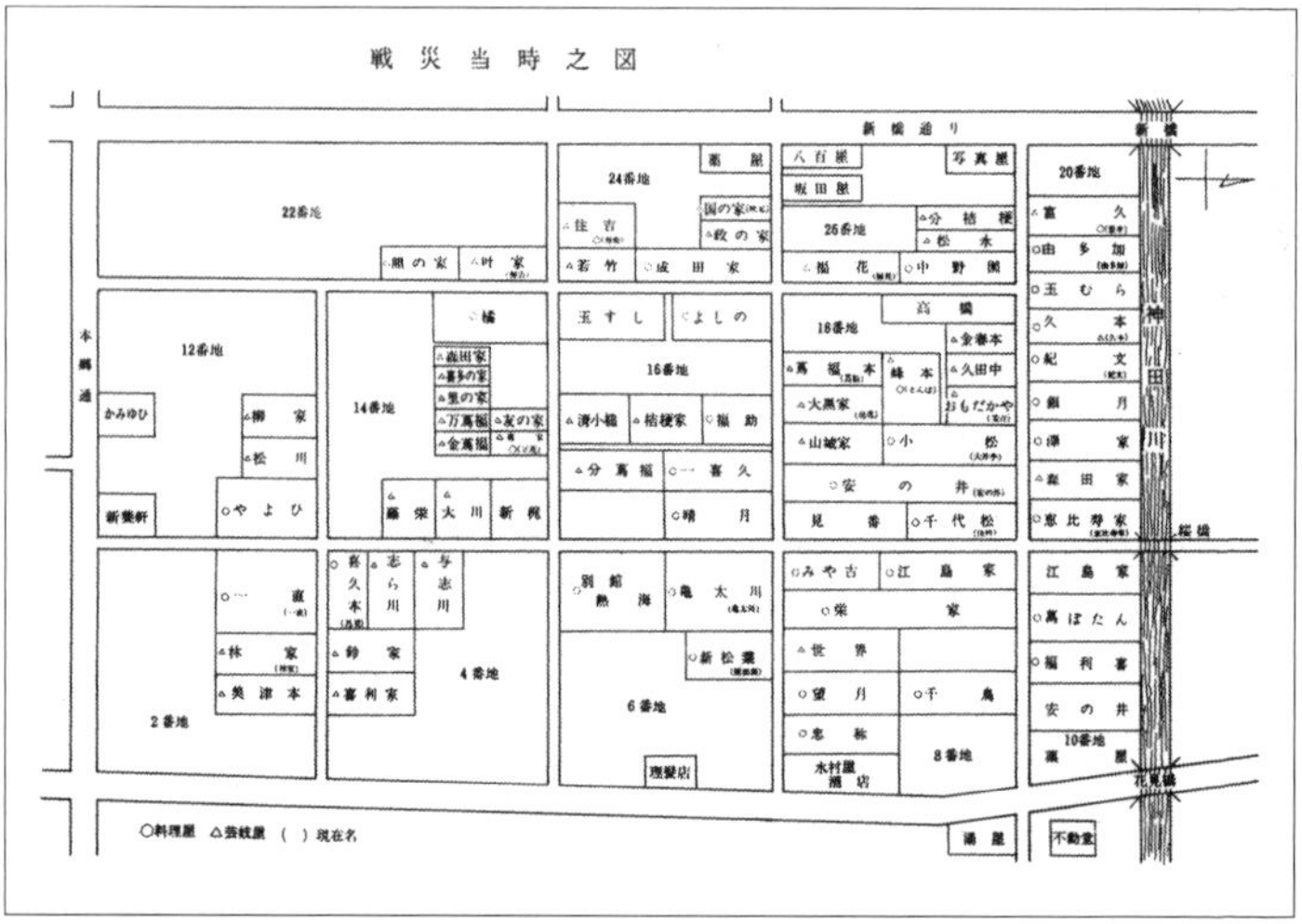

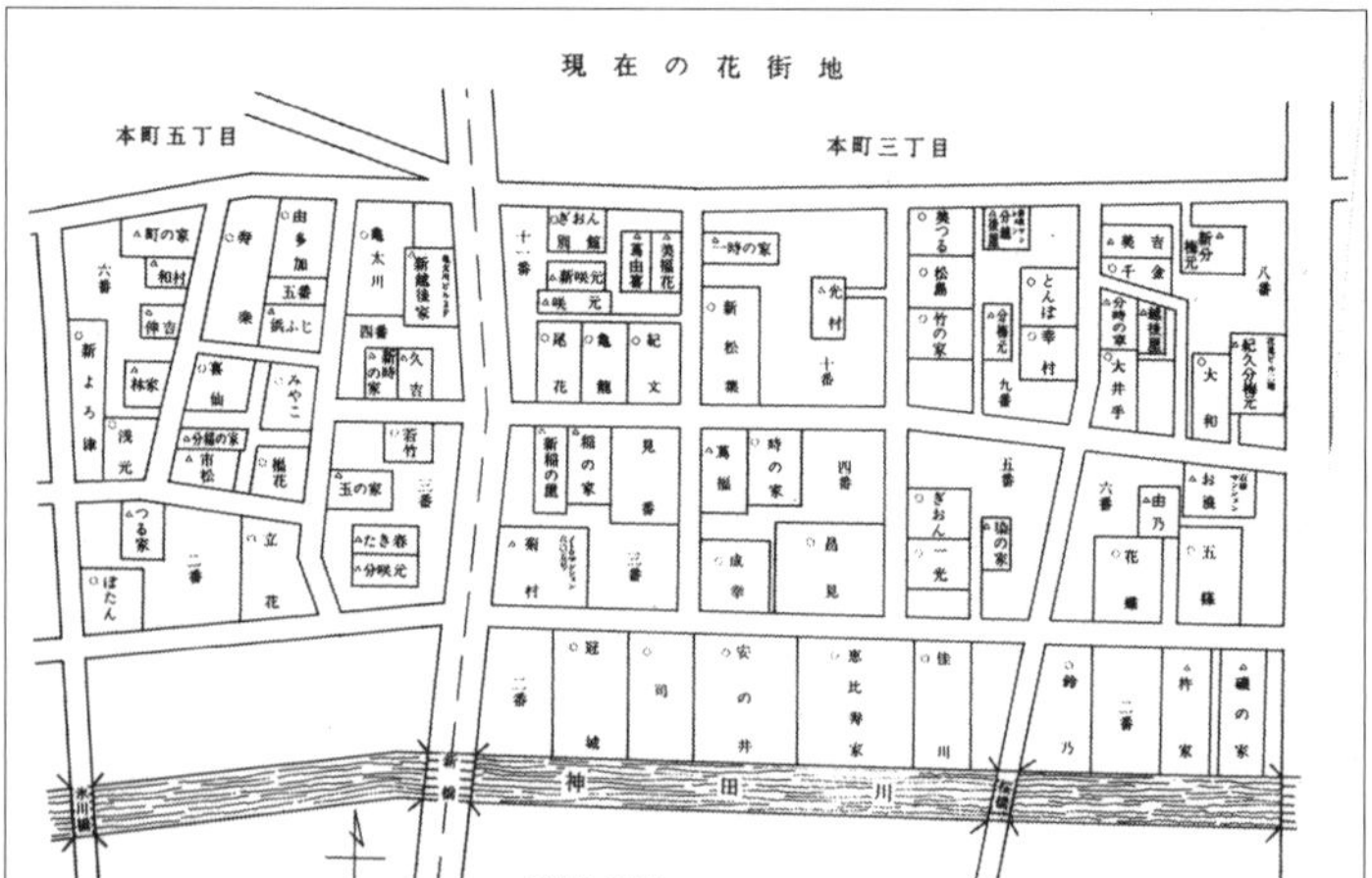

戦災当時(上図)までは右上隅の新橋の南東部に花街があったが、
戦後(下図)は新橋の北部に移った
(出所:新実弘政『開花中新半世記』昌見、1978)

1943年には料理屋31軒、置屋38軒、芸者61人となった。

1945年3月5日の東京大空襲では本所、深川が大きく被災したが、中野新橋ではそれらの被災者を受け入れ、炊き出しを行った。

しかし、5月25日には中野新橋も空襲を受けて焼け野原となった。翌1946年4月には神田川の北側に移転。バラック造の見番ができて花街が再開した。

最近の中野新橋。地味な駅のわりに、このスナックビルは旧花街ならではだ

コラム

阿佐ヶ谷
――山の手の町にも青線があった

阿佐ヶ谷に赤線があったとか青線があったとかいう噂は中央線住民なら一度は聞いたことがある。

赤線については38ページで解説したが、青線とは、特殊飲食店として売春を許容していた赤線に対し、一般の飲食店として非合法のまま売春行為をさせていた区域の通称である。

赤線ではなく青線が正しいと思うが、阿佐ヶ谷駅南口を出て線路沿いに新宿《しんじゅく》方面の路地（今は阿佐ヶ谷一番街という）を入って少し行ったあたり、特に今、ラブホテルがあるあたりが旧青

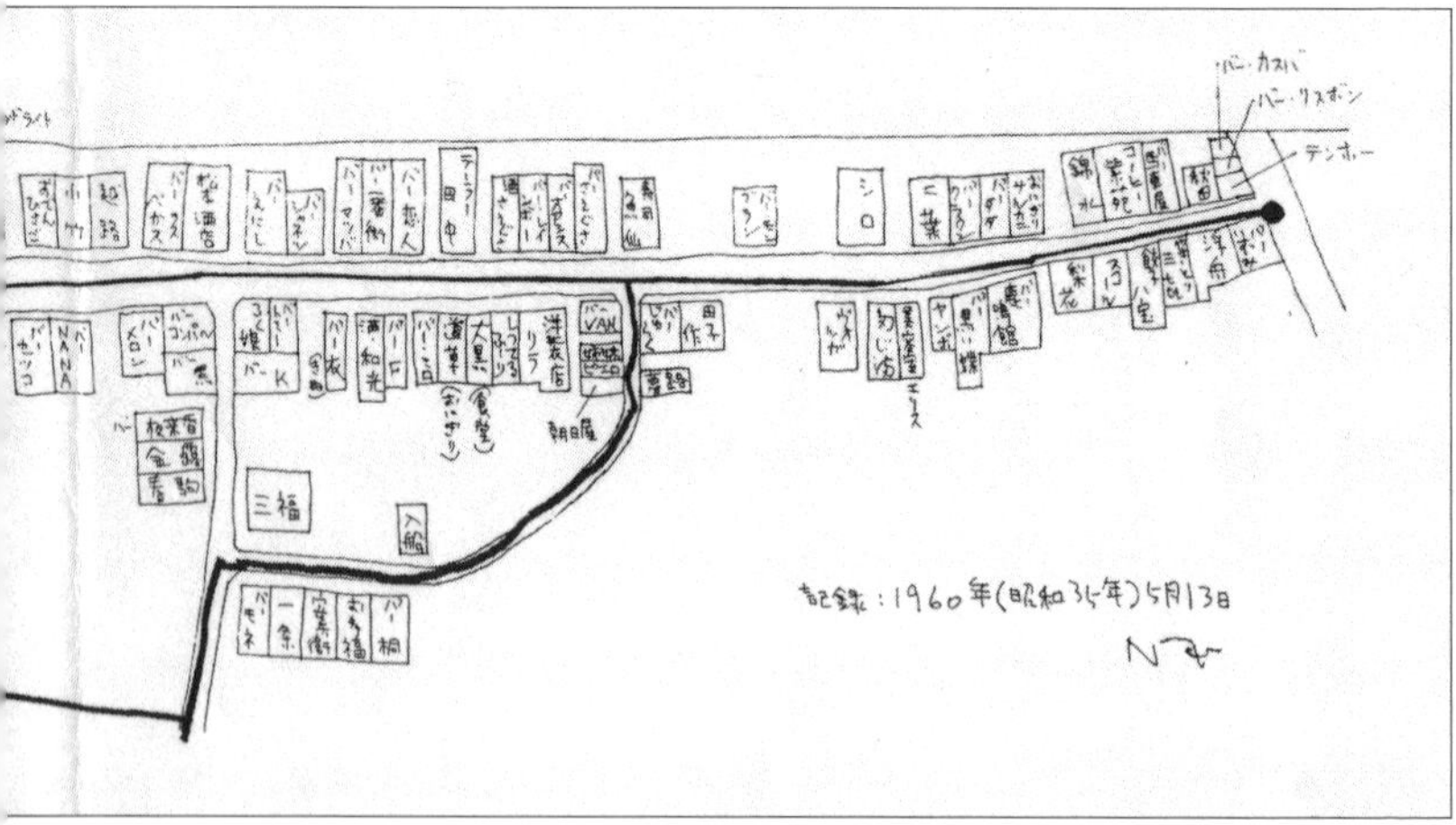

線だったらしい。

今も飲み屋、スナック、バーなどが並び、ピンク色の提灯《ちょうちん》が妖しく光って、なかなか色っぽい雰囲気である。

私の友人の遊廓探訪が好きだという女性が阿佐ヶ谷で飲んでいたら、隣に座ったおじさんが1960年5月13日の阿佐ヶ谷一番街の手書き地図をくれたそうで（書いたのはそのおじさんかどうかは知らない）、彼女が三《み》浦《うら》さんもいりますかというので、もちろんコピーをいただくことにした。

ざっと数えるとバーが53軒もある！　ずっと休業している豆腐店も書かれている。「モーツアルト」という店は名曲喫茶だろうか。隣は旅館である。

そうそう、30年ほど前までは普通の街に旅館の一つや二つはあったものだ。

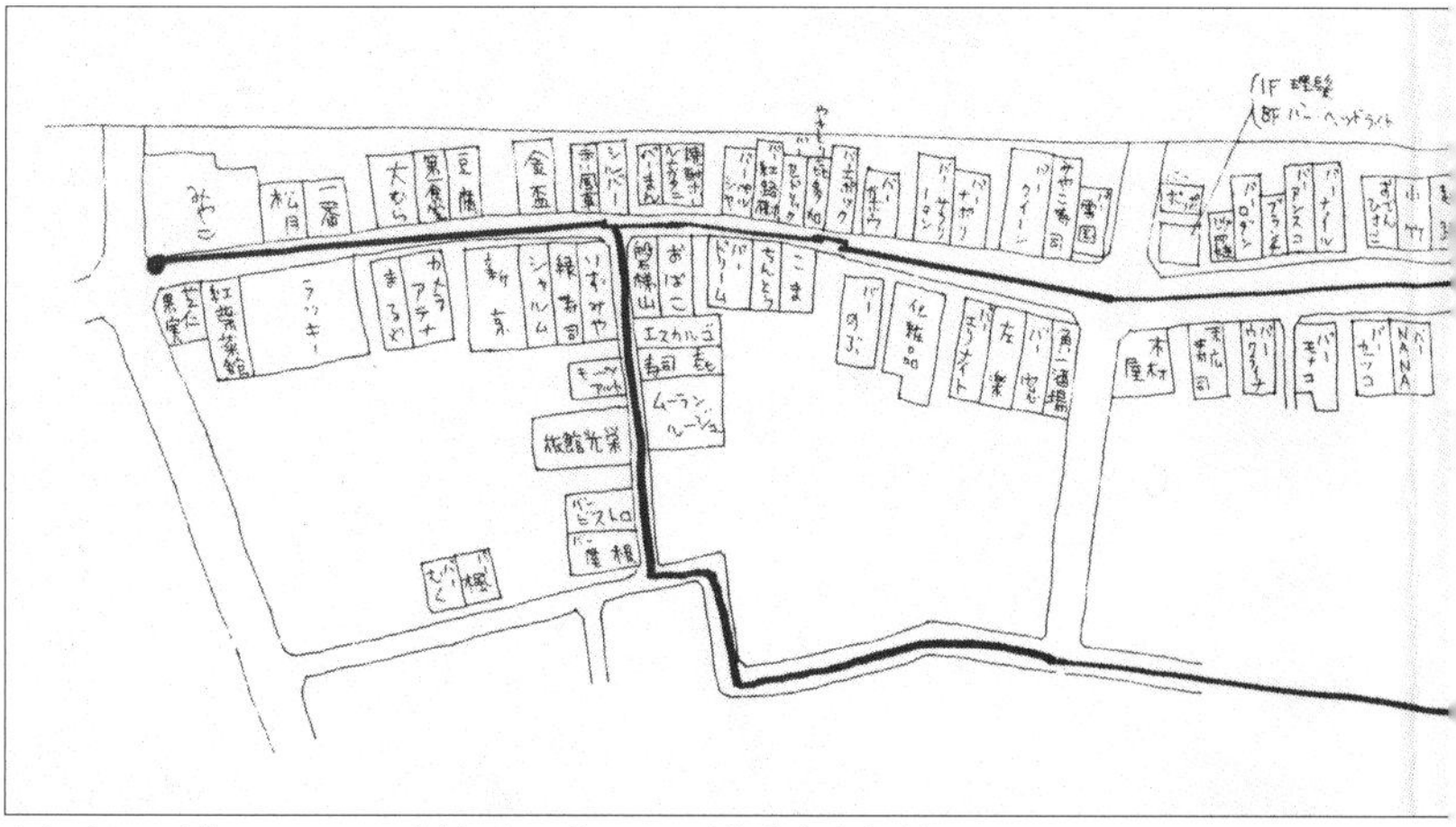

あさがや一番街イラストマップ（出所：阿佐ヶ谷一番街商店会作成）

紫灯ゆらめく飲み屋街

第三章　山手線界隈

駒込、王子

二つの三業地と昭和の商店街を歩く

駒込は野菜の集積地だった

駒込という地名はややこしい。駒込は豊島《としま》区で本駒込《ほんこまごめ》は文京区、駒込駅のすぐ東は北《きた》区である。同様に北大塚《きたおおつか》と南大塚《みなみおおつか》は豊島区で大塚は文京区、目白《めじろ》は豊島区で目白台《めじろだい》は文京区、目白文化村は新宿区である。

もともと、これらの区は豊島《としま》郡だったので、郡の中に駒込、大塚、目白、あるいは高田《たかだ》などの地名があり、その一部が東京市に編入されたときに、旧市内が現在の文京区、旧郡部が現在の豊島区に属した名残だ。

駅の東側にあるアザレア通りという商店街を入ると、いきなりキャバクラ。そこから南下して右手の少し小高いあたりが本駒込五丁目で、駒込三業地があった場所である。

駒込三業地の設立は1922年。当初は料理屋32軒、待合21軒、置屋38軒とけっこう大規模である。今は料亭も待合も何もなく、普通の住宅地に変わっているが、それでも料亭時代の記憶を残すべく、おそらくかつては庭にあった植木を玄関先に植えている家が多い。塀の鬼瓦が、やけに色っぽい家もある。

また、その名も「神明《しんめい》」という名の居酒屋があり、ほかにも小料理屋のようなものがいくつか

駒込三業地見番
（出所：『帝都復興記念 東都芸妓名鑑』南桜社、1930）

駅前にはこの種の店がある

現在の駒込三業地

駒込三業地（出所：『全住宅案内地図帳』1962）

ある。仕出屋だった店が経営する店もあり、天祖《てんそ》神社の玉垣には駒込三業組合の名も彫られているし、電柱には「三業地」の名が残っている。板東という名の表札もあり、踊りか伝統芸能関係の家だろう。着つけ教室もある。1カ所だけ黒塀も残っていた。やはり、ここは元花街だとわかる。

駒込駅周辺は江戸時代には近郊農村から野菜が集まる場所だったようで、一種の宿場町のようなものだった。

江戸以前は古代からの交通の要所であり、武蔵《むさし》国府である府中《ふちゅう》から古代東海道が荻窪を経て、直線道路で豊島区駒込の染井《そめい》のあたり（駒込駅の北）まで来た。そこが駅だったのである。

駅というのは馬が集まる場所であり、

駅は「うまや」とも読んだ。その駅が染井にあったのだ。その東の飛鳥山《あすかやま》の南端にあるのが豊島郡衙《ぐんが》（今の県の官庁街のようなところ）の跡である。そこから古代東海道は今の荒川区を横断し、隅田川《すみだがわ》を渡り、墨田区の鐘ヶ淵《かねがふち》を抜けて葛飾区の立石を経由し、最後は市川の下総《しもうさ》国府にいたった。

面白いもので、駒込、荒川区の尾久、南千住には三業地があり、鐘ヶ淵から少し下ると玉の井の私娼窟があり、立石には赤線があり、市川にも三業地があった。これは、やはり千数百年前からの街道沿いの街であったということと関連しているのではなかろうかと想像するのも面白い。

ハイソな街にもソープがある

話を駒込に戻す。野菜を運んできた人々は、そこで休憩し、酒を飲んだりすることもあったのであろう。そのためか、駅の南には古い旅館があって、「昭和30年代のオールドファッションスタイル」であることを看板に書いてアピールしている。

駅の北側も飲み屋やマッサージ店が多く、サウナ風呂やソープランドまである。文京区本駒込のちょっとハイソなイメージからすると違和感があるが、花街があり、宿場でもあったとわかれば違和感も氷解する。

駅前の昭和の喫茶店に入ると、近所の商店主らしい人々がわいわい話しており、50代の男性がいかにも親父《おやじ》風の笑い声を立てており、ああ、ここは下町なのだと納得する。

ソープランド、サウナ、旅館が駅前にある。旅館の看板には「昭和30年代のオールドファッションスタイル」と書かれている

いかにも昭和の商店街・砂町銀座の鮮魚店の支店もある霜降銀座

そこからしばらく谷田川《やたがわ》通りを北上し、本郷通りを渡ると、北区西ヶ原《にしがはら》の霜降銀座《しもふりぎんざ》商店街に入る。1931年に谷田川を暗渠にする工事が始まり、1940年に完了。その上に新しい道路が完成して商店街が形成されたという。商店街が暗渠なんだ!!

なかなか年季の入った店が多くてなごむ。江東区の砂《すな》町《まち》銀座の鮮魚店の支店もある。こりゃあ「ザ・下町」って感じである。

霜降銀座商店街

霜降銀座は少し歩くと、すぐに豊島区駒込に入り、商店街は染井銀座商店街に変わるが、完全に連続しているので、同じ商店街としか感じられない。北上を続けると、シャッターを閉めたままの店も増えてくる。客層は高齢者が多い。

ずっと歩いていくと、また北区西ヶ原となり、都電荒川線（東京さくらトラム）の滝野川《たきのがわ》一丁目駅にいたる。そこから都電で王子に行く。

王子駅東口のすぐのところには柳小路《やなぎこうじ》商店会があるが、

これは敗戦直後の特殊飲食店街。青線である。

王子の三業地――マンションになっても庭木が残る

明治通りの西側に200メートルほど歩くと北区豊島《としま》という地名で、ここに王子三業地があった。王子はもともと本郷通り沿いで、音無川《おとなしがわ》（石神井《しゃくじい》用水）の流域であるため景色がよく、「扇屋《おうぎや》」「海老屋《えびや》」という有名な料亭があり、江戸時代から賑わっていた（拙著『東京田園モダン』）。明治時代以降、客層は王子周辺に設けられた会社や工場、軍の関係者へと変化し、王子の料理屋街は二業地として賑わった。

1927年には王子駅の大規模改良工事にともない、王子二業地は駅の北側の東京製絨《せいじゅう》会社の跡地に移転する。1万7900坪もの広大な敷地に1500人近い従業員を抱える大工場だったが、関東大震災によって壊滅的な被害を受け、立ち直

柳小路

王子豊島三業地（出所：『全住宅案内地図帳』1962）

王子三業地跡付近

（撮影：なかだえり）

ることはなかった。「紡績のハラッパ」と呼ばれた跡地が「新町」となり、１９２８年に王子二業地は同地への移転を機に三業地として認可された。

１９３０年には王子電気軌道（現・都電荒川線）ができ、周辺にまた工場が増えたので、花街も大変賑わい、芸妓が１００人ほどいた。

だが、戦後は会社や工場の移転によって主要な客層が減っていき、１９８３年に王子三業組合は解散した（『北区飛鳥山博物館だより　ぼいす』掲載、久保埜企美子《くぼのきみこ》『大地・水・人　移り変わる盛り場＝王子三業地』）。

今行くと道路が拡幅されて三業地を斜めに切断する形になったが、道路の北側にまだなんとか三業地の名残がある。

駒込三業地同様、マンションや住宅になっても庭木が残っている。芸者さんが髪を結ったであろう美容室も、外観は新しくなっているが、まだどことなく色っぽい雰囲気で営業している。

古い飲み屋や中華料理店なども数軒あるが、数年前までは昔の風情を感じさせたものの、今はほぼマンションに建て替わったようである。

大塚

本当は豊島区の中心になるはずだった

「串駒」の親父さんが懐かしい

五反田と並んで都心や副都心の大繁華街に次ぐ歓楽街として名を馳《は》せているのが大塚だ。「串《くし》駒《こま》」という地酒を飲ませる有名居酒屋があるほか、「串駒」で修業した人がつくった居酒屋、おでん店、そのほか多くの飲食店があり、呑《の》み助《すけ》には魅力的な街である（なお、大塚は文京区の地名であり、今回取り上げるのは豊島区南大塚、北大塚という山手線大塚駅周辺である）。

「串駒」の店主は60歳前にもう亡くなってしまったが、とても50代には見えなかった。店の2階の座敷にいて、着物を着て、長髪を頭の後ろで結わえて酒について語る姿は、仙人というか山伏《やまぶし》というか、とにかく浮き世離れした人だった。彼から直接聞いた話では九州から出てきて最初は池袋でキャバレー勤めをしたこともあるという。その後「串駒」をつくり、地酒ブームの火つけ役といわれたのだ。

「串駒」は駅の北口だが、南口を出て東の方向に行くと、横断歩道の向こうにバッティングセンターが見える。その左の路地を入ると、料亭や小料理屋などがたくさんある。これが三業地で、その路地は谷端川《やばたがわ》という、豊島区の長崎《ながさき》神社方面から流れてくる川の暗渠である。これが、さらに下ると小石川《こいしかわ》と名を変えて東京ドームのあたりまで流れていく。

今は三業地も賑やかとはいえないが、それでも風情はある。銭湯も残っているので、明るいうちに銭湯に入り、それからどこかの小料理屋で一杯やるのがおすすめだ。

池袋より繁栄していた

さて、この大塚は池袋がターミナル駅として発展する以前は豊島区内最大の商業地として繁栄していたという。20世紀初頭の池袋は、大正末から昭和の初めまでは、なんとなく寂しい町並みだったそうで、大塚のほうが賑わっていたし、さらに賑わいを求める人は中山道で板橋宿にまで足を伸ばしたというから、今からは想像できない。

明治中期から田畑の宅地造成が大塚で始まり、１８９８年以降、宮仲《みやなか》（現・南大塚三丁目。宮仲の範囲は北大塚二、三丁目、西巣鴨《にしすがも》一丁目、上池袋《かみいけぶくろ》一丁目、東池袋《ひがしいけぶくろ》二丁目に及ぶ）に「さがや」、駅のガード下に「宮松尾」などができた。日露《にちろ》戦争（１９０４～１９０５年）のころには宅地造成がさらに進み、勤め人でごった返すほどになり、飲食店が増加し、大正期に入ると大きく発展した。

また、１９１１年に大塚・飛鳥山間、１９１３年に飛鳥山・三《み》ノ輪橋《わばし》間に王子電気軌道が開通した。この電車は当初は飛鳥山での花見、王子稲荷への参拝客、名主《なぬし》の滝《たき》への遊山客が利用する「行楽電車」「花見電車」だった。

さらに、1916年には大塚天祖神社前に映画館「オヤマ館」ができた。これが豊島区の映画館第1号である。また、1918年に「豊島亭」、1920年に「鈴本亭《すずもとてい》」「金松亭」という寄席ができ、大塚は娯楽の街、繁華街として人気を集め、1924年の年間映画館入場者数は約70万人にのぼった。

このように、大塚、巣鴨《すがも》は豊島区の商業、娯楽の中心になっていった。そのため、料亭、置屋、待合からなる三業地指定の要望が地元で高まり、1922年から警察が指定する現在の地域に移転し、芸妓屋のみの営業許可が下りた。この段階で、芸者が100人近くいたという。

1923年には関東大震災があり、打撃を受けたが、即座に活気を取り戻した。そして、1924年に芸者200人以上、料理屋85軒、待合18軒からなる三業地となったのである（当時の地名は平松《ひらまつ》。現在の南大塚一丁目付近の2万4000平方メートルの土地）。

暗渠ではなかった谷端川沿いに料亭が並び、川には板の橋も架かっていたので風情があったという。川はどぶ川だったが、夜には、どぶの汚さも見えなくなり、明かりが川に映るときれいで箱根のようだった。だから大塚は「新箱根」と呼ばれたと当時を知るある漫画家が回想している。今から見ると本当だろうかと疑いたくなるほどだ。

こうして1932年には芸者数260人、置屋68軒、料理屋22軒、待合61軒と繁栄をきわめた。

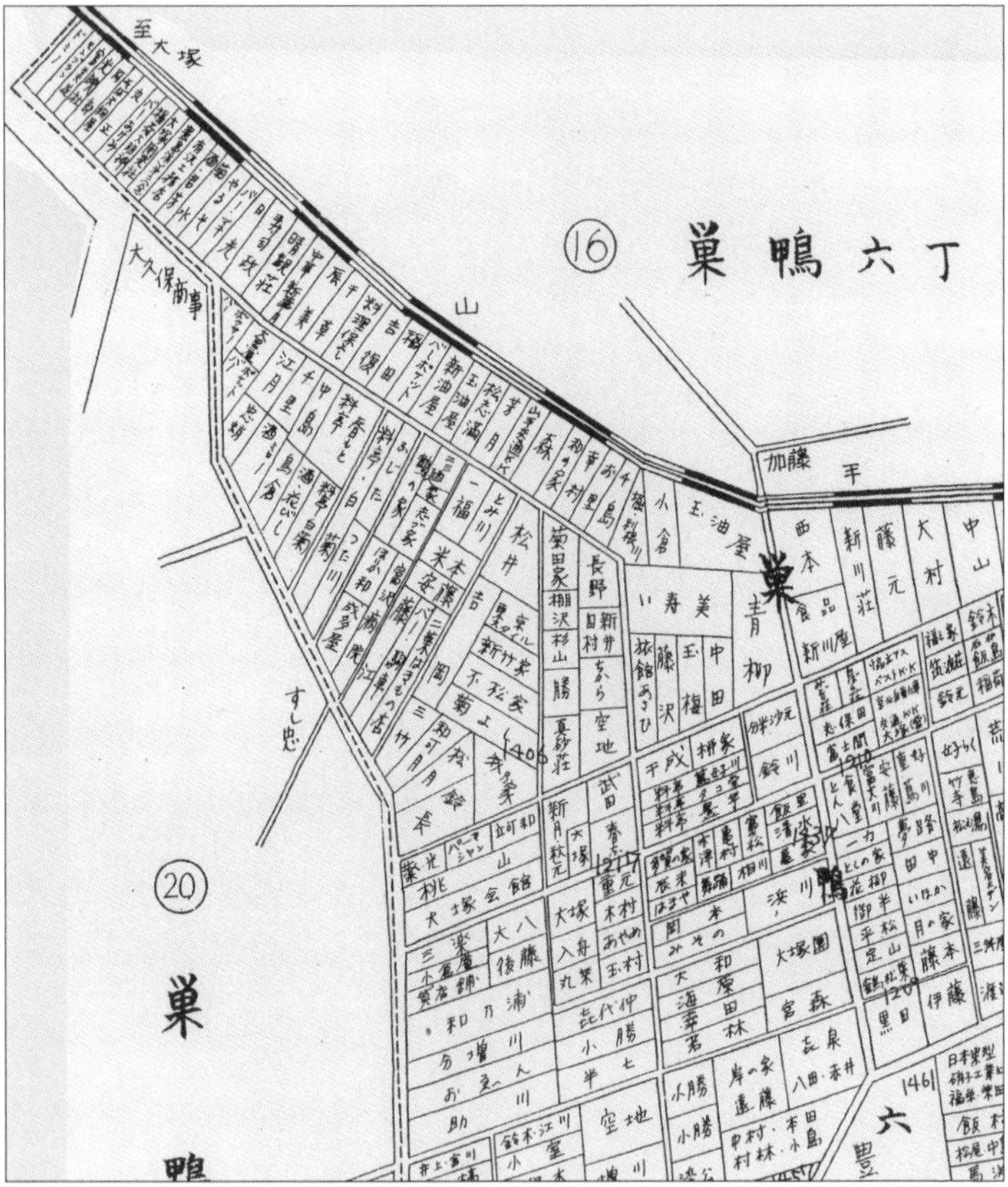

大塚三業地（出所：『全住宅案内地図帳』1962）

近年の三業地跡

街の回遊性

しかし、大塚の街は戦争で破壊され、戦後は副都心として池袋が発展したことにより、区の中心としての立場を池袋に譲った。あくまで山手線と都電の乗換駅くらいの認知度しかなくなってしまったのだ。

それでも近くに大学が多かったせいか、１９７０年代の地図を見ても、大塚天祖神社付近にはまだ映画館などがあったようだ。

だが、私はこれから大塚はますます発展すると思っている。まず、地形が渋谷に近い。駅が低地にあり、駅から見ると山と谷が入り組んでいる。谷にできた道の数は、おそらく駅から見て10以上の方向に放射している。これが渋谷にそっくりなのだ。

道が放射状になっている街は、それらの道を横につなぐ拠点ができると、来街者が街を回遊するようになる。「串駒」とその弟子たちの店、もちろんそのほかの店をハシゴして歩ける。居酒屋ネットワークとでもいうべき回遊性が生まれやすいのである。

しかも、大塚には先ほども書いたように銭湯がまだ数軒あるし、バッティングセンターもある。大衆的な娯楽が充実しているのだ。

今、団塊世代に次いで、私のような昭和30年代生まれが会社を定年になり始めている。この世代は、どうも街歩きが好きな世代であると私は思っている。若いころに渋谷、原宿、青山《あおやま》、代官《だいかん》山《やま》、恵比寿《えびす》あたりを歩き回った経験があるし、それらの街が最初は今よりずっとマイナーだった

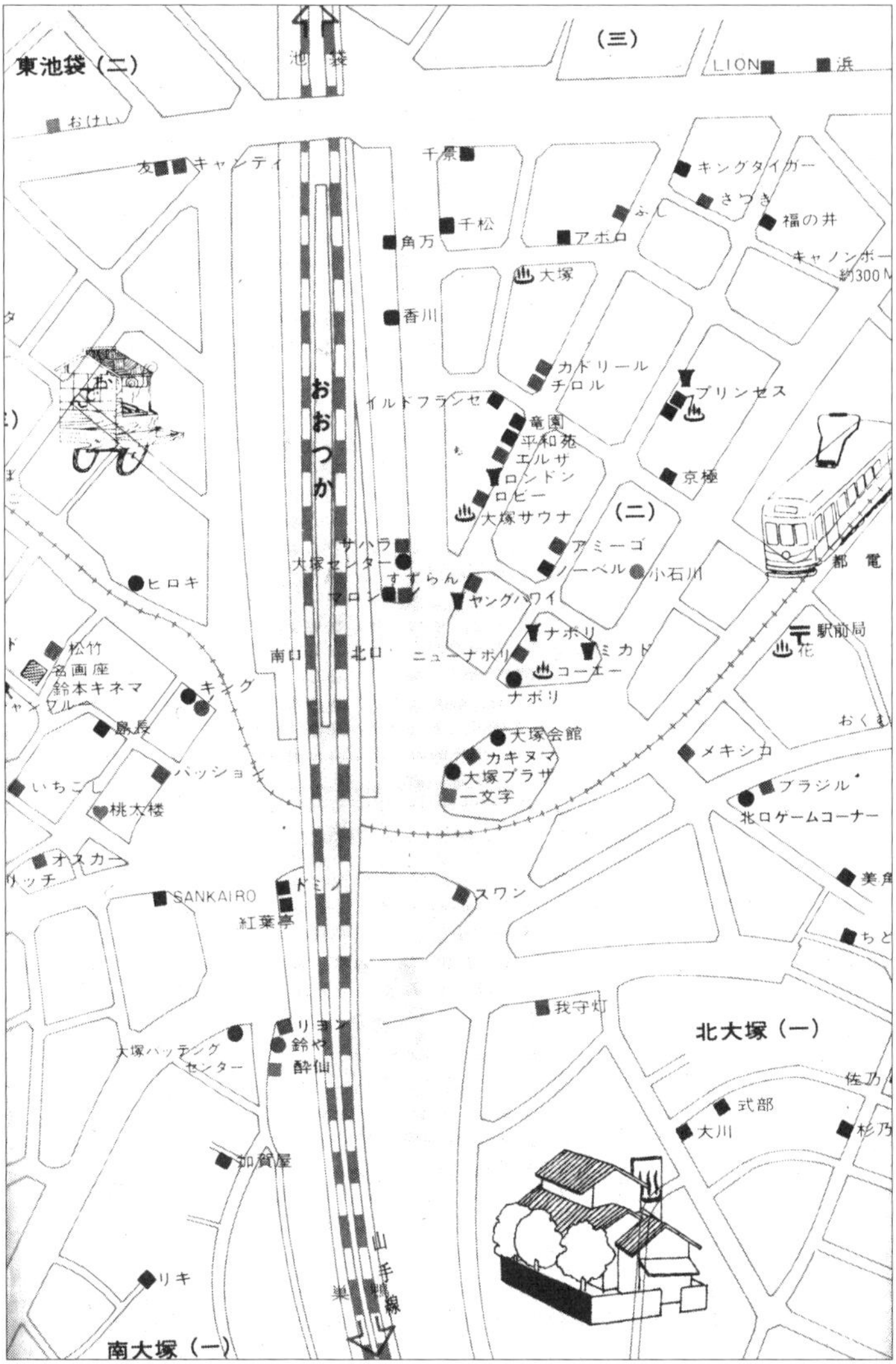

駅の南（左）に松竹、鈴本キネマという文字が見える。その左には天祖神社がある。
桃太楼というのはハートマークがついているが、同伴喫茶である
（出所：高山凡編『東京娯楽地図』寿海出版、1974）

のに、どんどんお店が増えていっておしゃれになっていくプロセスを知っているからだ。

そういう世代が飲み歩きを中心として街を歩き回る時代が来ている。そのとき、大塚は彼らが必ず訪れる街になると思う。

渋谷円山町

実は甲州街道だった裏渋谷通りが花街の始まり

円山町は荒木山だった

渋谷円山町は、今はほぼラブホテル街だが、1913年に三業地指定を受けた花街であり、1970年代くらいまでは芸者さんがたくさんいた。その形成過程については遊廓や温泉地の研究者である松田法子《まつだのりこ》さんによる詳細な論考がある（筆者監修『渋谷の秘密』PARCO出版）。

同論文によれば、戦後、建物の一部を部屋貸しにする旅館を営み始め、1964年の東京オリンピックのころには連れ込みに特化した宿が多数できたらしい。そのうちに建物が木造から鉄筋コンクリート造などに更新され、現在のようなホテル街が形成されたのだという。

円山町は昔は「荒木山」といった。だが、花街として「荒木山」では粗野な感じがするので、京都祇園《ぎおん》の芸者町にほど近い円山《まるやま》、もしくは長崎の丸山《まるやま》遊廓を連想させる名をつけたという。

では、荒木山の「荒木」のルーツはというと、佐賀藩鍋島《なべしま》家の家扶《かふ》（執事）であった荒木寅太

2000年ごろの円山町（撮影：なかだえり）

円山町見番の中の舞台
（撮影：なかだえり）

見番の中の階段
（撮影：なかだえり）

郎なる人物が、この一帯を鍋島家から受け継いだことにちなむというから、奥が深い。

神泉は温泉だった

　もともと円山の台地の西側崖下の神泉谷《しんせんだに》には神泉水という湧泉があった。その水を使った風呂「弘法湯《こうぼうのゆ》」が江戸時代からあり、村民が共有していた。その経営権を佐藤豊蔵という人物が１８８５年に受け継いだ。１８８７年ごろには置屋「宝屋」が弘法湯前に開業した。「身近な箱根みたいなのをつくろうと思った」らしい。豊蔵は家の人たちに「大旦那様」と呼ばれていたという。これが円山町、ひいては渋谷花街全体の端緒である。

「右 神泉湯」と書かれた石碑

　１８８８年には芸妓屋組合、１９０３年には料理屋組合ができ、１９０７年には双方が合流して、あらためて二業組合を設立、見番も初めて設置された。そして、１９１３年には現在の円山町に続く土地約１万５０００坪が三業地に指定され、１９１９年には渋谷三業株式会社が発足したのである。

円山町三業地。円山町という文字が乗った道が今のランブリングストリート。
64、88、80という数字のある通りが渋谷三業通り。左のほうに弘法湯がある
（出所：『全住宅案内地図帳』1962）

円山町の発展には軍隊の存在が不可欠だった。周辺では1891年に騎兵第一大隊の池尻《いけじり》への移転があり、1909年には代々木《よよぎ》練兵場も開設された。軍人たちが円山町の大きな客だったのだ。道玄坂の周辺には陸軍将校や東京農大関係者が住宅を持ち、また地方から入隊した兵士らが休日を過ごす「日曜下宿」や、その需要に応じる店ができ、一部には妖しげなものも発生した。道玄坂下の大和田新道《おおわだしんみち》（大和田横丁。今の井の頭《いのかしら》ガード下界隈《かいわい》）にも多数の私娼が集まり、1907年ごろに特に盛んだったという。

円山町を横断する謎の道

ところで、渋谷の道玄坂は本来は大山《おおやま》街道という。その大山街道から道玄坂上で西に分岐する細い道がある。最近「裏渋谷通り」という名前がつけられたが、かつては「渋谷三業通り」「見番通り」などと呼ばれていた、円山町を貫通する通りである。この道に何かあると直観したのは松田さんだった。松田さんと編集者と私が円山町を初めて一緒に歩いたとき、松田さんは驚くほど熱心に坂や街並みや道を観察し、「この道に何かありそう」と言ったのである。さすがである。

円山町にある街の歴史を書いた看板を見ると、三業地成立以前に、この道は「滝坂道《たきさかみち》」と呼ばれていたことがわかった。円山町から北も南も急な坂で下っていくから滝坂と呼ばれるのかと思ったが違った。

実は、この道は府中や甲州に続く古い道だという。江戸初期の甲州街道の整備以前から府中や甲州方面にいたる道だったのだ。滝坂とは現在の京王《けいおう》線つつじヶ丘《がおか》駅近くにある急坂で、道はそこで甲州街道に接続しているのである。

1988年か1989年だったと思うが、渋谷駅周辺で深夜まで飲んで、京王《けいおう》井の頭線の神泉駅に向かう途中、ラブホテル街の裏のほうを歩いていると、暗がりで女性に「遊ばないか」と声をかけられたことがある。あとから思うと、あれは殺害された東電《とうでん》OLだったかもしれない。1997年に起きた事件の現場は神泉駅の踏切近くの古いアパートである。

滝坂道は甲州街道だった

そこで、『渋谷の秘密』（前出）の編集中のある日、私はこの道標から滝坂まで歩いてみることにした。

途中は省くが、1時間ほど歩くと、町名はもう梅丘《うめがおか》である。小田急《おだきゅう》小田原《おだわら》線が近い。たしかに梅の木が何本も植わっており、きれいに咲いている。

町名が豪徳寺《ごうとくじ》に変わるところで90度南下し、突き当たって、また90度曲がって西進

よく見ると、道玄坂に滝坂道について解説する道標が立っていた

する。あたりを歩き回っていると、古い立派な屋敷がある。宇田川家《うだがわ》であった。地図を見ると、このあたりは宇田川さんだらけである。

東京のいたるところ宇田川家はある。東京を代表する旧家である。渋谷にも宇田川町があり、新橋駅の周辺もかつては芝宇田川町であった。ということは、滝坂道は宇田川家をつないでいたのか。

地図をもっと広域に見ると、滝坂は渋谷のほぼ真西であり、そこから調布《ちょうふ》駅までは少し南西に下るが、そこからまた府中までは北西に上るので、結局、渋谷から見て府中はほぼ真西である。これはちょっとうかつだったが、今まで気づかなかった。府中の国府から真東に進むと渋谷であり、そこからさらに真西に進むと、ほぼ新橋なのである。

豪徳寺、梅ヶ丘のあたりに道の歴史を感じる

宇田川家の近くに貼り紙があった。滝坂道の歴

梅の花が素晴らしい宇田川家

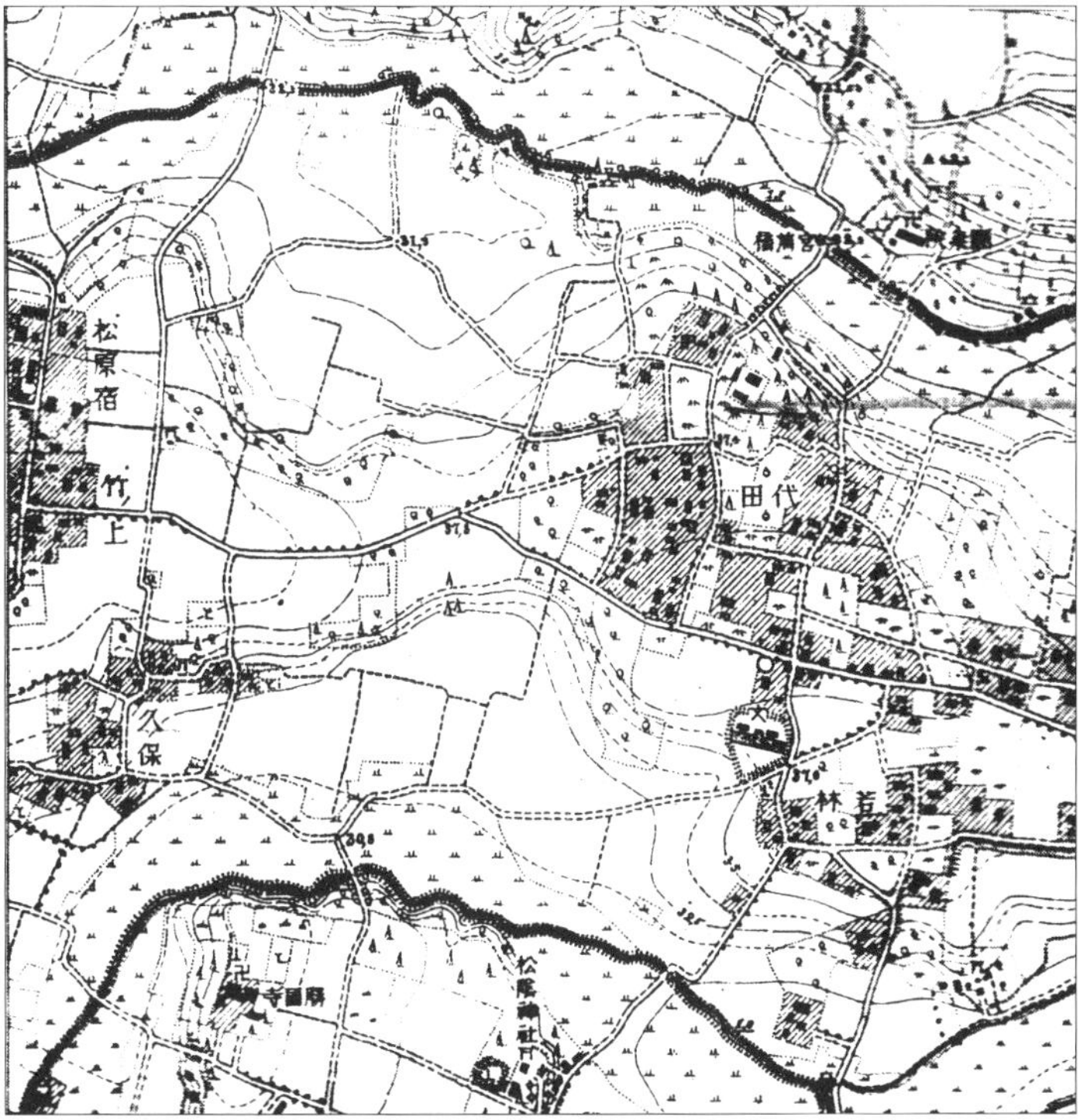

中央を横断しているのが滝坂道。左端が松原宿（出所：陸地測量部『陸測版正式貳萬分壹地形図 東京近傍貳拾九面』日本地図資料協会、1909）

史を考える市民によるものだ。将来的に淡島《あわしま》通りが整備されると、この古い滝坂道が消えてしまうので、それに反対するか、消える前に街の歴史を考えよう、残そうという人たちなのであろう。

　滝坂道が90度曲がるこのあたりは松原宿《まつばらしゅく》といわれる宿場だったらしい。松原は小田急小田原線豪徳寺駅や梅ヶ丘駅の北側の地名であるが、そこからきた名前であろう。

　豪徳寺や世田谷八幡宮《はちまんぐう》の北側であり、豪徳寺の南は世田谷城趾《じょうし》であるから、古代、中世には重要な場所だったろう。世田谷城は北沢川《きたざわがわ》と烏山川《からすやまがわ》に挟まれた丘陵地にある城山である。

道がクランクするのは世田谷城を築城した奥州《おうしゅう》吉良《きら》氏が敵が城をめがけて攻め込みにくくするためにわざとつくったのだそうだ。南北の道沿いにも少しクランクがあったのか、今でも道路が少しくねっている。

徳川幕府ができて甲州街道が新宿《しんじゅく》方向に向かうことになっても、滝坂道を使って世田谷方面の農作物を渋谷方面に運んだはずであり、地形的には坂の上のこのあたりに峠の茶店のようなものがあったのかもしれない。

飯盛女がいるほどの宿場ではなかったようで、店が3軒ほどあっただけだという（せたがやトラスト協会編『世田谷の古道に沿って… 滝坂道・大山道・登戸道・筏道《いかだみち》』）。

南北の道も少しクランクしている

住宅地なのにビリヤード場、昔はサウナも

そういう高級住宅地であるが、滝坂道沿いには突然、ビリヤード場があり、その向かいには宿屋風のつくりの古い木造建築がある。どう考えても、高級住宅地にはふさわしくない。1989年の住宅地図を見ると、ビリヤード場の近くにはサウナもあった。もしかしたら、これらは宿場町時代の性格を引き継いでいるものなのかもしれないと勝手に想像したが、真偽のほどはわからない。

ビリヤード場のはす向かいくらいには、ちょっと不思議なラーメン店がある。中年男女二人で経営しているが、こんな住宅地にぽつんとあるのに客が並んでいる。私も食べてみたが、なかなかいい味だった。店名が「りらくしん」といって全然ラーメン店らしくないが、店の庇《ひさし》のテントを見ると、もとは焼き鳥バーだったらしい。「りらくしん」はジャズの帝王マイルス・デイヴィスのアルバム名から取られているようである。

この店がもとはスナックか何かではなかったかと思って、やはり住宅地図で調べてみたが、なんと電器店だった。なかなか想像通りにはいかないものである。

考えてみれば、滝坂道が甲州街道だったのは江戸時代以前だし、江戸時代も五街道のように栄えたわけではないのだから、そんなに宿場らしいものが残っているはずはない。

ネットで調べると、かつての宿場の要素は、鉄道ができてからは小田急小田原線豪徳寺駅や東急世田谷線山下《やました》駅（2駅はほぼ同じ場所にある）の周辺に移動したのではないかという仮説を立てて

ビリヤード場

滝坂道沿い。宿屋風だ

山下駅周辺の曲がりくねった道は烏山川の流域だったからだろう

いる人もいる。たしかにありうる話だ。

　なるほど、山下駅から南北に伸びる古道沿いは大正ごろから商店街になったようであり、今もけっこう賑わいがある。これはおそらく鎌倉《かまくら》街道であり、杉並の大宮《おおみや》八幡宮と世田谷八幡宮を結んでいて、北は阿佐ヶ谷方面に向かうのである。山下という地名は、おそらく烏山川に沿った低地、山の下という意味であり、その一帯にも飲食店などが多い。経堂《きょうどう》や梅ヶ丘の駅前と比べると、庶民的で下町的に見える。

　そこから経堂駅前、上祖師谷《かみそしがや》を経由して最後にたどり着いたつつじヶ丘駅近くの甲州街道の北側、昔はそれが甲州街道だったという坂が滝坂である。滝坂というのだから、おそらく昔はもっと急な坂だったのだろう。だが、今はそれほど急ではない。これは明治天皇が乗った馬が滝坂で足を滑らせて落馬しかかったことから、

滝坂の上に馬宿があった

川口屋

上祖師谷の馬頭観音

坂を切り崩してなだらかにする改修工事が数度行われたのだそうだ。

上っていくと、高台に古い家がある。入り口横に石碑が建っている。そこに彫られた字を読むと、「瀧坂旧道　馬宿《うまやど》　川口屋《かわぐちや》」と書いてある。馬宿とは古代の交通、通信システムである伝馬制《てんませい》において馬を乗り換える場所である。

そういえば、上祖師谷を歩いていると、馬頭観音《ばとうかんのん》をひとつ見かけた。旅の途中で病気や怪我《けが》で使えなくなった馬が処分され、それを祀《まつ》るのが馬頭観音である。滝坂道をたくさんの馬が荷物を背負って歩いた時代が偲ばれる。今なら車で移動するわけだが、馬で移動し、宿場で休んだり、芸者がいたりという時代と比べると、味気ない。旧街道を歩いて茶店でひと休みという文化が、また復活することを望む。

円山町ギャラリー

（撮影：なかだえり）

三門

五反田

昭和のピカレスクな感覚を残す

スナックホテルなんてものがある

最近はスナックブームらしい。私はあまり行ったことがないが、ネットでいろいろ調べると、五反田のビジネスホテルに地下1階から地上2階までがすべてスナックや小料理屋で、地上3階から上がホテルという変わったものがあると知って行ってみた。

五反田といえば、山手線沿線では新宿《しんじゅく》、渋谷、池袋という3大ターミナルに次ぎ、大塚、鶯谷と並ぶ歓楽街である。普通のキャバクラから熟女パブやら何やら各種の風俗産業がそろっていることで有名だ。

それで、そのスナックホテルに行ってみると、三角形の土地に三角形のホテルが建ち、3フロアが吹き抜けで、その吹き抜けを囲むようにスナックなどがびっしり並んでいる。なるほどこれは壮観である。

試しに一軒のスナックに入った。年齢不詳のグラマーな女性がママ。最新のカラオケ設備を備え、歌うと点数が出る。歌を競ってママより点数がよければ一杯おごってもらえるが、負けるとママにおごる。ところが、ママがうまいので、なかなか勝つことができない。熱くなりすぎると数千円が飛んでいくというしくみ。

地下1階から2階までがスナックや居酒屋になっているビジネスホテル

2軒目は小料理屋。女将は着物に割烹《かっぽう》着《ぎ》で、料理も評判がいいそうなので入ってみた。たしかに料理はよさそうだ。日本酒を頼むと、「芸を見せるよ」と言われたので頼んだ。

すると、女将さんが「ああーん、あふれちゃう、もっともっと！」と言いながら、一升瓶から酒をついでくれた。なるほど、五反田だ。

アニメ声だったので、前の仕事はアニメ関係かと聞くと、熟

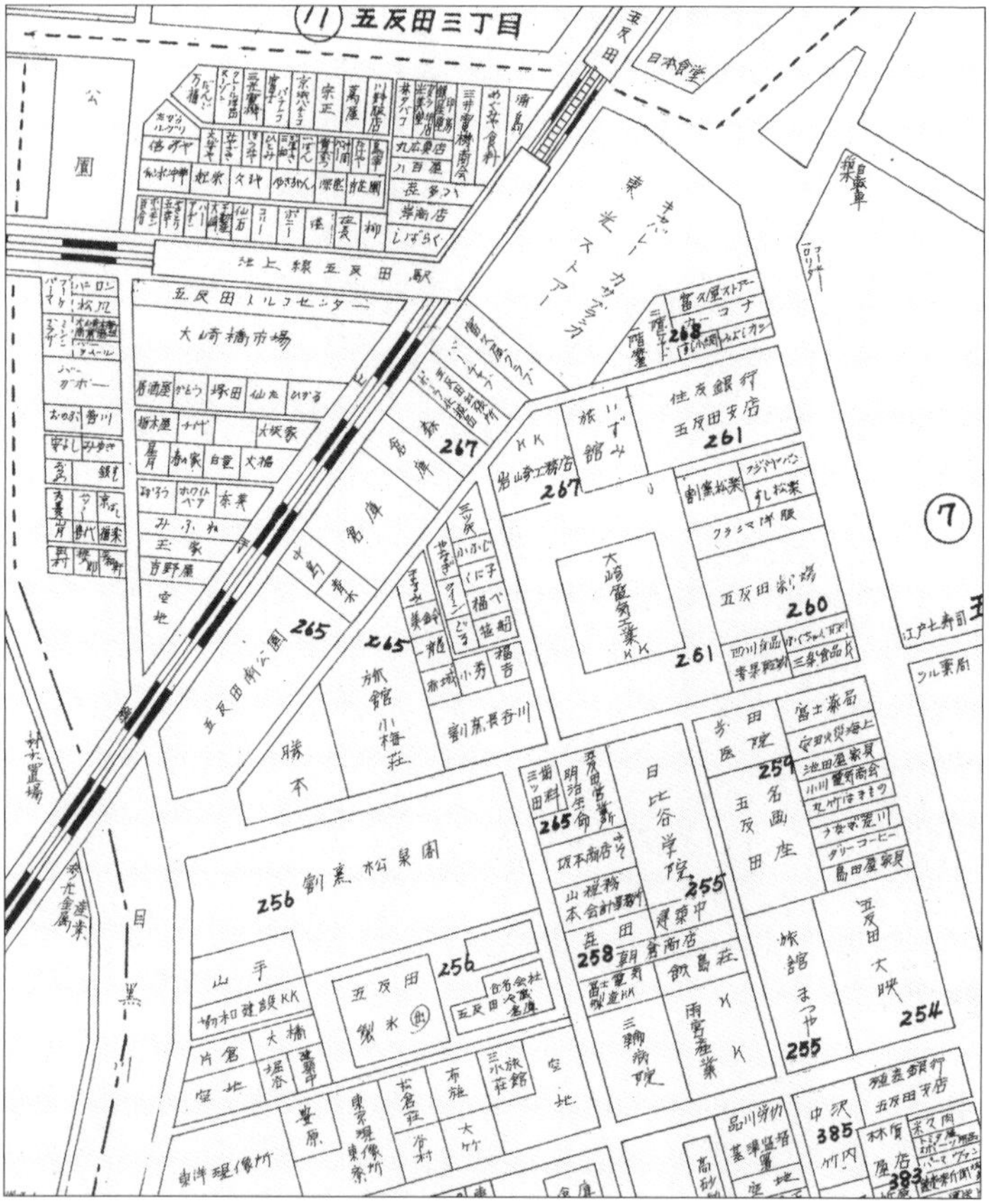

五反田駅近く。池上線の下の三角地帯が現在のスナックホテルのあるところ。
山手線の下に「松泉閣」がある（出所：『全住宅案内地図帳』1962）

女パブだという。さすが！　料理が得意で料理教室を開いていたが、晴れて自分の店を持ったのだそうだ。

五反田の歓楽街化の歴史

ビジネスホテルの下がこういう状態だとは、さすが五反田だ。でも、五反田はいつからこういう歓楽街になったのか。

1929年に刊行された松川二郎《まつかわじろう》の『全国花街めぐり』（カストリ出版より復刊）によれば、当時の五反田は荒川区尾久と並んで最も急激に発展した新しい花街だったそうだ。尾久と同様、鉱泉が発見されて温泉旅館ができ、そこに女性が侍《はべ》るようになり、次第に花街となる。

二業地（料亭、置屋）として認定されたのは1921年。東京市内各地から続々と芸者が集まってきたという。

1923年に関東大震災があり、東京の東側の下町は壊滅した。すると、西側の五反田がさらに膨張し、1925年に三業地（料亭、置屋プラス待合）として認定された。花街としては、品川と渋谷の中間にあったことを地の利として生かした面もあった。芸者屋58軒、芸者220人、料理屋25軒、待合45軒が栄えた、情緒はいまひとつだが、「郊外においては屈指の花街」と評価された。

主な料亭は「松泉閣《しょうせんかく》」があり、これはかなり大きなもので、『品川区史』にも出ている。19

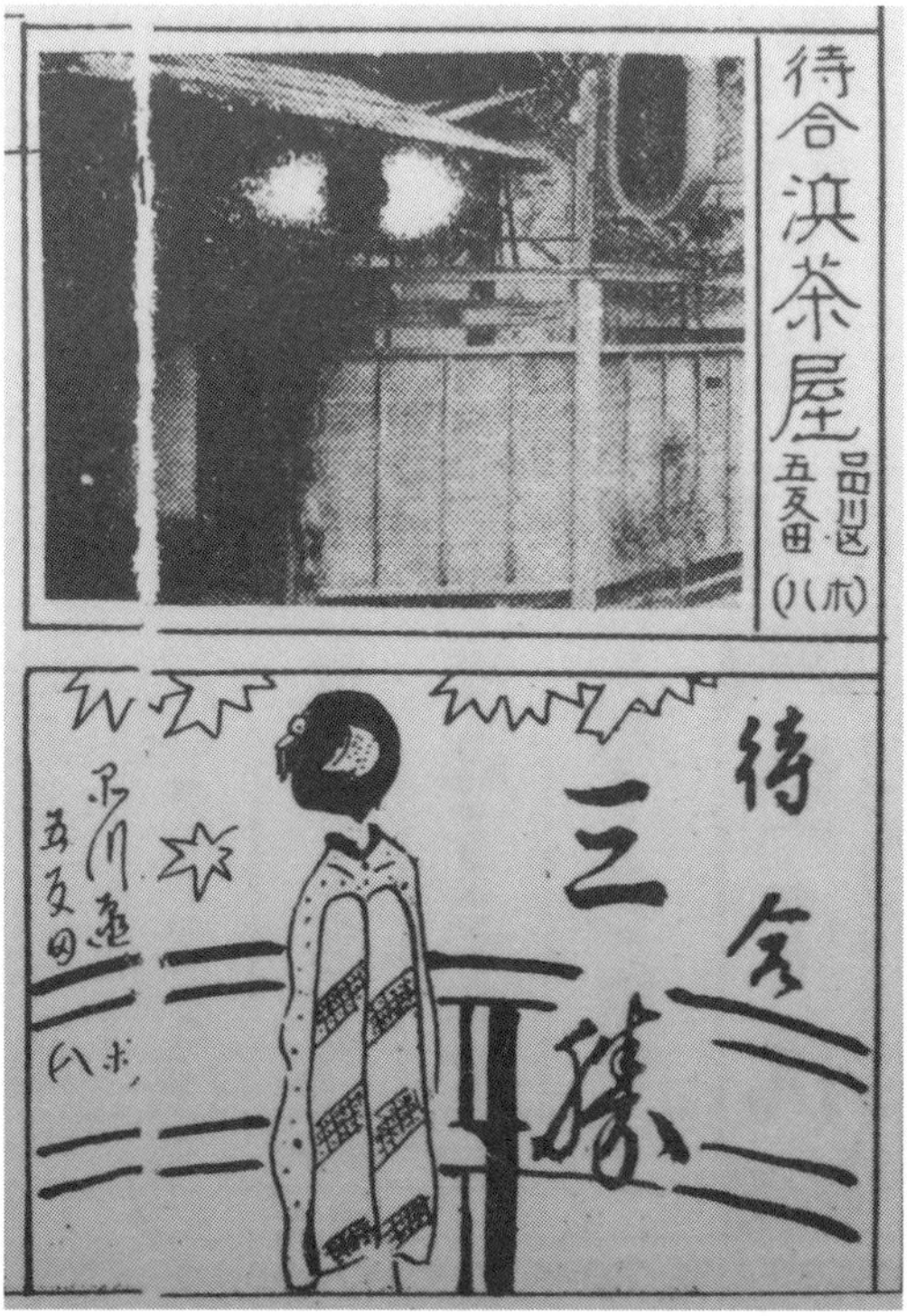

待合の広告（出所：前出『昭和前期日本商工地図集成 第1期』）

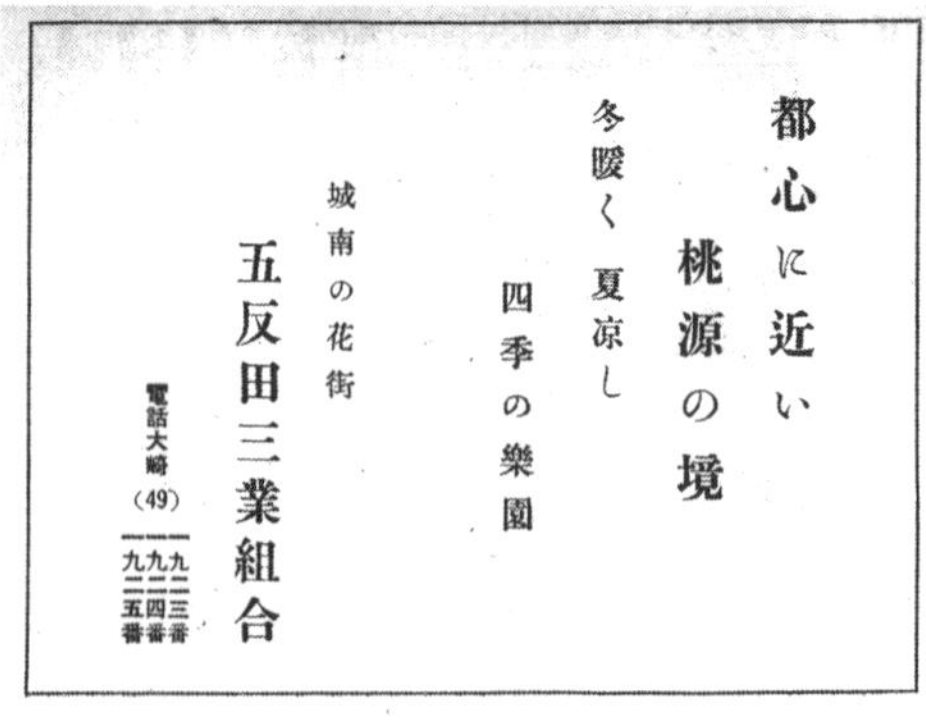

五反田三業組合の広告
（出所：『東京待合業組合聯合会名簿
昭和18年版』1943）

25年に創業した。五反田駅の東口の南側の目黒川沿いにあった。「郊外の箱根山」と自称し、庭園が広く、庭石の配置も素晴らしく、演芸舞台の設備もよかったらしい。この「松泉閣」と西郊（西側の郊外）の双璧だと評されたのが、川崎の丸子橋《まるこばし》にあった「丸子園」だったというから、今からは、なかなか様子が想像できない。

昭和初期につくられた商工地図を見ると、松泉閣のほかにも、駅西口には「浜茶屋」「多《た》ち花《ばな》」といった料亭らしい店名が見える。

ラブホテル街の昔は

また、敗戦後の1951年の『火災保険特殊地図』（前出）を見てみると、ぐっと店の数が増えている。西口の北側を見ると、待合として「月の瀬」「五十鈴」「大須賀」「富士松」「新高」「喜文」「栄家」「五十鈴」「竹の家」、旅館として「椎名」「緑の荘」「梅ヶ

松泉閣の絵葉書

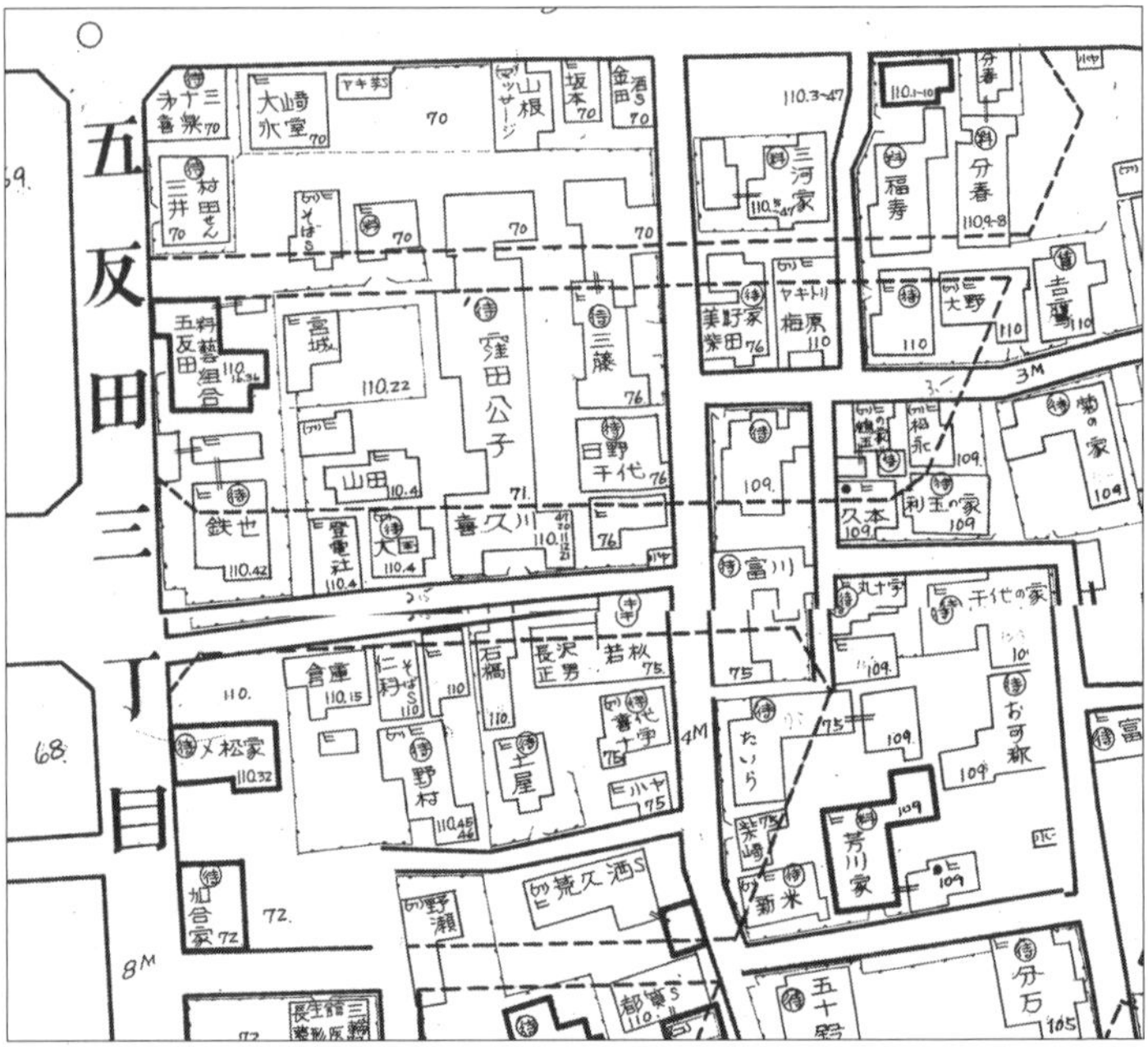

五反田三業地。現在の駅北西のラブホテル街のあたり。㊕は待合。破線が今の区割り
（出所：『火災保険特殊地図』1951）

枝」、料亭として「ぎおん」「浜町」などの名前を確認できる。すごい繁栄ぶりだ。

　また、戦後すぐには池袋、目白、新宿《しんじゅく》、渋谷に次いで、五反田には1946年6月に木造の建物がずらっと並ぶ「連鎖市場」と呼ばれる細長いマーケット（闇市）ができた。東急池上《いけがみ》線の北側の道路沿いがマーケットだったようで、駅近くだけでも小さな店、精肉店、青果店、ベーカリー、食堂、パチンコ店、ラジオ店、カメラ店、たばこ店、荒物店、お茶店、洋服店、靴店、喫茶店などが路地裏までぎっしりと並んでいるのがわかる。

　また、スナックホテルのある東急

ラブホテルの雑誌広告(出所:『週刊大衆』1973年12月20日号)

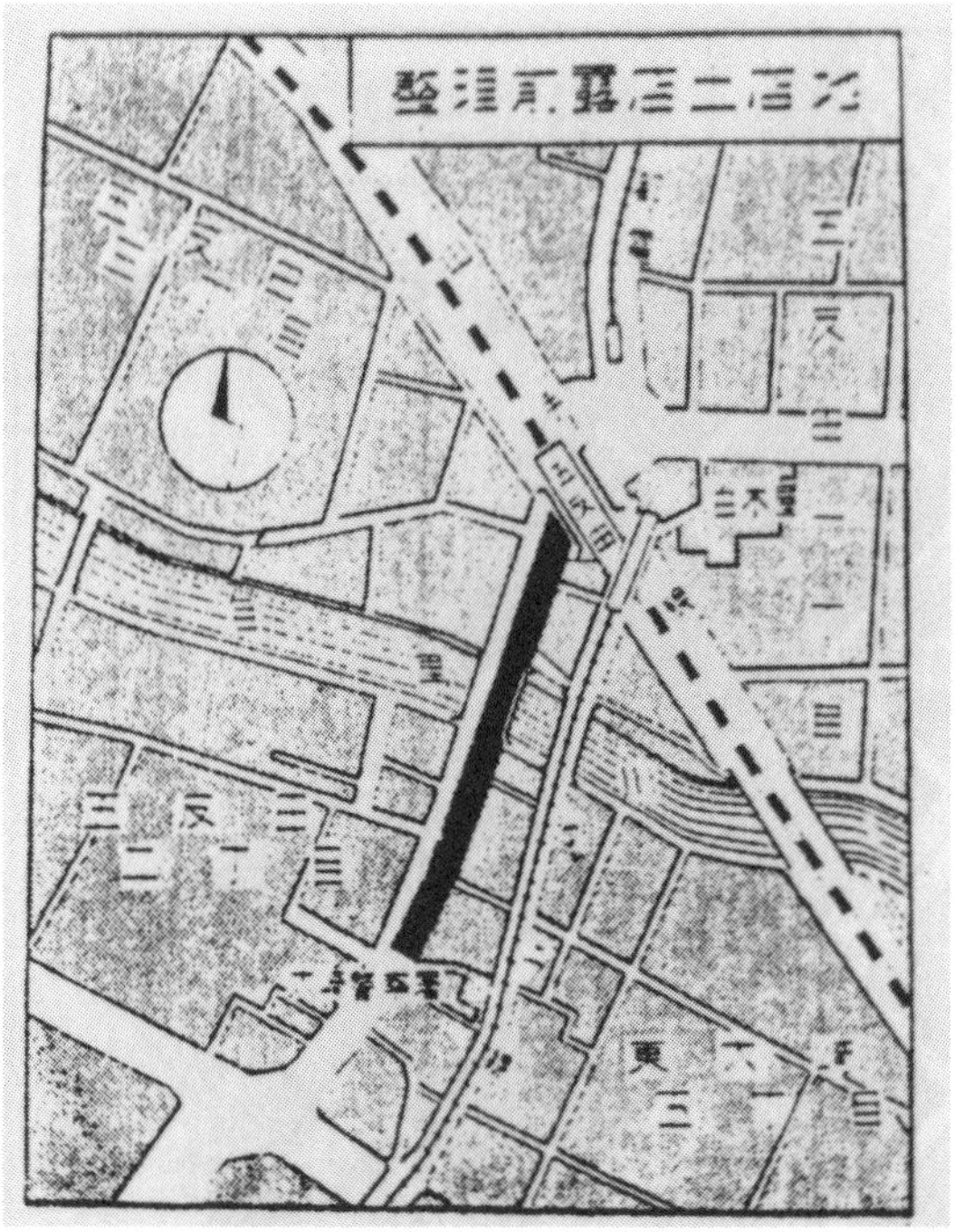
黒いところが敗戦直後の五反田の露店
(出所:東京都臨時露店対策部編『露店』東京都、1952)

池上線の南側には「大崎橋市場《おおさきばしいちば》」があり、その横に小さな飲み屋がひしめいている。なるほど、ここにホテルをつくったときに、もともと商売をしていた店や、そこから続く店を中に入れたケースも多いのだろう。

日本一豪華なボウリング場が消えた跡

山手線を挟んで現在のスナックホテルの反対側が先ほどの「松泉閣」があったあたりだが、今はタワーマンション街である。

空襲でなくなった先述の「松泉閣」の跡地に1965年に「世界一」と呼ばれた大規模で豪華なボウリング場・五反田ボウリングセンターができた。〈これがボウリング場かとため息の出る豪華なもので〉、内装は吹原《ふきばら》弘宣社長の好みから、〈外国からとり寄せた大理石をふんだんに使っており、雰囲気を一段と格調の高いものに仕たて〉ている。〈この品のよいセンターにくると気分が豊かになってストレスも解消される〉と『ボウリングファン』（1965年3月号）は書いている。

4階は会員制の贅沢《ぜいたく》なサロンのようなものがあり、3階には「レストラン・ケルン」があったというが、これがなくなった「松泉閣」が経営するレストランだ。今は虎《とら》ノ門《もん》の洋食の老舗「レストラン　ケルン」となっている

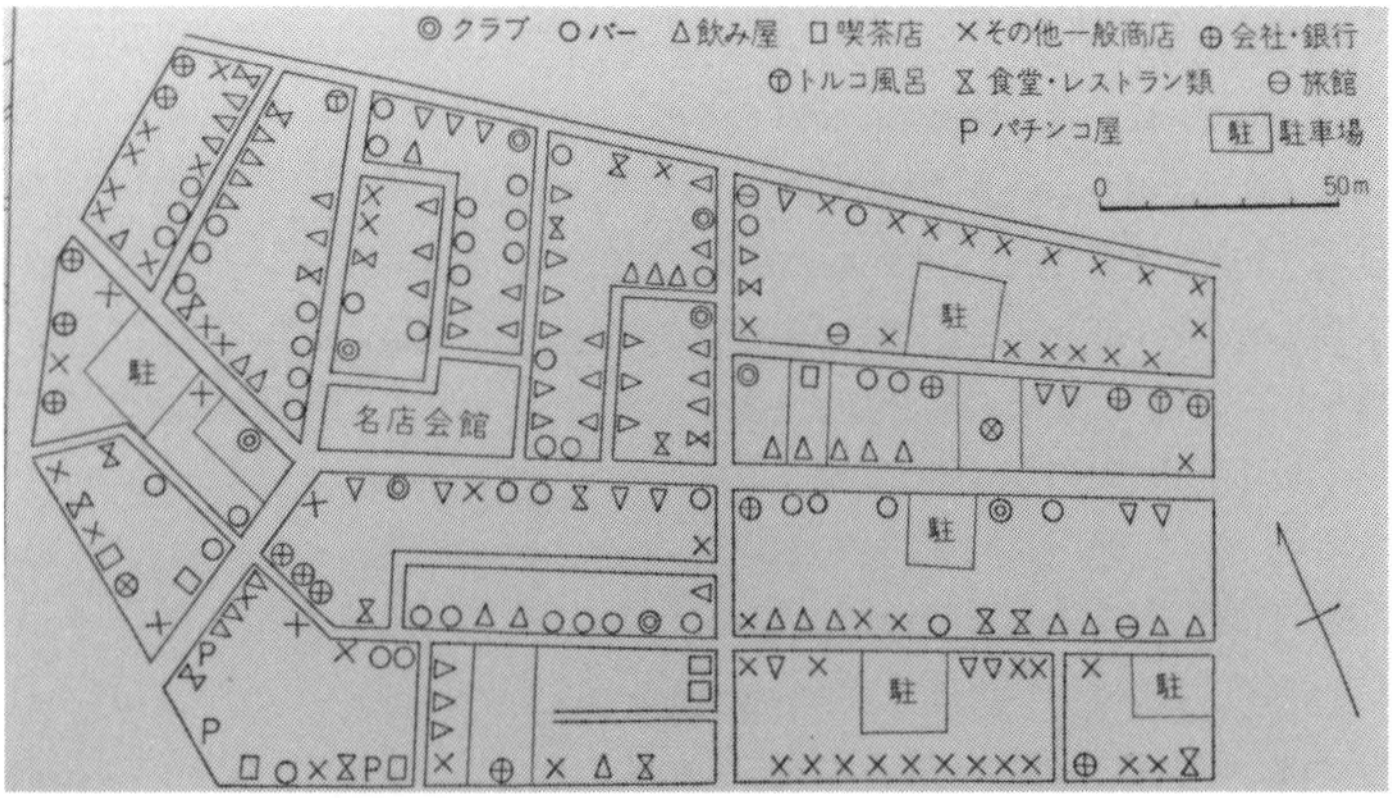

五反田駅東口（松澤光雄・作成）
（出所：日本地誌研究所編『日本地誌 第7巻 東京都』二宮書房、1967）

(拙著『昭和「娯楽の殿堂」の時代』柏書房《かしわしょぼう》)。五反田にも、なかなか面白い歴史があるのだ。

地面師とITの共通点?

それから最近、五反田で話題になったことといえば、積水《せきすい》ハウスが地面師にだまされて料亭「海喜館《うみきかん》」の土地を買わされたことである。

もちろん、実際は買っていない。天下の積水ハウスをまんまとだます地面師なんていう商売が今もあるとは驚きだった。その舞台が欲望渦巻く夜の街五反田だったというのも、なかなかふさわしい。

都市史の大家・鈴木博之《すずきひろゆき》によると、目黒周辺には落合一家という顔役がいて、五反田の三業地ににらみをきかせていた

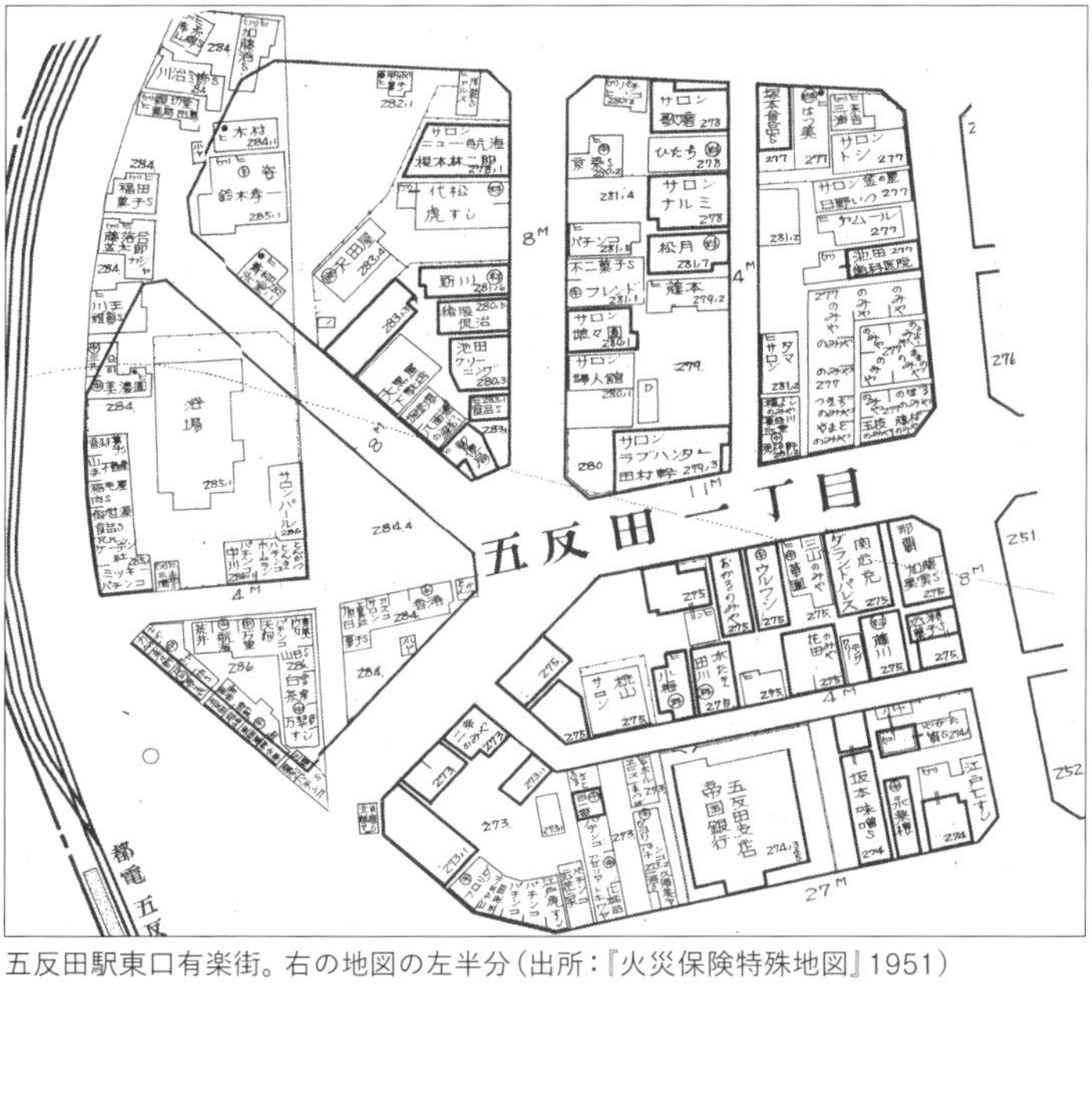

五反田駅東口有楽街。右の地図の左半分(出所:『火災保険特殊地図』1951)

という。

どの土地にもこういう顔役はいて、賭博、三業地、遊廓などを支配して土地の利権に口を挟んでいた。大正、昭和の〈都市近郊は郊外住宅地化してゆきながらも、暗黒部を内包していた〉（鈴木博之『日本の近代10　都市へ』中央公論新社）と鈴木はいう。面白い話だ。

最近の「海喜館」

先ほどの五反田ボウリングセンターも、その経営は「実業界の惑星」といわれ、政商としても有名だった実業家・吹原弘宣率いる吹原産業のレジャー事業進出第1号だったのだ。けっこう怪しい昭和のピカレスクな感じが漂うのが五反田なのだ。

また、五反田は近年、ＩＴベンチャー企業の街としても注目されている。渋谷、恵比寿の地価が上がり、ベンチャー企業にとっては高値となったので、自然とベンチャー企業は家賃の安い五反田にオフィスを求めたのだ。

ベンチャーというのは、こういっては悪いが、何割かは怪しい人たちなので、ますます五反田が怪しさを増すのである。

コロナ禍でどうなったか不明だが、家賃が安いならリモートワークに移行する必然性は弱く、他方、そもそもＩＴ企業なんだから、最初からリモートワークは当たり前で、あまり広い面積を借りていなかったという見方も成り立つけど。

まあ、それは本書のテーマではないが、地面師にしてもＩＴベンチャーにしても、どことなくギャンブル的というところが共通していて面白い。

ソニーだって、品川が発祥とはいえ、五反田にも近いし、五反田はＢ級企業が最初に立地する特性があるのだろう。

考えてみれば、渋谷だって昔はそんな街だったのだ。

（追記＝「海喜館」は結局、旭《あさひ》化成《かせい》不動産レジデンスが購入し、30階建てのタワーマンションに建て替わることが２０２１年１月に決まった）

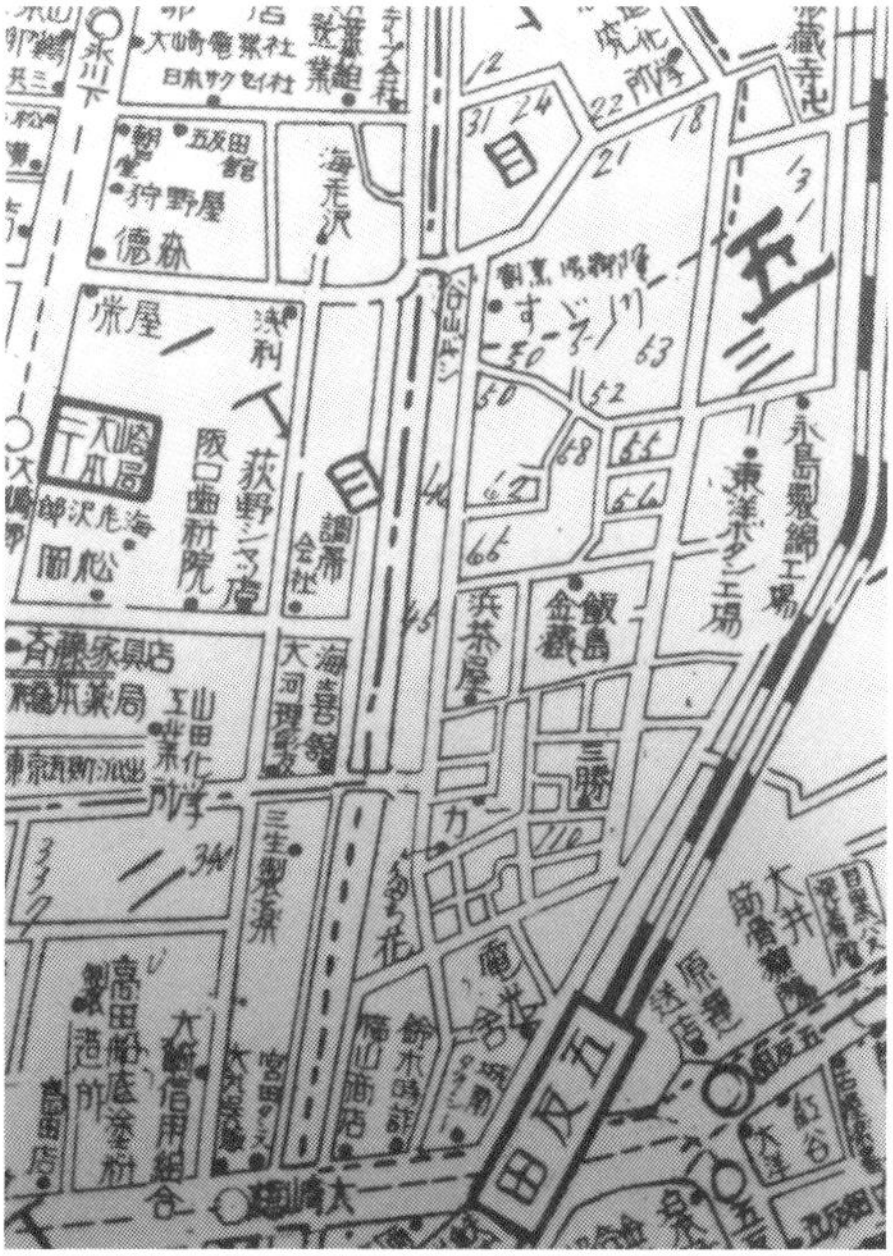

戦前の五反田地図。「海喜館」が書いてある
（出所：前出『昭和前期日本商工地図集成 第１期』）

コラム 新宿十二社――温泉は百畳敷きの大宴会場、漆塗りで中国式

西新宿の都庁舎の西側の新宿中央《しんじゅく》公園のさらに西側が十二社である。

大正時代から1965年ごろまで三業地があった。

もともとは熊野《くまの》神社があり、熊野神社は「中野《なかの》長者《ちょうじゃ》」といわれた鈴木《すずき》九郎《くろう》が1403年に建てたといわれ、その鈴木がいた中野本町《ほんちょう》の成願寺《じょうがんじ》が熊野神社の別当寺《べっとうじ》である。十二社とは当地に熊野神社をはじめとして12の社《やしろ》が祀られているからである。

十二社は8代将軍・徳川吉宗が淀橋《よどばし》（甲州街道が神田川を渡るときの橋。神田川を大阪の

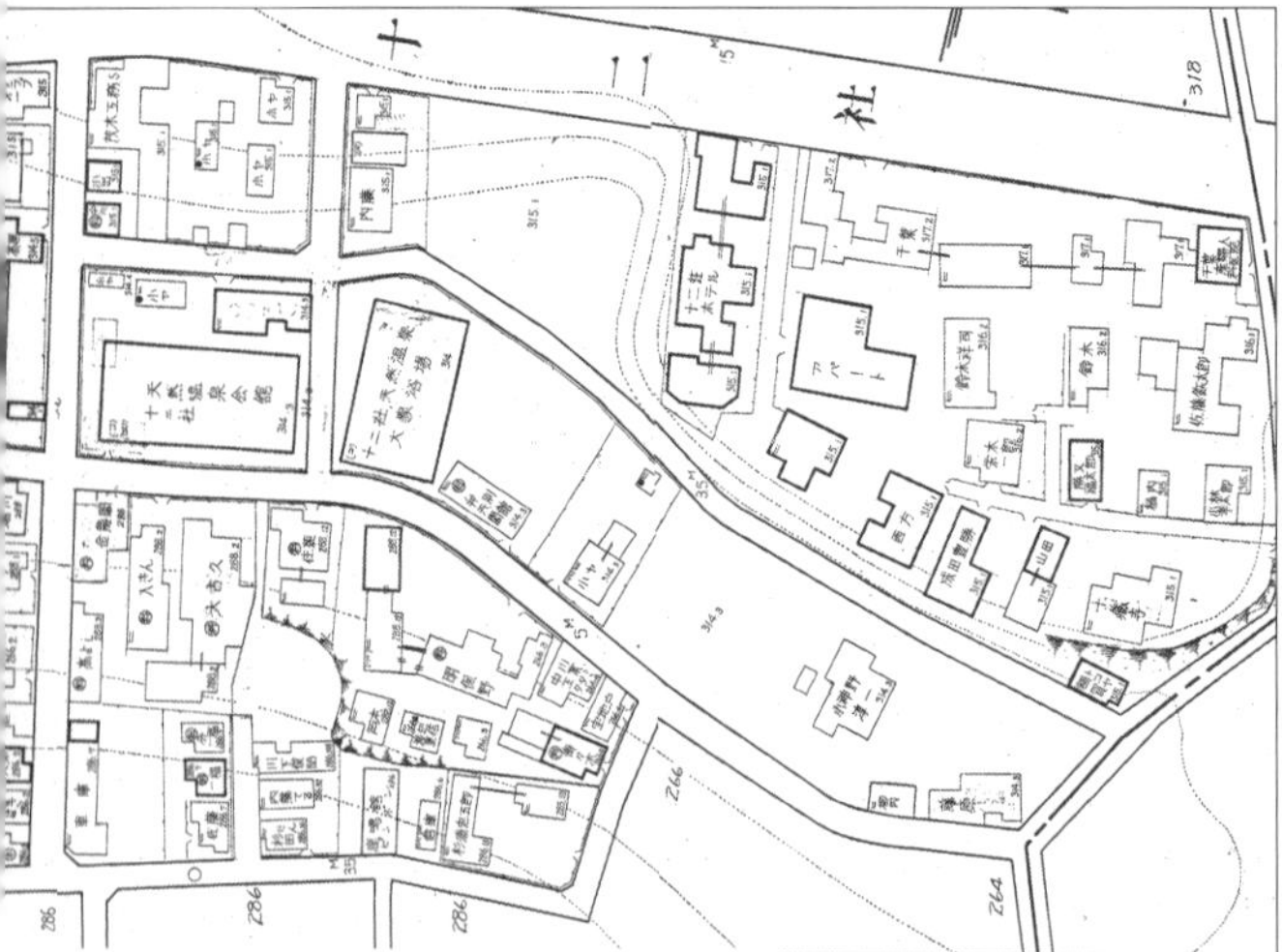

淀川《よどがわ》になぞらえて橋を淀橋という）に鷹狩りに来て以来、景勝の地として江戸町民に宣伝されて有名になった。

松の木がうっそうと茂る森があり、熊野神社のまわりには池があって、滝もいくつもあるという場所で、浮世絵にも描かれる場所だった。

池は二つあった。上ノ池は湧水があり、下ノ池は上ノ池などから流れ込む滝の水を溜《た》めるものだった。

上ノ池には中野長者の娘が蛇になって身を投げたという伝説があり、そのため弁天《べんてん》様を祀り、弁天池と呼ばれる（弁天池は蛇の池である）。

十二社は明治時代になると新宿駅ができたこともあり、行楽地として発展した。人工の滝をつくって水浴びをさせるとか、涼

十二社（出所：『火災保険特殊地図』1954）

みの場所として宣伝された。

大正時代になると、池にボートや屋形船を浮かべ、釣りもできるようになった。1924年には十二社二業組合ができ、待合35軒、置屋27軒があったが。料亭はなく、待合が料理を出したらしい。

空襲で壊滅したが、1953年には三業組合として復興した。

1958年には温泉を掘り、4階建ての「十二社天然温泉」として売り出し、入浴後に歌謡ショーを見るというヘルスセンターとして人気を集めた。

各階に百畳敷きの大宴会場があった。インテリアは漆塗りで中国式だったという。

1958年に開館した十二社天然温泉会館
（出所：新宿歴史博物館編『新宿区の民俗6 淀橋地区編』2003）

第四章　都心

湯島、根津

下宿に住む学生たちは問題児でもあった

東大のまわりは花街だらけ

文京区の根津に明治時代まで遊廓があったが、隣の本郷に東大ができるというので、江東区の洲崎《すさき》（現・東陽《とうよう》一丁目）に移転させられた（２９９ページ参照）。根津神社は創建は不明だが、室町《むろまち》時代に太田道灌《おおたどうかん》が再建したといわれ、もともと千駄木《せんだぎ》にあったが、１７０６年に5代将軍・徳川綱吉の命によって根津に移転した。直後から門前町には参詣客を目当てに茶屋が軒を連ね、遊女も増えたという。

湯島天神の白梅

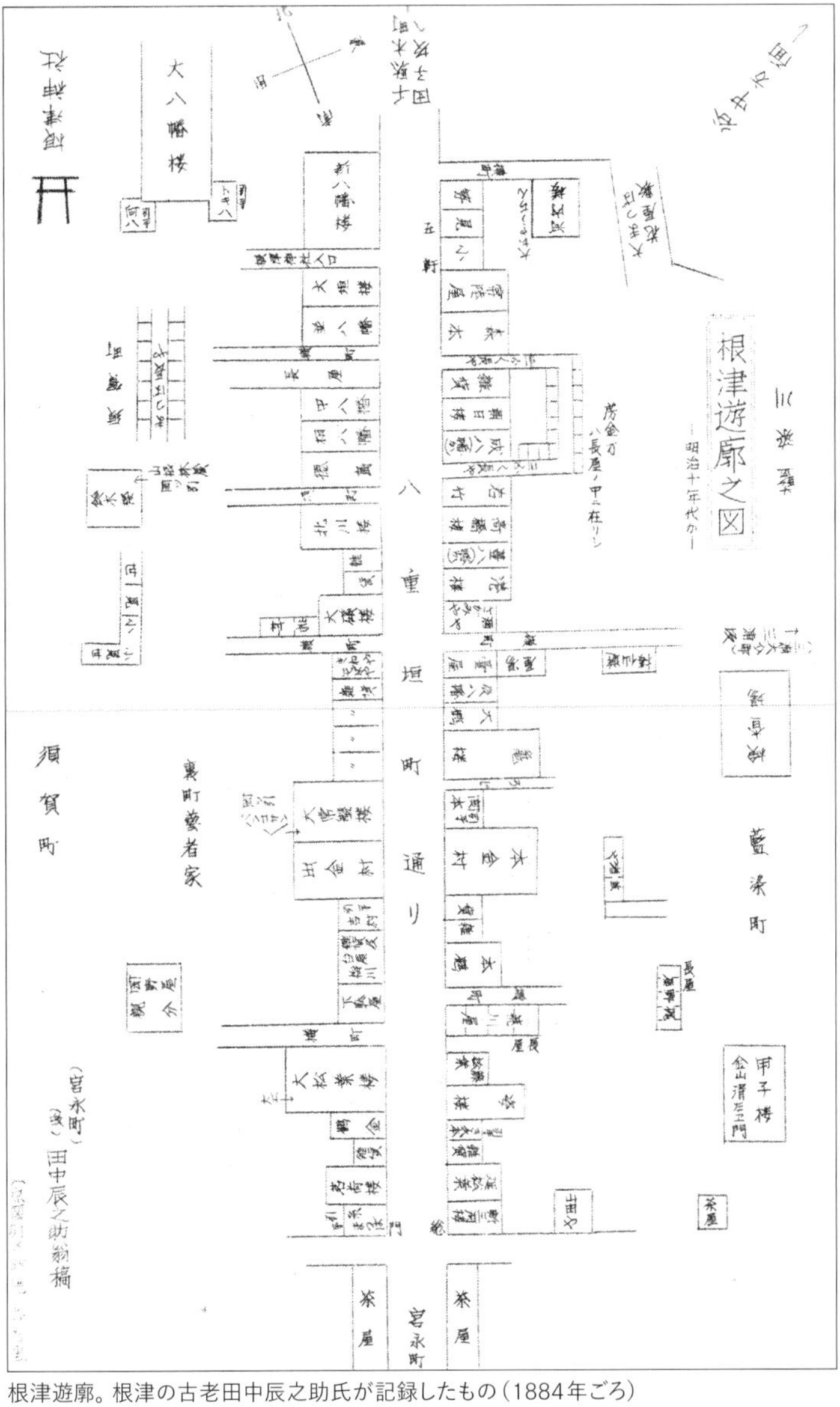

根津遊廓。根津の古老田中辰之助氏が記録したもの（1884年ごろ）
（出所：磯部鎮雄『根津遊廓繁昌記』カストリ出版、2017）

根津遊廓八幡屋の絵葉書

幕末の1842年には天保の改革の一環として遊女が取り締まられ、吉原に移転させられたが、1860年に吉原が火事で焼けると、再建までの「仮宅」として復活。明治に入り、1869年には遊女を抱える店を30軒として、5年間限定で貸座敷（遊廓）の営業が認められた。

当初、娼妓の数は128人だったが、1879年には貸座敷が90軒に増え、娼妓も574人にまで増えた。1885年には貸座敷が106軒で吉原の85軒をしのぎ、「東京第一の遊里」と呼ばれ、「不寝《ねず》」ともいわれたのである。これでは東大生が勉学に勤《いそ》しめないと思われても当然である。

じゃあ、きれいさっぱり東大のまわりはお色気が消えたかというと、そんなことはない。今でいうと本郷三丁目の駅から東に言問《こととい》通りを下っていけば、右手に湯島天神があり、地名は湯島となって、その近辺の本郷区内には花街が五つもあったのである。

まず、ひとつは下谷、あるいは池之端《いけのはた》と呼ばれる花街。今の湯島の交差点の東側から松坂屋の向かい側にいたるまでの歓楽街がそれ。

池之端は古くは下谷区（現・台東区）の下谷数寄屋町《すきやまち》、池之端仲町《なかちょう》（現・上野二丁目）から本郷区（現・文京区）の湯島天神下同朋町《ゆしまてんじんしたどうぼうちょう》（現・湯島三丁目）にまたがる一帯で、本来は下谷と本郷で芸妓

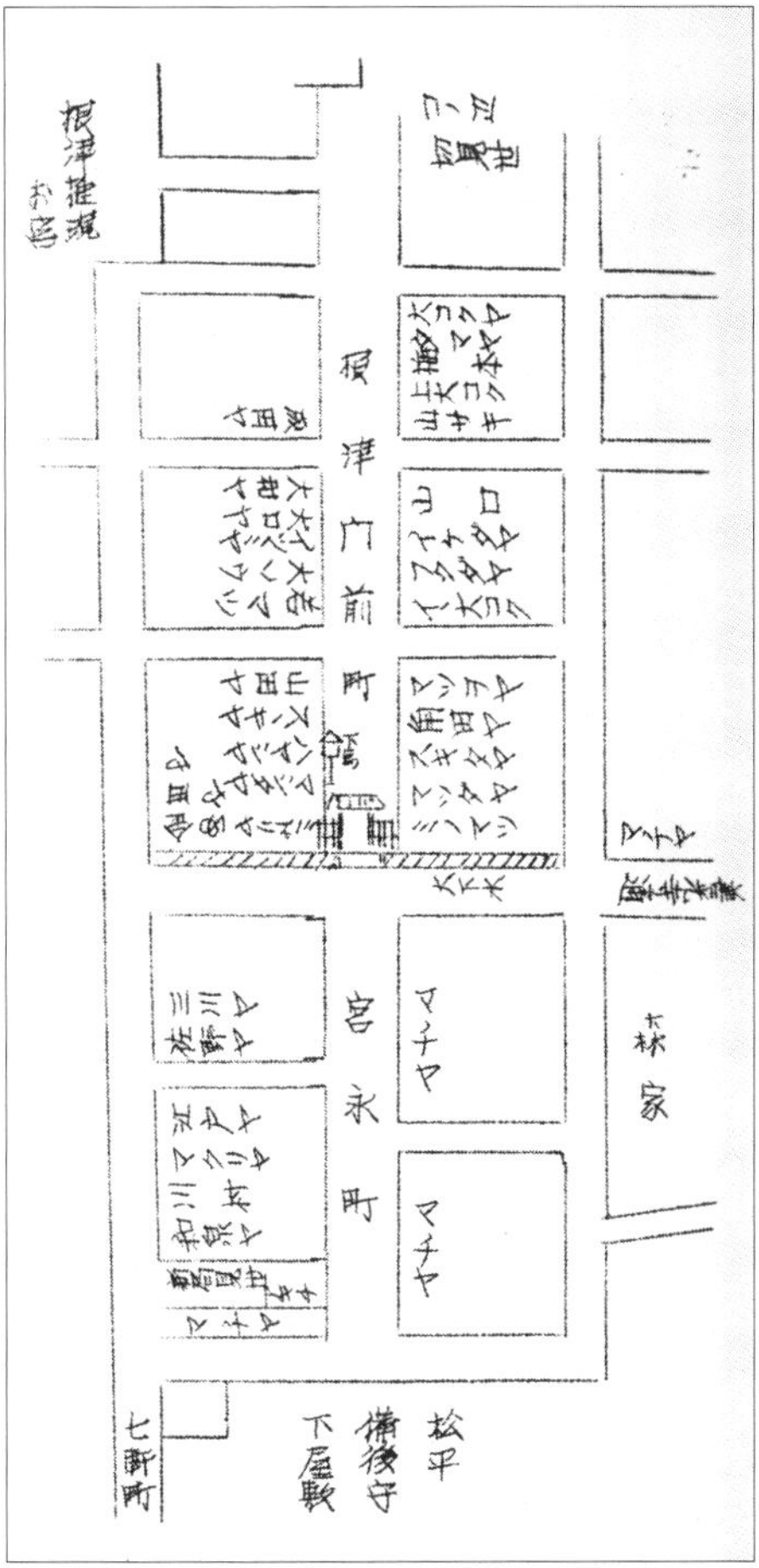

根津遊廓があった当時（出所：前出『根津遊廓繁昌記』）

遊廓時代の名残というわけでも
ないだろうが、根津神社付近には江戸、
明治の情緒を感じさせる風景が多い

湯島は今も料亭、小料理屋があるが、
旅館やラブホテルに変わったところが多い

組合が異なるが、その後、合併して下谷芸妓組合となった。芸妓屋160軒、芸妓400人。料理屋20軒、待合110軒と大規模で、東京の中でも柳橋、新橋、吉原などに次いで二流の上に位置づけられた。上野の山の「上野精養《せいよう》軒《けん》」から見下ろすと、池之端にずらりと並んだ料亭の明かりが不忍池《しのばずのいけ》に映って、なまめかしかったらしい。ここで遊んだ東大生もいただろう。

　かつての料亭で今もあるのは鰻料理の「伊豆榮《いずえい》」。池之端から本郷側に上ったところにある本郷竜岡町《たつおかちょう》（現・湯島四丁目）を先日歩いていたら、「伊豆榮」のために鰻を料理する店を見つけた。

　二つ目は湯島天神の南側の天神花街。芸妓屋30軒、芸妓80人、料理屋14軒、待合25軒。周辺には天ぷら店、すき焼き店、寿司店、鳥料理店などが散在し、旧花街の余韻を残している。古い地図を見ると、待合や旅館だったところがマンションやラブホテルに変わっていることがわかる。

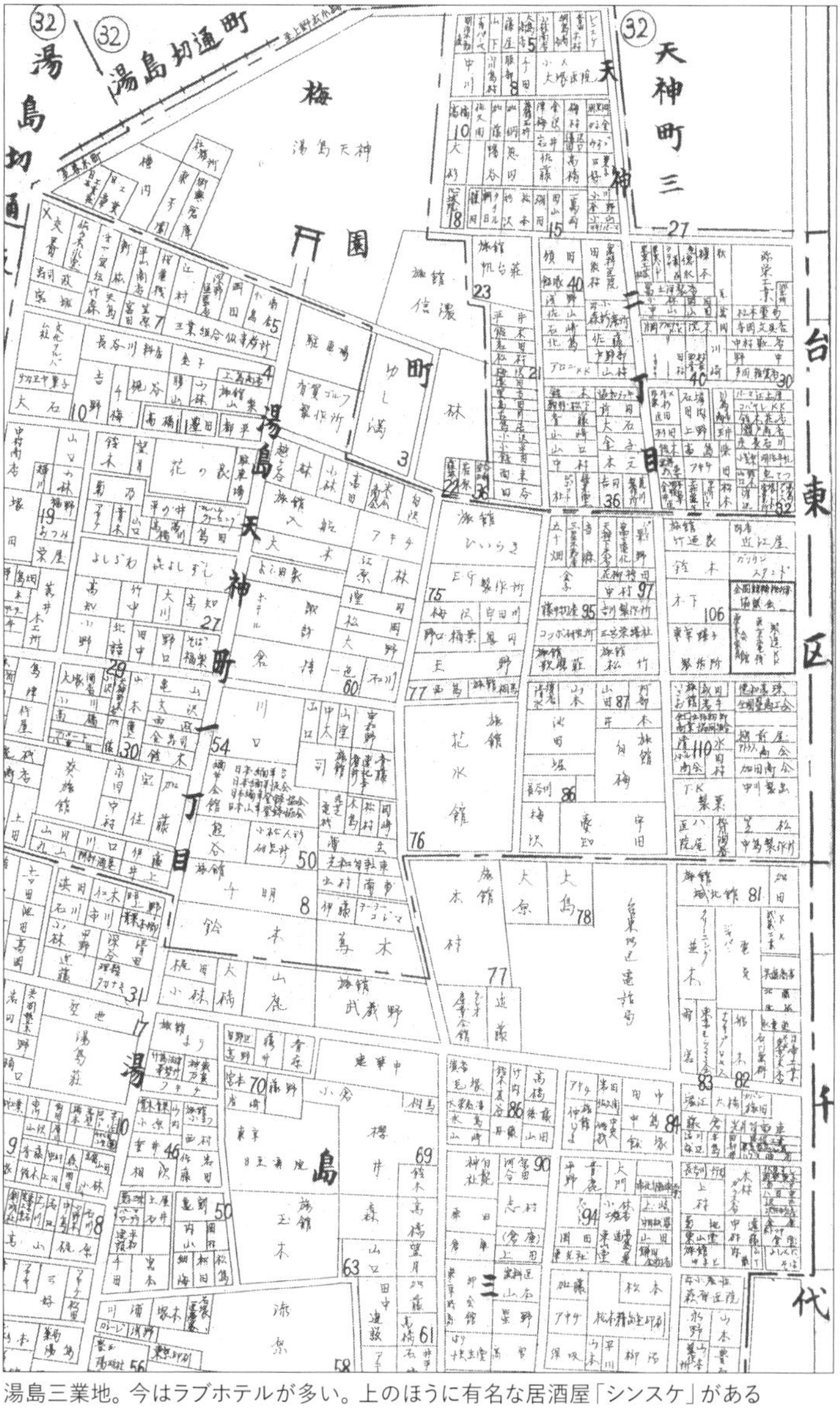

湯島三業地。今はラブホテルが多い。上のほうに有名な居酒屋「シンスケ」がある
（出所：『全住宅案内地図帳』1962）

隣に湯島新花町《しんはなちょう》（現・湯島二丁目）という町名が昔あったが、これは花街とは関係ない。本当に花畑があった場所である。１７１０年に上野の東叡山寛永寺《とうえいざんかんえいじ》貫主の輪王寺宮《りんのうじのみや》（北白川宮能久親王《きたしらかわのみやよしひさ》）の隠居屋敷が置かれたが、宮はまもなく亡くなり、屋敷は廃止され、跡地が菜園となり、大根畑、お花畑と呼ばれた。１７５７年に町屋が開かれ、新町屋と呼ばれたので、「新」と「花」を取って新花町となった。

武道の練習と偽って女遊び

三つ目が神田明神《みょうじん》のある台地の崖下で、神田三業地、または講武所《こうぶしょ》という。講武所は幕府が設置した武芸訓練機関である。

神田区（現・千代田区）神田同朋町《どうぼうちょう》（現・外神田《そとかんだ》二、六丁目）、神田台所町《だいどころまち》（現・外神田二丁目）、神田旅籠町《はたごちょう》（現・外神田一、三丁目）にかけての一帯であり、神田旅籠町まで来ると、今は秋葉原《あきはばら》のアニメ街である。花街にしてはいかめしい名前の由来は安政《あんせい》年間に幕府が鉄砲洲《てっぽうず》（現・中央区湊《みなと》）に講武所を設置した際、当時加賀《かが》ッ原《ぱら》といわれていた神田旅籠町に講武所の付属機関を設けたことによる。

神田明神の隣は湯島聖堂であり、旗本《はたもと》の息子たちが講武所や聖堂に来た帰りに遊んだのが花街発展の最初である。そのうち、講武所に行くと称して花街で遊ぶ者も増えたという。

芸妓屋55軒、芸妓１３０〜１４０人、料理屋10軒、待合21軒。有名な鰻料理店「明神下《みょうじんした》　神田《かんだ》

川《がわ》本店」は、まさにこの花街の旧神田台所町の位置にある。1805年創業の江戸前鰻の老舗であり、加賀藩の料理賄《まかな》い方《かた》であった三河屋茂兵衛が当時流行《はや》り始めた蒲焼《かばや》きに目をつけ、大根河岸《だいこんがし》（現・中央区京橋《きょうばし》三丁目、八重洲《やえす》一丁目）に来る人足たち相手に、よしず張りの屋台で鰻を焼いたのが始まりという。

四つ目と五つ目は白山と駒込。根津遊廓は根津神社の参道にあったので、東大の北東側の裏手だが、池之端は東大の南東の裏手であり、湯島天神もすぐ近くで、距離的には根津とさして差はない。講武所も駒込も白山も歩いてすぐである。売春のための遊廓と芸者遊びの花街では違うというだけで、勉学にさしさわりがあるには違いないが、果たして、どれだけの東大生が花街で遊んだのか。

森鷗外『雁』の舞台は本郷と湯島

森鷗外《もりおうがい》の小説『雁《がん》』は、まさに東大から池之端あたりが舞台で、散歩と小説が好きな人々の格好の散歩ネタになっている。2度映画化されているが、高利貸しの中年男と、池之端と湯島を結ぶ無縁坂《むえんざか》に住むその妾、そして妾が恋する東大医学部の学生が主人公。2度目の映画の若尾文子《わかおあやこ》主演のほうは池之端の「松源」という料亭（架空の名前）で若尾が高利貸しと見合いをし、同時に東大生が同窓会の宴会をしている。

妾になったのは父親が貧しい飴細工《あめざいく》職人で、二人で浅草の鳥越《とりごえ》の貧乏長屋に住んでいたが、妾になれば娘のみならず父親もましな家に女中つきで住まわせてくれるからである。父親の家は不忍池の南側の池之端仲町という設定。

東大生は本郷で有名だった木造3階建ての下宿「本郷館《ほんごうかん》」らしきところに住んでいる。小説では学生は鉄門《てつもん》という東大の門の真向かいの下宿「上条《かみじょう》」に住んでいたが、鷗外自身もここに住んでいたらしい。鉄門から無縁坂まではすぐであり、無縁坂を下れば不忍池である。映画では本郷森川町《もりかわちょう》（現・本郷六丁目）にあると思われる古書店（森川書店という）も出てくる。

学生はドイツに留学することになり、ドイツから来た博士と「上野精養軒」で食事をする。娘は失恋する。つまり、設定としては『舞姫《まいひめ》』以前の学生を描いたことになる。

また、高利貸しの男は質流れとなった反物で娘に着物をつくってやるが、その反物のもとの持ち主の女が落ちぶれて体を売るのが柳原《やなぎわら》河岸（現・神田須田町《すだちょう》二丁目、岩本町《いわもとちょう》三丁目、東神田《ひがしかんだ》二丁目、日本橋馬喰町《ばくろちょう》二丁目）。今の秋葉原駅から南側の神田川沿いであり、道端で男を誘う女が集まる場所だった。昔の東京は天国と地獄が実に近接していたのだと実感される。

下宿屋の増加

映画で学生が住んでいた本郷館がそうであるように、東大があったために本郷に増えたものに下宿屋がある。

学生も住むし、出張で東京に来た人が旅館として使うこともあり、本郷区には全盛期の190

下宿屋は旅館に変わって今も残る。コロナで宿泊観光客が減ったので
東京の人を泊めるキャンペーンをするところもあるらしい

7年で541軒もの下宿屋があった。神田区にも338軒、牛込区（現・新宿区）にも362軒があり、同時期がピークである。

下宿といっても旅館を兼ねているところも多く、上京してきた人が1週間だけ泊まる、上野でしばしば開催された博覧会のときだけ泊まる、病院に通院するときだけ泊まる、といった利用のされ方も多かったらしい。今でいうと、ゲストハウスやウイークリーマンション、マンスリーマンションである。

下宿屋は今はもうほとんど残っていないが、旅館に業態を変えているものはある。一度、そのひとつに泊まってみたが、庭が立派で都心にいながら行楽気分が味わえた。

泊まった旅館は違ったが、下宿屋のつくりは、しばしば料亭のように中庭のある形

下宿屋兼旅館の軒数

（引用者注：Mは明治、Tは大正）

	M39	M40	M41	M42	M43	M44	T1	T2	T3	T4	T5	T6	T7
本郷区	53	124	61	65	64	59	61	65	65	57	72	65	60
神田区	75	87	97	67	60	74	76	74	67	66	74	68	80
牛込区	10	22	24	12	16	13	13	12	9	9	13	13	15
芝区	56	52	55	61	52	50	48	56	55	55	51	50	46
麴町区	28	37	34	31	30	30	32	34	32	28	28	26	27
小石川区	6	10	13	14	23	13	11	16	16	16	17	18	20
京橋区	18	22	24	24	23	24	22	24	19	23	26	22	20
日本橋区	14	13	17	19	15	13	14	3	9	15	13	12	10
下谷区	23	28	27	28	28	25	28	30	36	38	32	28	26
深川区	7	10	10	6	7	5	6	5	7	7	8	8	7
赤坂区	15	19	21	23	22	24	24	23	20	26	25	21	20
本所区	10	9	11	10	9	16	8	9	10	11	10	10	9
麻布区	7	5	6	8	7	7	7	8	8	9	10	10	9
浅草区	21	26	24	25	21	16	16	14	13	10	8	10	18
四谷区	5	5	5	3	4	4	4	3	4	3	3	3	3
旧区部計	348	469	429	396	381	373	370	376	370	373	390	364	370
新宿区	31	31	37	50	47	30	34	9	9	10	9	9	6
中野区	0	0	0	0	0	0	0	0	0	0	0	0	0
杉並区	0	0	0	0	0	0	0	0	0	0	0	0	0
渋谷区	0	0	0	0	0	0	0	31	33	26	27	24	17
品川区	39	17	16	4	7	8	8	7	6	5	4	4	5
大田区	0	0	0	0	0	0	0	0	0	0	0	0	1
板橋区	16	18	18	16	19	17	17	11	12	12	13	13	6
豊島区	0	0	0	0	0	0	0	0	0	0	0	0	7
目黒区	0	0	0	0	0	0	0	0	0	0	0	0	0
世田谷区	0	0	0	0	0	0	0	3	3	7	6	5	7
北区	0	0	0	0	0	0	0	8	8	7	6	6	7
足立区	12	11	12	11	10	9	9	8	3	3	4	1	0
江東区	0	0	0	3	3	3	3	2	5	5	4	4	4
荒川区	0	0	0	0	0	0	0	0	0	0	0	3	3
練馬区	0	0	0	0	0	0	0	0	0	0	0	0	0
墨田区	0	0	0	0	0	0	0	0	0	0	0	0	0
新区部計	98	77	83	84	86	67	71	79	79	75	73	69	63
新旧区部計	446	546	512	480	467	440	441	455	449	448	463	433	433

資料：警視庁統計書（出所：堀江亨、松山薫、高橋幹夫著『調査研究報告書 日本の近現代における都市集住形態としての下宿屋の実証研究』第一住宅建設協会、2002）

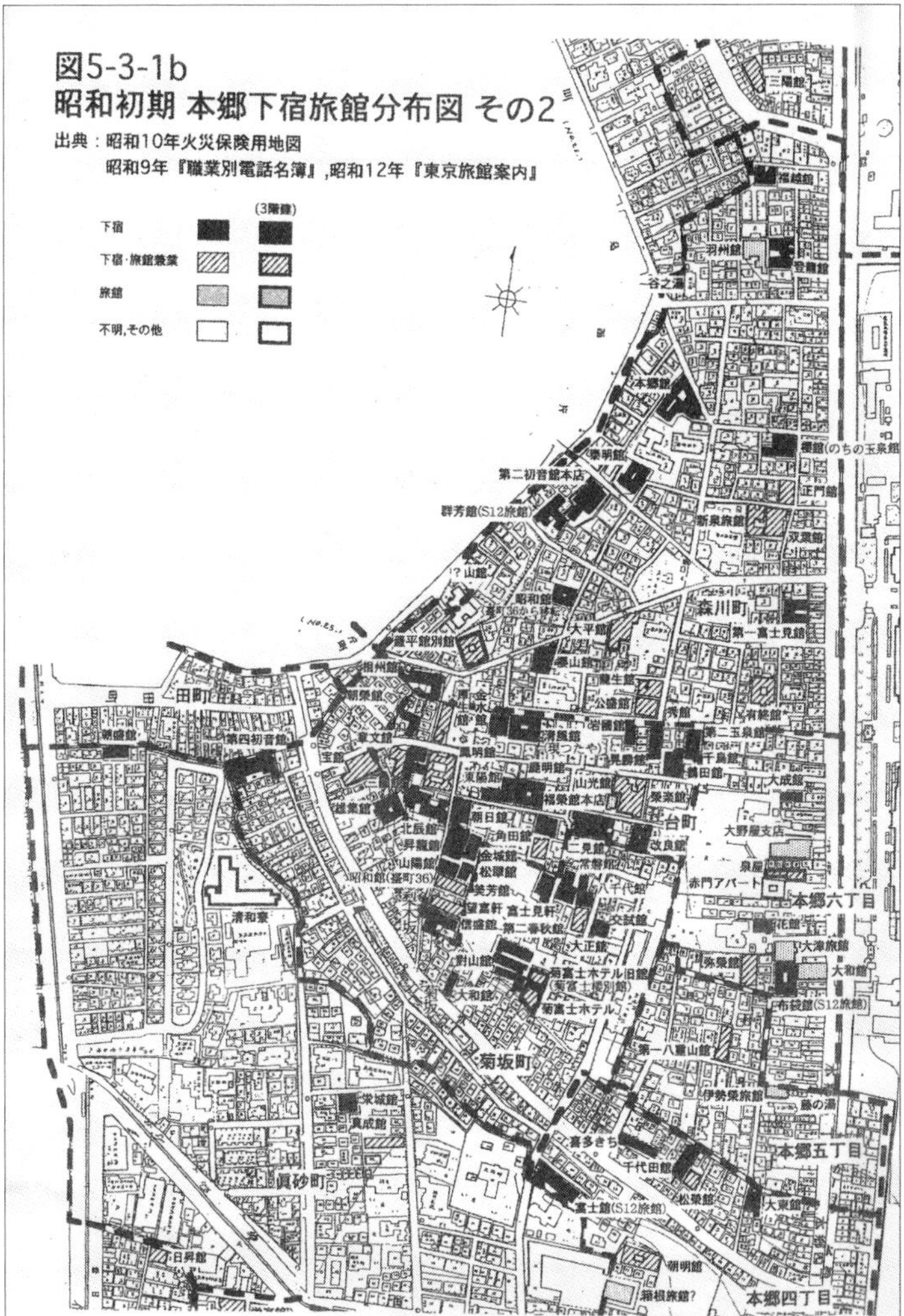

本郷界隈の下宿屋の分布。黒が下宿。斜線が下宿・旅館兼業（出所：同前）

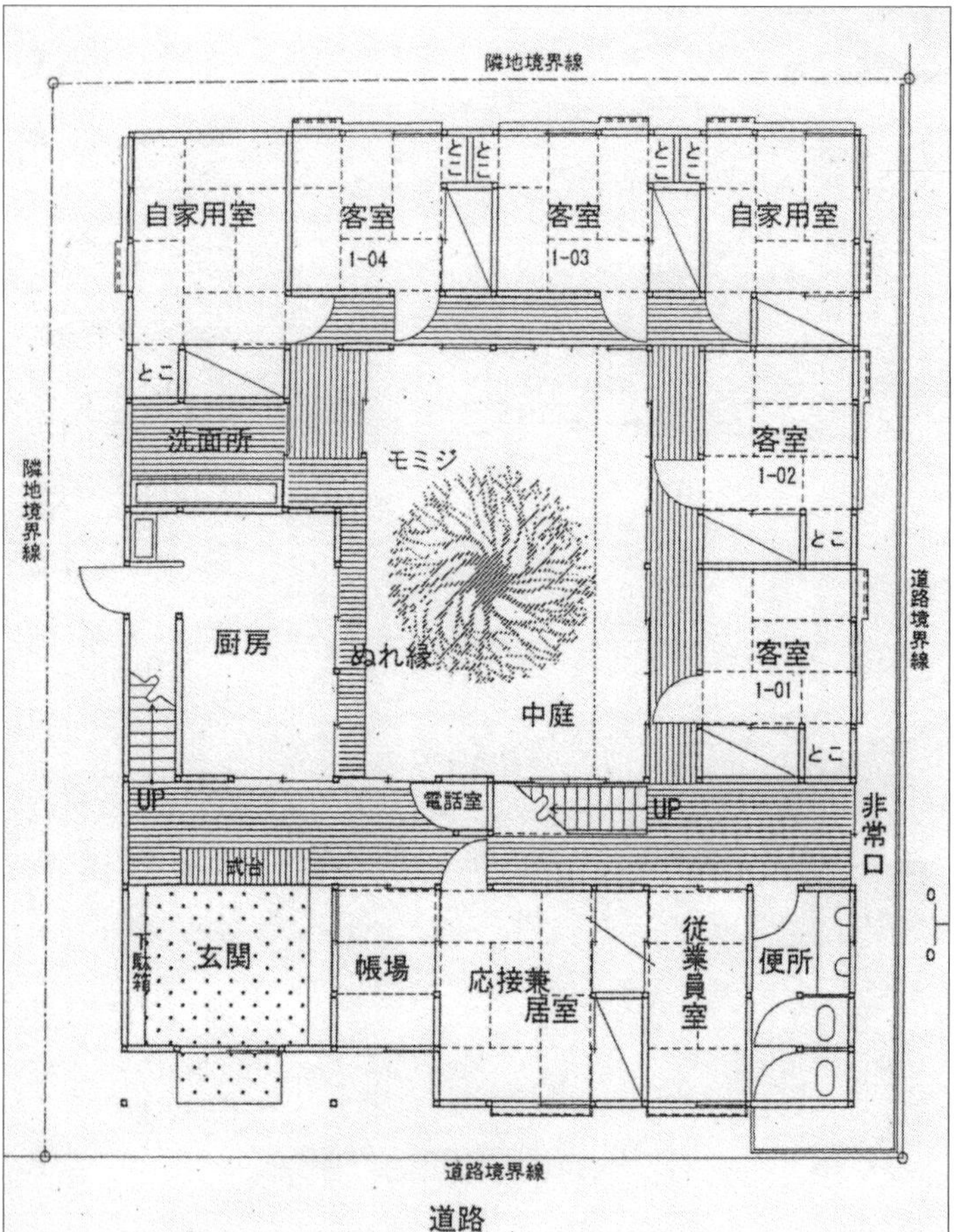

隣地境界線
自家用室
客室
1-04
とこ
とこ
客室
1-03
とこ
とこ
自家用室
とこ
洗面所
モミジ
客室
1-02
とこ
隣地境界線
厨房
ぬれ縁
客室
1-01
中庭
とこ
道路境界線
UP
電話室
UP
非常口
式台
下駄箱
玄関
帳場
応接兼居室
従業員室
便所
道路境界線
道路

真正館の図面（出所：同前）

である。学生時代に戦後の安い木造モルタルのアパートに住んでいた私からすれば、ずっと豪華である。

下宿とはいえ、次代を担うエリートが多く住むわけだから、しっかりした建物が建てられるケースも多かったのであろう。

江戸川乱歩《えどがわらんぽ》の『屋根裏の散歩者』（１９２５年発表）でも散歩者である郷田三郎《ごうださぶろう》（25歳、無職、親からの仕送りで暮らす）が住むのは本郷か千駄木あたりの「東栄館」という下宿という設定であり、そこも中庭をロの字型に囲んで部屋が並んでいた。

そもそもが乱歩自身が１９２７年から１９３１年まで早稲田大学前で下宿屋を開いて妻に経営させたというし、『D坂の殺人事件』では明智小五郎《あけちこごろう》が下宿屋に住んでいる。

下宿は「堕落の根源」

下宿人の属性は男性がほぼすべてだった。本郷、神田あたりは学生が多かったが、京橋、浅草、本所、深川はサラリーマンが多かったらしい。

いずれにしろ、独身男性ばかりであるから、次第に風紀が乱れることも多かったらしい。

下宿数がピークを迎えつつあるころから下宿を問題視する論調が増えていった（屋根裏の散歩者も、何しろ屋根裏に上って他人の部屋をすべてのぞくのである）。

いわく、「堕落の根源」「学生の堕落期間」「学生を腐敗」させる、「魔窟」「悪書生の巣窟」「魑《ち》

かつてあった下宿屋の本郷館

魅《み》の巣窟」「罪悪の養成所」などといった具合である。

学生たちは勉強もせず、礼儀作法をわきまえず、街に繰り出して飲食し、歓楽街で遊び、楊《よう》弓場《きゅうじょう》（矢場ともいう。220ページ参照）、銘酒屋、遊廓で女性を買い、翌朝は寝坊をし、昼寝をして過ごした。

学生が勝手に遊んでいただけではない。下宿屋のほうも客を集めるためにきれいな女中を置いた。

その女中が住人を誘惑したり、売春の手引きをしたりすることもあった。下宿している者だけでなく、彼を訪問してくる客も誘惑することがあったという。

こういう具合であるから、「真に修養を積み、将来成功したいなら、下宿屋などというものは最も選ぶべきではない」と言われたのである。

白山

芸者がドレスを着てストリップ・ダンスを踊った

マジで「ヤバい」街だった白山

白山というと都営地下鉄の三田《みた》線の駅であり、水道橋《すいどうばし》から2駅目ということもあって、都心とはいえ住んでいる人、通勤通学で通う人以外はあまり行かない駅かもしれない。だが、戦前は花街として栄えたところなのだ。

地理的には東側を西片《にしかた》、向丘《むこうがおか》、本駒込といった丘の上の高級住宅地から下ってきた低地である。低地なのに白山という地名なのは白山神社があるからだ。

白山三丁目は小石川植物園があるが、植物園の西側が小石川という川の暗渠だ。豊島区の長崎方面を源流とする谷端川が池袋あたりを蛇行して大塚の三業地を経て南下すると、小石川と名を変える。

そして、小石川後楽園《こうらくえん》や東京ドームあたりを流れて神田川に合流する。江戸時代の初期には、この小石川まで入江だったという。この小石川沿いは工場地帯であり、印刷工場などが多かった。徳永直《とくながすなお》の『太陽のない街』（岩波《いわなみ》文庫）も、このあたりの印刷工場が舞台である。

なお、東京ドームは、30年ほど前までは後楽園球場、戦後は隣に遊園地としての後楽園が追加されていたが、1937年に球場ができる前は陸軍砲兵工廠《こうしょう》であり、その前は水戸藩の上屋敷《かみやしき》だった。

さて、この白山一丁目、本郷から下ったあたりに、かつてかなり名を馳せた三業地があったという。明治時代、このあたりに次第に商店が建ち始め、日清《にっしん》戦争（1894年）のころになると、前述した砲兵工廠の工員たちがたくさん行き来するようになり、住宅も増え、夜には露店が現れ、新開地として栄えていった。また、百軒長屋と呼ばれるような貧乏長屋もたくさんあったという。

さらに、日露戦争（1904年）のころから銘酒屋や楊弓場がたくさんできた。銘酒屋とは酒を飲ませる店でありながら酌婦がいて、そのまま店に上に上がって性的サービスをする店である。楊弓場とは弓矢で的に当てて遊ぶ場所だが、これも店に女性がいて、やはりサービスをするのである。楊弓場は矢場ともいい、「ヤバい」という言葉は、この矢場から生まれた。

今でも歓楽街にはダーツバーがよくあるが、これは楊弓場の名残のようなものではないかと私は考えている。ダーツバーには、その種の女性はいないだろうが、かっこいい男を求める女性客は少なくあるまい。

ダーツ以外でもビリヤード、射撃など上手《じょうず》に的に当てるゲームというのはいつの時代も洋の東西を問わず男性に人気であり、そうしたゲームが得意な男性がモテるという風潮があると思う（おそらく性的な隠喩もあろう）。だから、歓楽街にそうしたゲーム場があるのだろう（現代では女性もそうしたゲームをするが）。

アメリカ人や亡命したロシア人がモダン芸者になった

こうして、白山は夜の歓楽街になっていった。樋口一葉《ひぐちいちよう》の『にごりえ』は、この白山の銘酒屋をモデルにしている。一葉も一時期、白山に住んでいたのである。

だが、街が発展するのはいいが、あまりに性的なサービスの街になっていくのも困る。そこで当時は警察に届けて正式に三業地として認めてもらうのがお決まりの方策だった。

警察が管理するのだから、私娼は排除される。料亭があり、置屋があり、芸妓がいて、ちゃんと芸妓を揚げて遊ぶ。最後にすることは同じでも、これなら天下公認だからである。

矢場ではないが昭和初期の射的場（浅草）。
キャプションに「ねらう的は煙草よりも女の胸」と書いてある
（出所：前出『日本地理風俗体系 第二巻 大東京篇』）

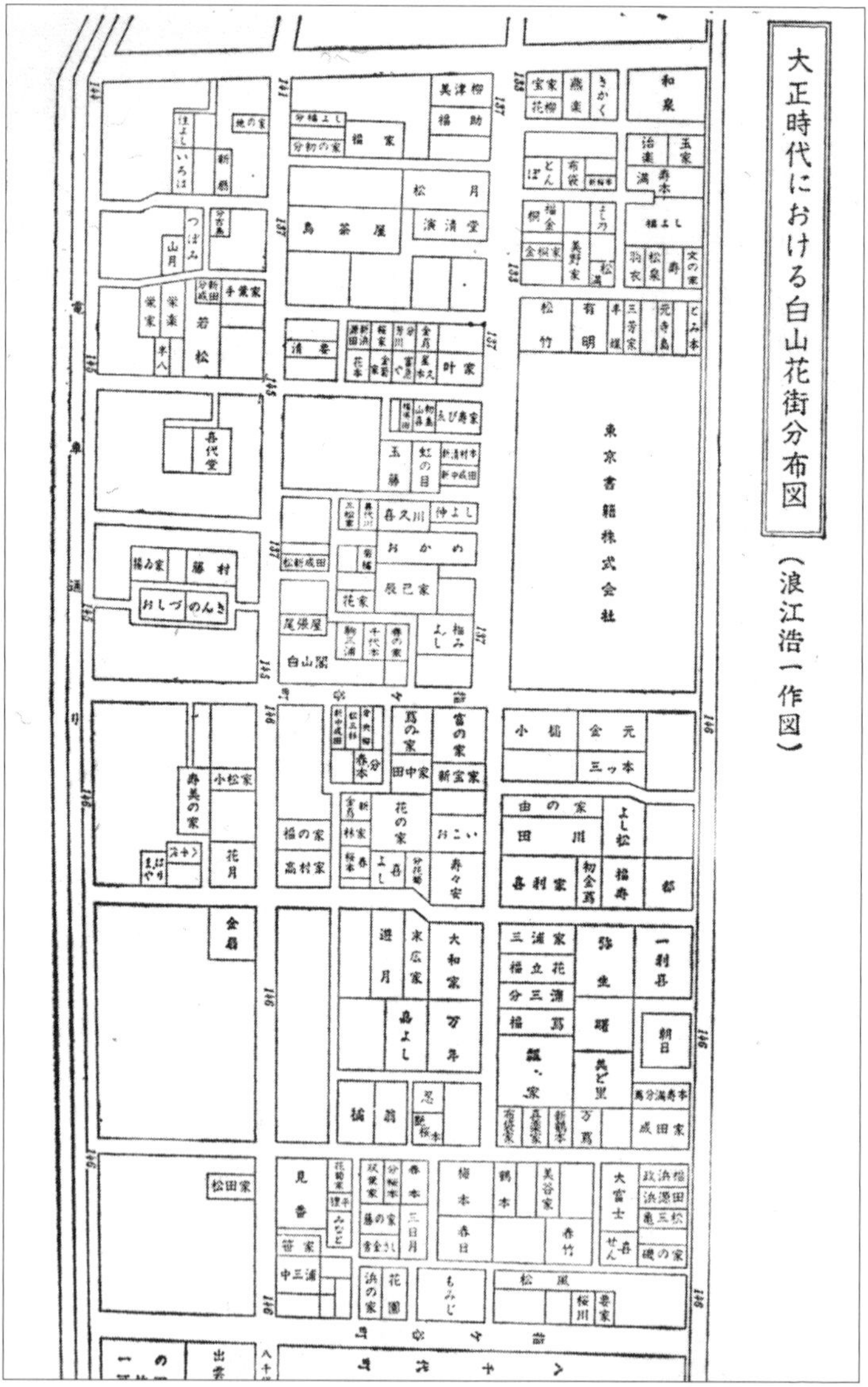

大正時代の白山三業地地図（出所：浪江洋二編『白山三業沿革史』雄山閣出版、1961）

白山で酒屋と居酒屋を兼業していた秋本鉄五郎という人物がいた。彼が白山に三業地をつくる中心人物であり、白山だけでなく東京の各地の三業地の創設にも助力した人物である。1924年に没するが、その後は養子の秋本平十郎が街を発展させた。平十郎は戦後、RAAの常務理事にもなり、その功績を称えた胸像が白山三業地跡地に今もある。

秋本は居酒屋を改修して料理屋「かね万」を1904年ごろに開業した。料理があれば酌婦が欲しいということで、近所の芸事の師匠に頼んでいたが、拡大する需要に応えるには不足であった。そこで、神楽坂、四谷、下谷、湯島の花柳界から芸妓を呼んでいたが、これでは能率が悪い。そこで、白山独自に花柳界、三業地の創設を急いだのである。

秋本平十郎の胸像

こうして、1912年に白山三業組合が設立され、1915年には白山三業株式会社となった。社長は秋本である。株式会社となった三業地は東京として唯一であった。1918〜1920年ごろには全盛期を迎え、1922年になると「モダン芸妓」というものが白山に現れた。

モダン芸妓とは、ひとつは外国人の芸妓

2000年ごろの白山三業地。
現在の白山には花街時代の
建物はわずかだ

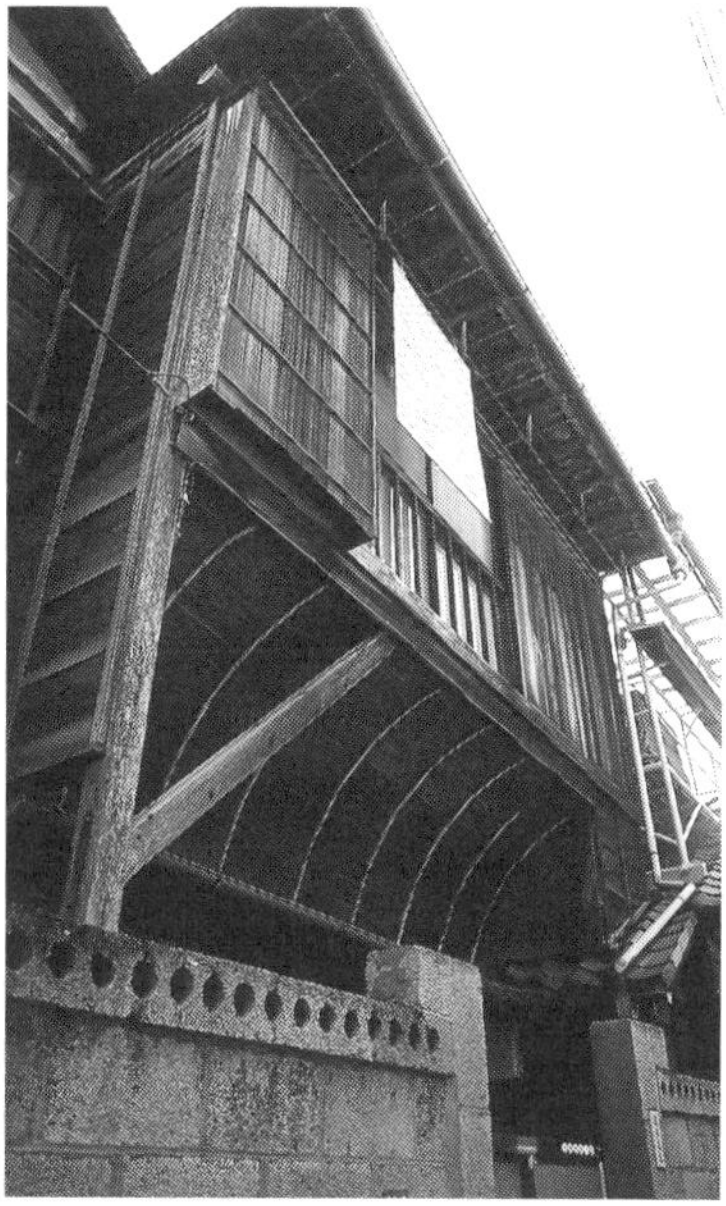

CIGARETTES

であり、最初はアメリカ人。着物ではなくモダンな服装で登場した。亡命したロシア人もいたという。

さらに、1923年4月には上野公園で開催された東京大正博覧会に白山の芸妓衆55人が出演して踊りや常磐津《ときわづ》で喝采を浴びた。それまで、まだ世間的に認められていなかった白山芸妓たちは、この博覧会を契機として、その存在を知られるようになった。1925年には白山芸妓の常磐津がラジオで放送されたこともある。芸妓がラジオ出演したのは、これが最初だといわれている。

ストリップ・ダンスの登場

こうして発展した白山三業地であるが、昭和に入るとモダンな文化が隆盛し、映画女優、バス・ガール（車掌）、ダンサー、カフェーの女給、

2000年ごろの白山三業地。

ダンス芸妓（出所：前出『白山三業沿革史』）

果ては映画館で切符を売るチケット・ガールまでもが女性の新職業として持てはやされるようになり、芸妓の地位が下がり始めるという時代になっていった。だから、あまり芸のない芸妓はカフェーの女給に転職するということも多かったらしく、永井荷風を読んでもそんなことが書いてある。

そのため芸妓にも三味線、踊り、常磐津など以外の新しい芸を身につける必要が出てきた。そのため、歌謡曲を歌ったりバイオリンを弾いたりする芸妓が現れた。究極が白山に１９３０年に誕生した「ダンス芸妓」である。10人以上で、蓄音機で流す流行歌に合わせて振り袖姿で踊ったり、ワンピースを着て西洋の楽曲で踊ったりしたのである。また、芸妓がマンドリンやギターを弾くこともあった。

ダンス芸妓が人気を集めると、ほかの三業地にも波及した。ところが、五反田では1934年ごろにストリップ・ダンスをする芸妓が登場し、警視庁が捜査に乗り出すことに。新聞は「ダンス芸妓弾圧はまかりならぬ」と論陣を張ったため、ますます白山のダンス芸妓の知名度が上がり、一躍マスコミの寵児《ちょうじ》となったというが、結局、ダンス芸妓は終焉《しゅうえん》することになってしまったのである。

このように、今はちょっと地味な感じの白山という街にも華やかな歴史がある。それが東京の面白さ、奥深さである。

四谷荒木町

池のまわりに茶店ができ、春は花見、夏は納涼

武家屋敷が花街になった

四谷荒木町《あらきちょう》というと、今は最も人気のある飲み屋街である。神楽坂の人気が出すぎて半ば観光地化してしまい、そのわりには古い料亭などの建物が減って、風情があまりなくなりつつあるからだ。

それと比べると、荒木町は小さい古い木造の飲み屋、小料理屋などが軒を連ねており、戦前の花街の風情を色濃く残している。

荒木町の起源は明治時代である。もともとは松平摂津守義行《まつだいらせっつのかみよしゆき》の屋敷だったので、今も「津之《つの》守坂《かみざか》入口」という交差点が残っている。

大名屋敷《だいみょう》というのは時代劇で見ると松の木が植わっているほかに特に印象もないが、実は大名の好みに合わせてつくられたテーマパークのようなものがあった。池があり、築山《つきやま》があり、場

合によっては茶店などもあり、家臣が茶店の主人や女中に扮《ふん》して殿さまを喜ばせるということもあったという。

　摂津守の屋敷には天然の滝があり、徳川家康《いえやす》（松平義行という説もある）が乗馬用の策《むち》を洗ったことから「策《むち》の池」と呼ばれた池があり、今も残っている。

　明治になって庭園が公開されるようになると、名所として評判になった。1872年には池のまわりに茶店ができ、春は花見、夏は納涼と、新宿《しんじゅく》の花街である十二社、目黒不動、王子の名主の滝をしのぐほどの賑わいだったという。

芝居小屋で『四谷怪談』を演じて大人気

　この屋敷跡地に1873年、日本橋の「市村座」の流れの「桐座《きりざ》」という芝居小屋ができた。

芝居小屋というのは当時は許可制だったらしく、荒木町のほかに本郷春木町《はるきちょう》（現・文京区本郷三丁目）、深川門前仲町《もんぜんなかちょう》、芝新堀町《しんぼりちょう》（現・港区芝二、三丁目）にあった。「桐座」をきっかけとして、見世物小屋や料理屋が開店して賑わったが、「桐座」は1882年に廃業した。

それから1897年に、ようやく「末広座」ができた。そのころには芝居だけでなく映画も上映されたという。

しかし、「末広座」も1890年に消失した。荒木町の小よしという芸者が、ある陸軍中尉と心中する事件があり、それに当て込んで、尾上《おのえ》松鶴《しょうかく》という役者が「末広座」で『四谷怪談』を演じて大人気となった。

ところが、その芝居の公演中に火事が起き、小屋は焼失してしまった。これは、小よしや四谷怪談のお岩《いわ》さんのたたりだといわれたという。

それ以降は芝居小屋はないが、荒木町は三業地として発展していく。津之守芸者は気品があり、板前の腕も一流ということで、新橋や赤坂の喧噪を避けて静か

165

摂津守屋敷の「策（むち）の池」絵図（歌川国輝・画）

現在の「策（むち）の池」

摂津守の屋敷の庭に池がめぐっている。池の左端に今は神社がある。
池の上側が今の荒木町の飲食街。左端の広い道が新宿通り
（出所：東京郵便電信局『明治二十八年十二月調査 東京市四谷区全図』1895）

な荒木町に通う客が多かったという。

今も若者が密集する渋谷や客が増えた神楽坂を避けて荒木町や人形町に行く人が多いから、同じようなことであろう。

1916年の統計によると、荒木町の待合は42軒、料亭20軒、芸妓置屋53軒、芸妓144人、その他飲食店172軒だった（ちなみに神楽坂は、待合77軒、料亭10軒、芸妓置屋98軒、芸妓326人、その他飲食店200軒）。

昔の風情が街の片隅に残る

荒木町を舞台にした映画に『女めくら物語』（1965年）がある。大映《だいえい》の3大女優のひとりである若尾文子が主演で、盲目のあんま役。私は若尾ファンなのだが、若尾が最も美しい時代の作品のひとつである。

階段と狭い路地が多い荒木町の雰囲気が伝わる。待合で芸者と二人で男が飲む様子もわかる。DVDもあるので必見。

荒木町三業地（出所：『全住宅案内地図帳』1962）

神社の玉垣に料亭名がずらり

落ち着いた荒木町の雰囲気

荒木町ギャラリー

（撮影：なかだえり）

荒木町柳新道通り
サントリーリザーブ
PEPSI
Asahi

ホテル
つだ

人形町

遊廓、芝居小屋、芸者、カフェー……なんでもあった娯楽の殿堂

吉原は人形町から

東京で昔の花街の情緒を残した繁華街というと神楽坂、人形町、荒木町の三つだろう。だが、神楽坂は最近、すっかり人出が増えて半ば観光地化しているので、しっとり飲みたいというちょっと大人の人々は人形町か荒木町に足を向けることが多くなったようだ。

人形町は江戸時代初期に最初に遊廓がつくられた場所である。今の人形町駅の西側であり、この地域一帯が葭《よし》が生える湿地帯だったので「葭原《よしわら》」と呼ばれ、これが転じて「吉原」となった。今の台東区の吉原は明暦《めいれき》の大火で焼失した人形町の吉原が移転したもので、昔は「新吉原」といい、人形町のほうが「元吉原」といった。今も「大門通り」という通りがあるのは「元吉原」の大門のことである。

そもそも人形町は江戸開府後の1624年ごろ、京都から来た歌舞音曲の名人・猿若勘三郎《さるわかかんざぶろう》が

江戸歌舞伎の「猿若座」（のちの「中村座」）を開き、その後、「村山座《むらやまざ》」（のちの「市村座」）ができるなど人形浄瑠璃、見世物小屋、曲芸、水芸、手妻《てづま》（手品）を安い料金で楽しめる小屋などがたくさんある場所だった。

また、男色の巣窟で、「陰間《かげま》茶屋」と呼ばれる「野郎屋」が多く、彼らは芝居で女形《おやま》、狂言など芸人になる者も多かったらしい。ゲイが芸者だったわけだ。

㐂寿司

　人形浄瑠璃があったので、人形をつくる人、修理する人、商う人や、人形を操る人形師らが大勢暮らしており、元禄《げんろく》時代ごろにはすでに「人形丁」と呼ばれていた。現在も人形館「ジュサブロー館」がある。正式に「人形町」という町名になったのは、震災後の区画整理によるもので、１９３３年である。

　芝居小屋が多数あったので、踊

り子もたくさんいた。なかでも元禄時代に「菊弥《きくや》」という有名な美人踊り子がおり、彼女はその後、深川に移って深川芸者の起源になった。

そもそも芸者というものの始まりが、このように踊り子が三味線や浄瑠璃を覚えて披露するようになったことにあるという説もあるそうだ。

大儲けした米問屋によって芳町花柳界が繁栄

また、明治になると、1872年に芝赤羽町《あかばねちょう》（現・港区三田一丁目）から水天宮が移転してきた。安産祈願の参拝客が押し寄せ、縁日になると露店や見世物が出て浅草仲見世《なかみせ》にも引けを取らない賑わいとなり、人形町商店街は東京有数の商店街として知られるようになった。

1876年には日本橋蛎殻町《かきがらちょう》に米穀売買の東京蛎殻町米商会所ができたので多数の米問屋が栄え、米屋町《こめやまち》（現・日本橋人形町一丁目）と呼ばれるようになった。大儲《おおもう》けした米問屋が客筋となり、芳町花柳界が繁栄することとなった。

芳町芸者とは芳町だけではなく浪花町《なにわちょう》（現・日本橋人形町二丁目、日本橋富沢町《とみざわちょう》）、住吉町《すみよしちょう》（現・日本橋人形町二、三丁目）、浜町《はまちょう》あたりに住む芸者を総称し、1873年には芸者82人、1890年には184人、1905年には222人と増加し、震災があった1923年には芸者898人と、東京で2位の規模となった。格付けからいっても柳橋、新橋に次いで高い評価を得る高級花街だった。見番は今の「㐂寿司《きずし》」の前にあった。

隣の浜町も江戸時代は大名屋敷の街だったが、明治になると、その跡地に花柳界が発達した。先鞭《せんべん》をつけたのは１８７２年に永井《ながい》邸跡に開業した「梅園」が最初といわれ、待合としては「富士家」が草分け。以来、待合が増え、１９０７年ごろには27～28軒にすぎなかったが、１９１６年ごろには２００軒ほどに増えたという。

人形町の芸者さんたち。「小股が切れ上がった」とはこのことか
（出所：『中央区三十年史　下巻』1980）

１９２３年の震災では人形町も大きな被害に遭い、震災後は置屋もバラック、料亭もまたバラックで、夜道を懐中電灯を持ってお座敷に出たという。

こんな状態で商売が成り立ったのだから、この道に懸ける人間の業は果てしない。コロナ禍でもキャバクラに行く人が絶えなかったのに近いか。

貞奴が「東京芸者総選挙」で入選

歴代芳町芸者で最も有名なのは川上貞奴《かわかみさだやっこ》だろう。貞奴は芳町では「奴《やっこ》」と名乗り、1892年に浅草凌雲閣《りょううんかく》（十二階）で開催された「東都百美人」という、いわば「東京芸者総選挙」で見事に入選している。

人形町商店街も当然、芳町花柳界と密接な関係があるが、大売り出しのときには店頭に芸者衆の写真を貼り出し、買い物客に人気投票をさせていたというので、こういうことは昔からあったのだ。

貞奴は時の総理大臣・伊藤博文《いとうひろぶみ》や西園寺公望《さいおんじきんもち》ら名だたる元勲から贔屓にされて、日本一の芸妓

川上貞奴（出所：Wikipedia）

小唄勝太郎（出所：Wikipedia）

だった。

しかし、1894年に自由民権運動の活動家で「オッペケペー節」で知られる川上音二郎《おとじろう》と結婚。ともに欧米を巡業し、日舞を披露して大人気を博した。

もうひとりの有名芸者は小唄勝太郎《こうたかつたろう》。あの「東京音頭」を大ヒットさせた芸者である。もとは新潟の料亭にいたが、好きな清元《きよもと》で身を立てるべく、1929年に上京し、芳町で芸者となり、勝太郎と名乗った。清元、小唄、長唄、新内《しんない》など、あらゆる歌が得意で、レコード会社から注目され、1931年にデビューしヒットを飛ばして日本中で人気となり、1933年には芸者を辞めて歌手専業となった。

カフェーでアメリカ映画を上映して大盛況

また、大正時代には、今の人形町駅の東側にカフェーが多くできた。そのひとつが「カフェー・パウリスタ」である。京橋区南鍋町《みなみなべちょう》（現・中央区銀座五〜七丁目）に1909年に1号店を開いたが、人形町には1913年に開店した。ほかには丸の内《まるのうち》、神田、浅草にあったという。

洋風の店構えで、天井高は10メートルもあって、40〜50人が収容できた。白大理石のテーブルが置かれ、シュガーポットには砂糖が山盛りに入れられていた。お金を入れると自動的に演奏をするオルガンもあった。

メニューにはカレーライス、ハヤシライス、カツレツ、お菓子としてはショートケーキ、カス

カフェーが流行したころ（1935年ごろ）
（出所：人形町商店街協同組合編『にほんばし人形町』1976）

テラ、レモンパイ、アップルパイ、プリンなどもあった。そうしたお菓子をパウリスタで初めて食べた人も多かった。

カツレツにはパンがついてきたが、パンでは物足りないのでご飯を頼む客がいて、それからは、どこの店でもカツレツにはご飯が出るようになった。

1922年には店内でアメリカ映画上映を開始し、店は超満員だった。店が大繁盛したので、従業員もたくさんボーナスをもらえた。10人いた従業員は経営者に感謝の念を込めてシャンデリアを店にプレゼントした。光り輝くシャンデリアは店のムードを一段と高めたという。パウリスタは大震災で焼失したが、すぐに再建し、1942年まで営業した。

そのほかにも震災後、カフェーが人形町通りを挟んだ両側の路地などに多数出現した。1935年ごろには80軒ほどのカフェーが軒を連ねるほどであった。

もちろん、ここでいうカフェーはコーヒーだけを飲む「純喫茶」ではなく、女給が密接して接待を行うものが主である。「コーナーハウス」「東天紅」「モンパリ」「馬車屋」「オリンピック」「上海」など店名も多彩だった。

1929年の『新版大東京案内』（前出）は、〈人形町――これこそ、お江戸日本橋の心臓《しんぞう》、今になっても純下町の空気が残っているのはここくらいのもの。縞《しま》の着流し、角帯《かくおび》、つぶし島田の芳町《よしちょう》芸者、といったような昔ながらの面影《おもかげ》が、まだ失われずにいる〉（原文は旧字、旧仮名づかい）と書いている。ビルの5階にユニオンという東京一の大きいダンスホールもあったそうで、下は日本劇場という映画館だった。

だが、戦争が激しくなると外国語が使えなくなり、コーナーハウスは「角家《かどのいえ》」と名称変更した。「神風」「愛国」という店名も変更したものである。カフェーの店名としては、どう考えてもふさわしくない。馬鹿な国粋主義の表れである。

寄席も多かった。震災前には「金本」「久浜亭」「大鉄」「守川」「若松亭」「末広亭《すえひろてい》」「大ろじ亭」「喜扇亭《きせんてい》」「鈴本亭」などがあり、最盛期を誇っていた。

花柳界に寄席。まさに娯楽の殿堂のような街であった。

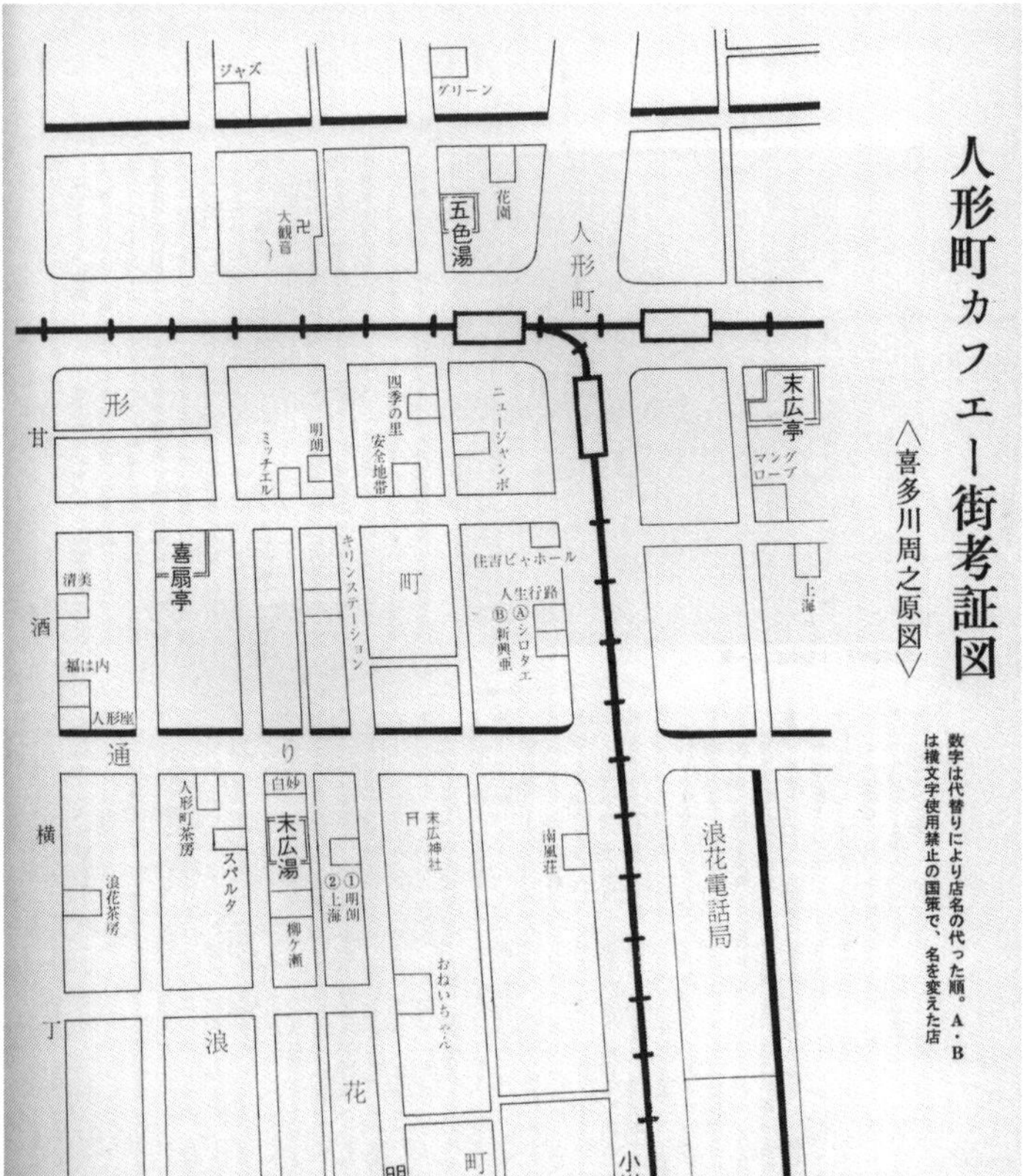
人形町カフェー街考証図
〈喜多川周之原図〉
数字は代替りにより店名の代った順。A・B は横文字使用禁止の国策で、名を変えた店
ジャズ
グリーン
卍 大観音
五色湯
花園
人形町
末広亭
マングローブ
上海
形
甘
酒
横
丁
通り
四季の里
安全地帯
明朗
ミッチエル
ニュージャンボ
喜扇亭
清美
福は内
人形座
キリンステーション
町
住吉ビャホール
人生行路
Ⓐシロタエ
Ⓑ新興亜
白妙
人形町茶房
スパルタ
末広湯
①明朗
②上海
柳ケ瀬
浪花茶房
末広神社
南風荘
おねいちゃん
浪花電話局
浪
花
町
明治橋
小川橋
蛎浜橋
川
148

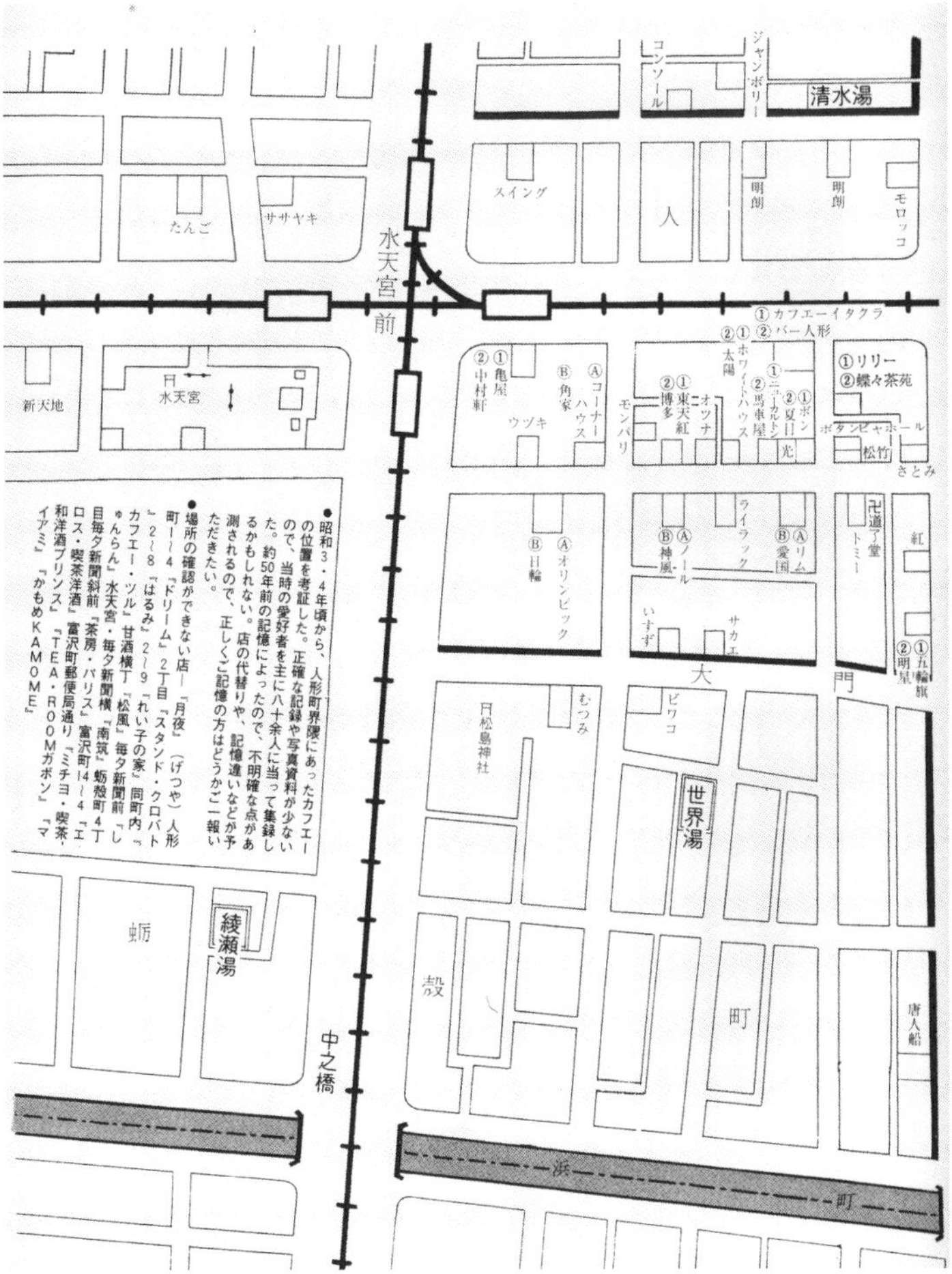

人形町カフェー街考証図（喜多川周之・作成）（出所：同前）

芝浦

協働会館の復活で栄華を偲ぶ

鉄道による発展

１８７２年に新橋・横浜間の鉄道が完成すると、新橋にはカフェー、バー、おでん店、その他飲食店、遊技場が急増。ネオンサインが光り、ジャズの音が響いた。４階建てのビルには日本座敷をしつらえた牛肉店や区内唯一のダンスホールがあり、１００人近くのダンサーが裸身に薄衣をまとって踊り、客席に侍った。新橋駅西側には大カフェー「処女林《しょじょりん》」が人気を誇った。

また、芝の増上寺《ぞうじょうじ》や神明社《しんめいしゃ》（芝大神宮《だいじんぐう》）の周辺にも大歓楽街があり、東海道（現在の国道15号）に沿って品川まで盛り場が続いていた。海を眺めながら遊ぶ場所だったのである。

さらに、風光明媚な芝周辺は１８９５年くらいまでは、ただの砂地であった。温泉旅館や魚問屋から転業した料亭や茶店が軒を連ね、海水浴場、花火や潮干狩りなどの行楽地としても発展した。

高輪から芝浦あたりの東海道本線と料亭街（港区立郷土歴史館・所蔵）（出所：松島栄一、影山光洋、喜多川周之『東京・昔と今 思い出の写真集』KKベストセラーズ、1971）

芝浦花柳街。海水浴の文字も見える（出所：『新修港区史』1984）

地図に見る芝浦のまちの変遷

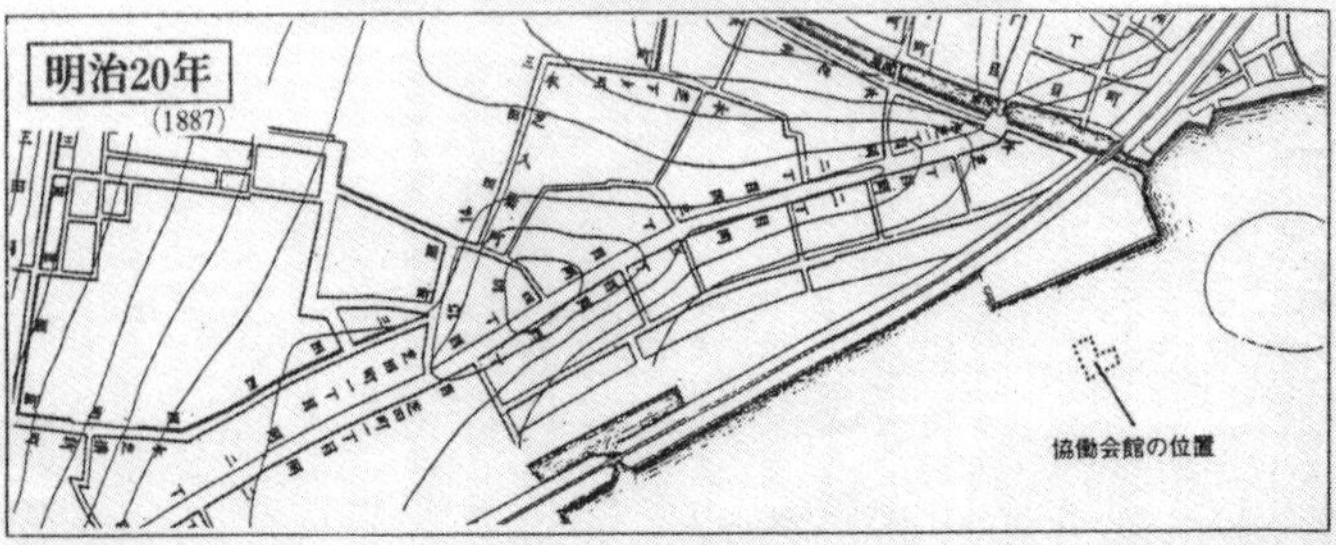

協働会館の辺りは明治後半まで海でした。当時の海岸線は明治５年に開通した鉄道線路沿いで、当時の花街はこの内側の本芝に広がっていました。

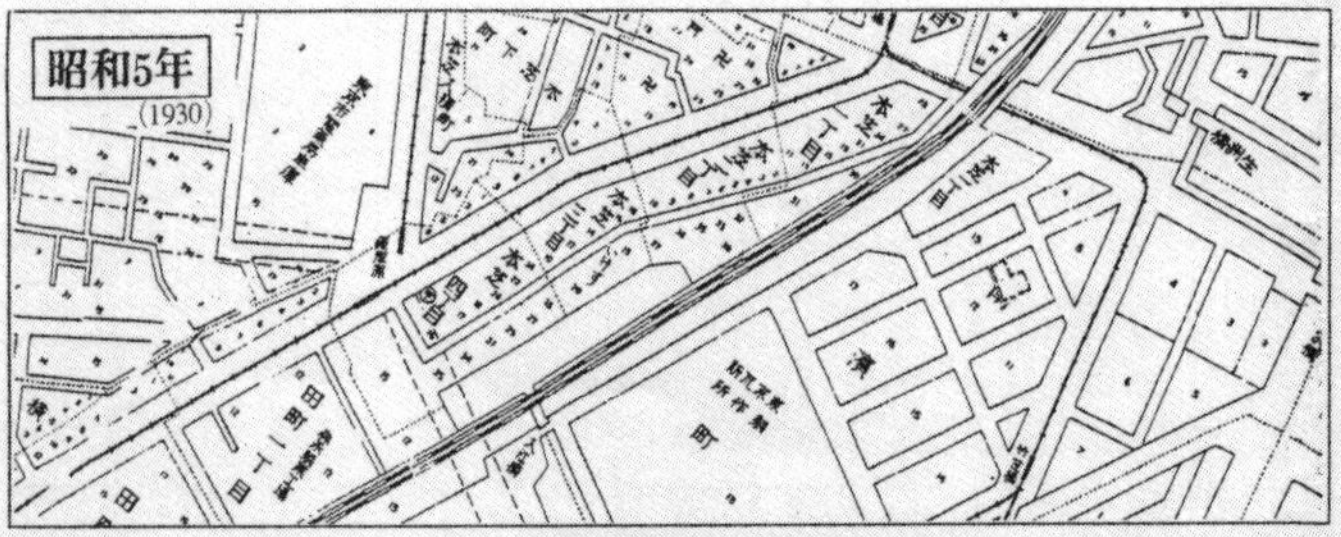

埋め立て地の街区割りも完成、市電も延びて次第に街並みが整っていきます。花街は埋め立て地側に移り、最も賑わいを見せた時代を迎えます。

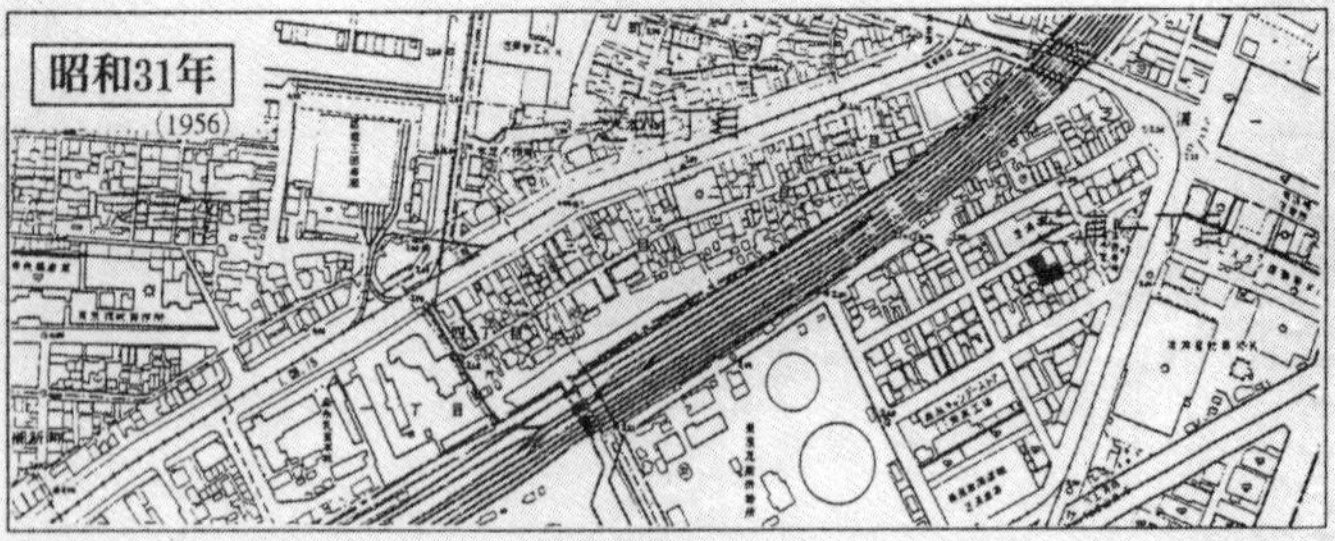

昭和16年に東京港が開港し、芝浦は港湾関係の経営者や労働者で賑わいますが、戦時体制下の翌17年に花街は疎開。以後往時の賑わいを見せることはありませんでした。

地図に見る芝浦のまちの変遷（出所：芝浦・協働会館を活かす会編『協働会館 華やかなりし花柳界の面影を伝える近代和風建築』1999）

料亭「いけす」などは大繁盛し、芸者の需要も高まり、芝神明から芸者を呼んでも不足するほどになった。

1902年5月に芸妓置屋の「松崎」が営業を開始し、それをきっかけに芝浦芸者が誕生した。1907年には、置屋28軒、芸妓81人、待合20軒を数えた。歌舞伎役者、落語家、吉原の幇間《たいこもち》たちも客として押し寄せた。谷崎潤一郎《たにざきじゅんいちろう》が主宰する雑誌『新思潮《しんしちょう》』の編集部も、「松崎」の中にあった。

だが、1907年ごろから海側の埋め立てが進み、海辺の景色が失われ、賑わいも減っていった。明治末期には東海道線の騒音もうるさくなり、客は減り、花街全体が経営不振に陥った。

埋め立て工事が完了すると、本芝町《ほんしばちょう》（現・港区芝四、五丁目）の花街は芝浦に移転した。1923年に関東大震災が起こると、ほかの花街から移転してくる業者もあった。

芝浦の港も都市復興のための資材の輸送で賑わい、芝浦製作所や東京瓦斯《ガス》などの大工場ができるなど、発展した。築地《つきじ》の魚市場も一時的に芝浦で営業をするなど、芝浦三業地は再び活気を取り戻した。

目黒雅叙園と同じ経営者

芝浦の三業組合は地元の名士・細川力蔵《ほそかわりきぞう》が設立資金の大半にあたる額を寄付して設立されたものである。また、細川は1928年には芝浦の自邸を増改築して北京《ペキン》料理店の「雅叙園《がじょえん》」を開店。

昔の家がわずかに残っている

目黒に今もある「雅叙園」（1931年開業）の、いわば本店である。支店の目黒雅叙園のほうは1943年まで増改築を繰り返して巨大化していくが、芝浦の本店のほうは第2次世界大戦中に閉館したという。

花街ができると見番ができる。見番とは芸者遊びをする人たちが最初に立ち寄り、店や芸妓の予約をする場所である。

芝浦に見番ができたのは1936年。2階には芸妓たちが踊りなどの稽古をする演舞室、舞台と大広間があった。

棟梁《とうりょう》は雅叙園と同じ酒井久五郎《さかいきゅうごろう》である。酒井は伊豆《いず》の土肥《とい》町（現・静岡県伊豆市）の出身だったが、土肥町は海まで山が迫り、土地がないので、農業に向かず、多くの若者が大工になった土地だった。だから、「雅叙園」、見番の建築にも土肥町の若い大工が活躍したそうだ。

協働会館の誕生

しかし、1942年、戦争が激しくなると、芝浦三業地は疎開、移転し、三業組合も解散した。芝浦は本格的に工場、倉庫、港湾地帯となっていたので、空襲の恐れがあったからである。見番だけは警視庁の管理となり、港湾労働者のための宿泊所となった。

戦後、見番の周辺は焼け残っていたので、花街も復活した。だが、進駐軍がここを慰安所に使うという噂が飛び込んできた。隅田川沿いの大倉喜八郎の別邸（278ページ参照）も慰安所にな

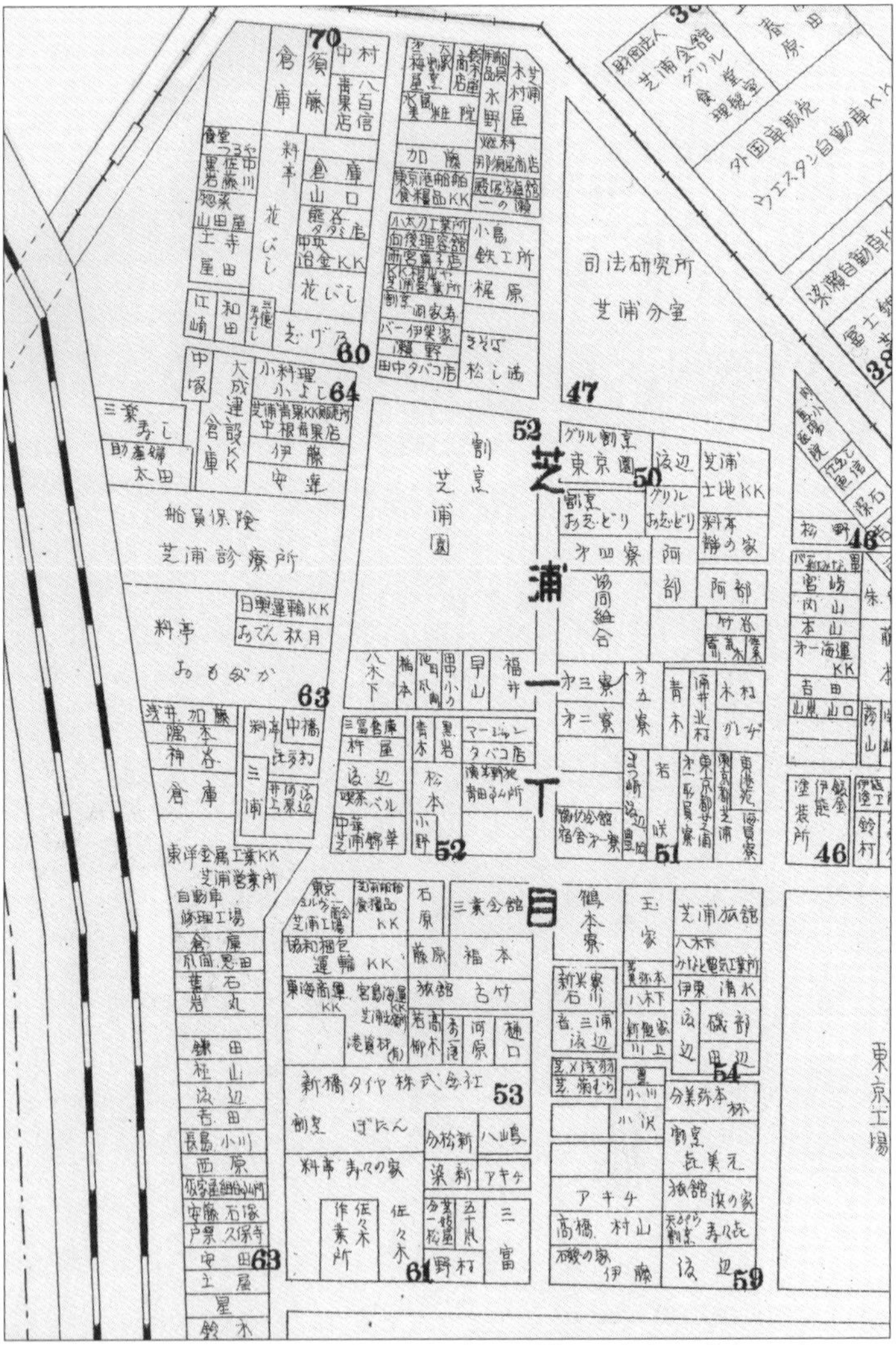

芝浦三業地。真ん中あたりに協働会館がある（出所：『全住宅案内地図帳』1962）

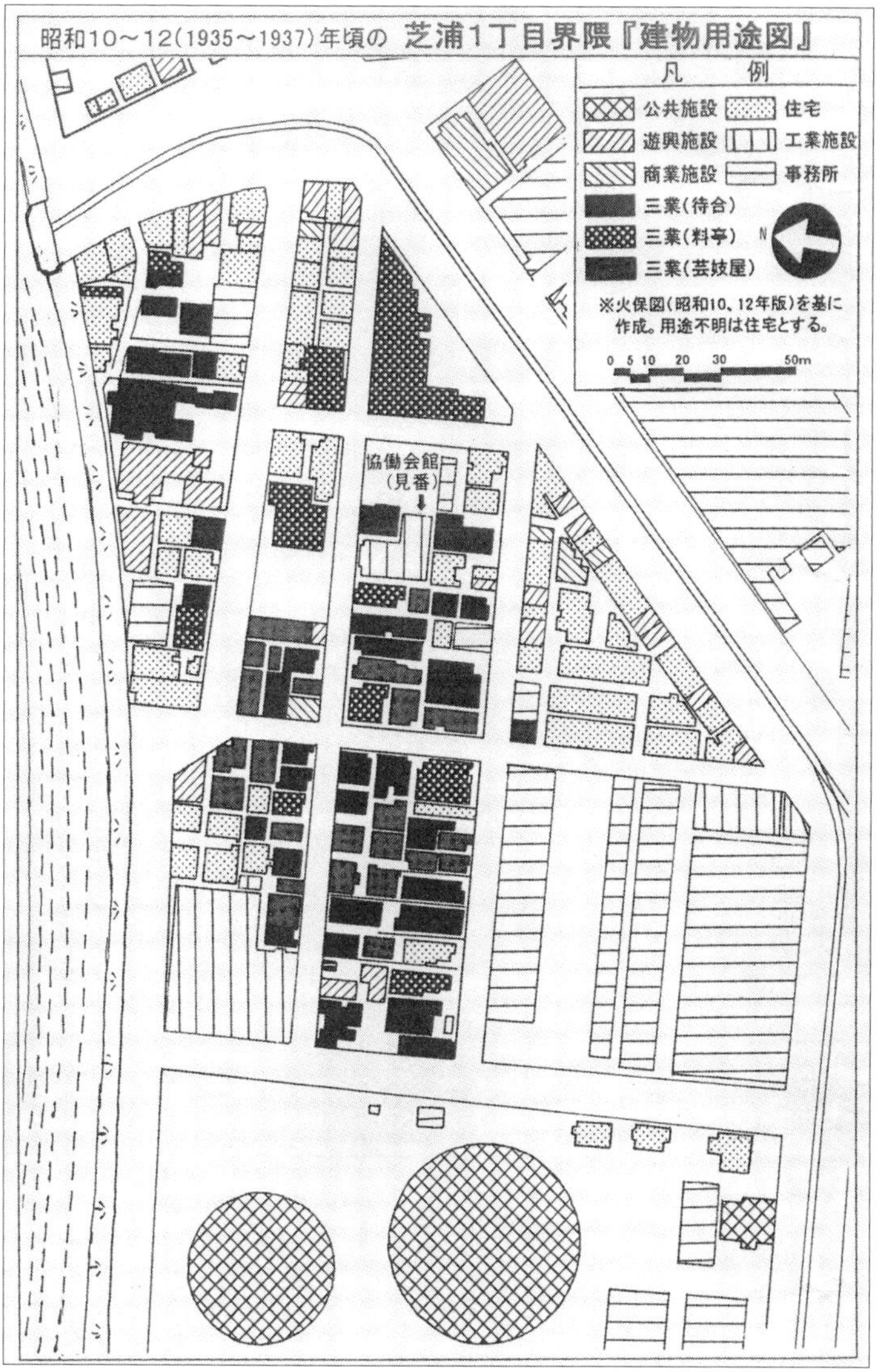

協働会館周辺の花街
(出所：前出『協働会館 華やかなりし花柳界の面影を伝える近代和風建築』)

協働会館が2020年4月1日に
新たに「伝統文化交流館」
として開館

ったくらいだから、その噂はかなり信憑性《しんぴょうせい》がある。そこで、芝浦の人々は外壁をわざと黒く塗るなど古くてすすけた感じに偽装して慰安所にするのをなんとかあきらめさせたという。

そして、１９４７年に見番は「協働会館」と命名され、近辺の花街時代の建物と一緒に東京都港湾局に管理され、引き続き港湾労働者の宿泊所として利用された。

また、町内会など地域の人々の集会所、あるいは剣舞、日舞、謡いなどの稽古場としても使われることになったのである。

協働会館は２０００年3月に老朽化のために施設が閉鎖されたが、２００６年6月に「協働会館（旧芝浦見番）の現地保存と利活用に関する請願」が採択され、保存活用を望む地域の声を受けて、港区は２００９年10月に港区指定有形文化財として指定。２０１５年2月には旧協働会館保存、利活用のための整備計画を策定し、建物全体を南西側に8メートル移動させる「曳家《ひきや》」を行うなど保存整備工事を進め、２０１９年12月20日に竣工、２０２０年4月1日に新たに「伝統文化交流館」として開設された。

麻布十番

古川沿いの工業地帯化が育てた花街

白金にも工業地帯はあった

古川《ふるかわ》沿いは江戸時代からある程度栄えていたが、明治時代に三田製紙所（三田小山町《こやまちょう》＝現・港区三田一丁目）、工部省赤羽製作所、海軍造兵廠《ぞうへいしょう》（芝赤羽町）が設立され、第1次世界大戦（1914～1919年）を契機として一ノ橋《いちのはし》より上流に多くの工場が立地するようになった。その中心は金属製品や機械の製造工場であり、芝浦方面が大工場であったのに対し、古川沿いでは小規模経営による設備投資が行われた。

関東大震災（1923年）後は芝浦の埋立地に臨海工業地帯が形成されたが、古川沿岸低地にも金属製品や機械の小規模の工場が一ノ橋上流、新広尾町《しんひろおちょう》（一ノ橋から天現寺橋《てんげんじばし》にかけての古川沿い）、芝白金志田町《しろかねしだまち》（現・白金一丁目、高輪《たかなわ》一丁目）、白金三光町《さんこうちょう》（現・白金一～六丁目、白金台《しろかねだい》四、五丁目、高輪一丁目）などで増えたという。

また、満州事変（1931年）後は軍需の下請け工場が古川沿いに集中した。1908年の芝区の工場数は72だったが、1931年には1629に増えている。

こうした繁栄を受けて、1913年には麻布網代町《あじろちょう》（現・麻布十番二、三丁目）から麻布山元町《やまもとちょう》（現・麻布十番二、三丁目、元麻布《もとあざぶ》一丁目）にかけての土地に三業地ができて城南《じょうなん》有数の盛り場として栄えた。それが今の麻布十番交差点の南側である。

地主の安藤茂吉が保科肥後守の下屋敷の土地を買った

もともと江戸時代にも岡場所が麻布市兵衛町《いちべえちょう》（現・六本木一、三、四丁目、虎ノ門四丁目。泉《いずみ》ガーデンのあたり）、麻布永坂町《ながさかちょう》などにあったらしいが、明治になると、地主の安藤茂吉が麻布十番に花街創設を狙って元・保科肥後守《ほしなひごのかみ》の下屋敷《しもやしき》の土地を買った。その土地を最初、東武鉄道の根津嘉一郎《ねづかいちろう》が買って別邸としたが、その後、住宅地として転売されたところで、海軍工廠や三田あたりの工場に勤務するサラリーマン、あるいは学生が住んでいたという。

人口増加にともなって商店、飲食店ができ、今でいう風俗店もできてきた。そこで安藤らの地主は三業地指定を受けて怪しい風俗業者を追い出し、正式に芸者遊びができるようにしようとしたのである。三業地開設当初は待合2軒、芸妓屋7軒があり、芸者14人、半玉《はんぎょく》（芸者の見習い）6人がいた。初代三業組合長は安藤義春であり、「彌生《やよい》」という待合を経営していた。

1914年には上野公園で大正天皇即位記念の東京大正博覧会が開催され、麻布花街も参加し

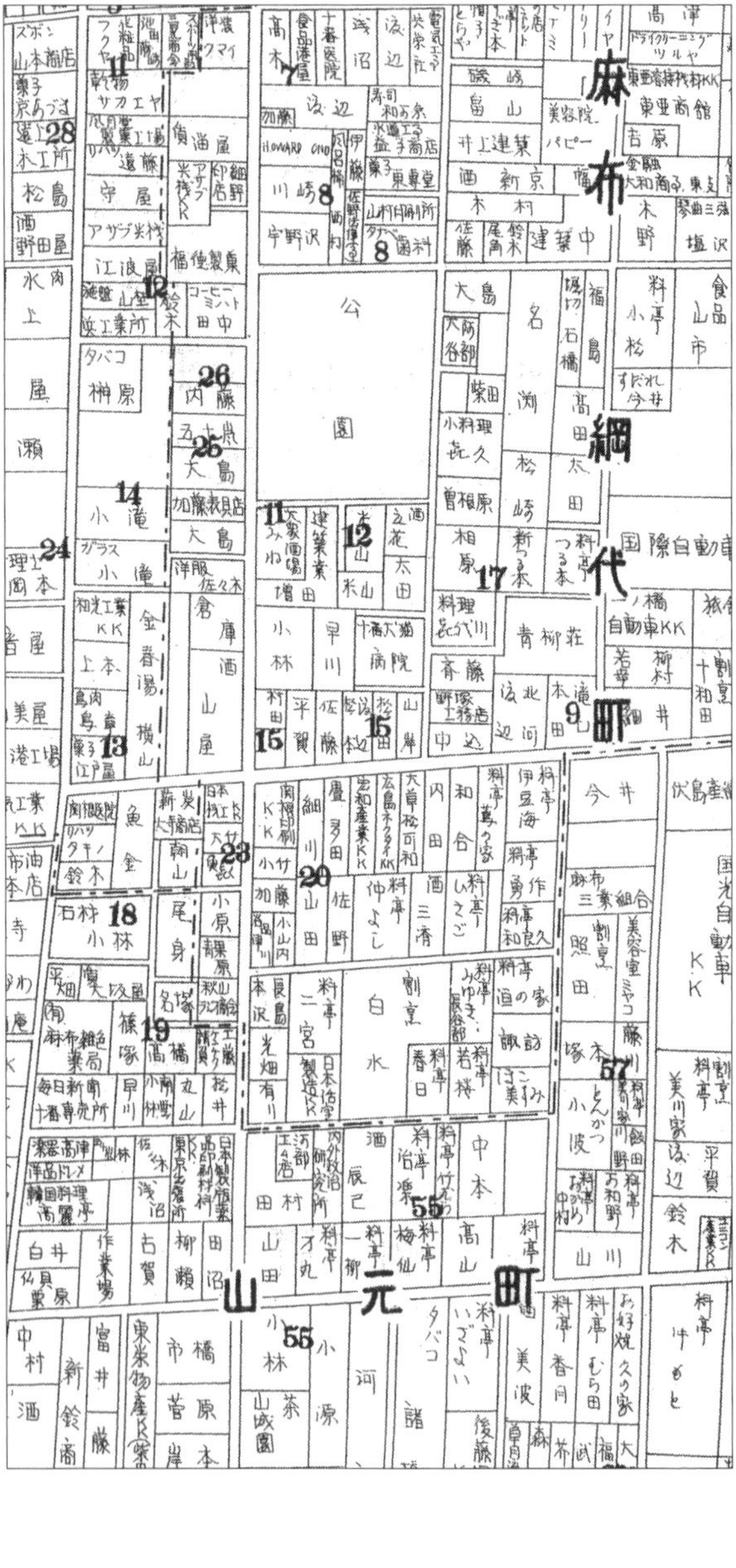

麻布十番商店街の南側が三業地だった
（出所：『火災保険特殊地図』1953）

た。白山の花街芸者も1923年の東京大正博覧会に出演しているので、当時は芸者衆が博覧会に出るのは普通のことだったらしい。博覧会に出ることで芸を磨くことができたからである。

鉄工機械工場関係の客が連夜の芸者遊び

麻布の芸者衆は、そこで「朧月猫妻恋《おぼろづきねこのつまごい》」を演じた。これは明治初期に流行した「猫じゃ、猫じゃ」という踊りである。いったいどういうものかは私も知らないが、風俗史の本にはよく出ている。麻布芸者がそれを踊ったので、山の手の麻布から猫が来たというので、「麻布の山猫」という異名を芸者衆はもらうことになった。

第1次世界大戦によって景気がよくなると、麻布花街は鉄工機械工場関係の客が大挙して訪れ、1918年ごろには連日連夜芸者遊び、午後2時になると芸者が置屋からいなくなるほどだったと

まるで浅草のような麻布十番商店街（港区立郷土歴史館・所蔵）
（出所：前出『東京・昔と今 思い出の写真集』）

麻布三業地の名残か、古いマンションの1階の割烹の店先

いう。

さらに、1923年の震災後は下町の花街が被災したのに麻布は被害が少なかったので、客が麻布に押し寄せ、麻布の最盛期を迎えた。震災後に栄えたのは五反田の花街と同じである。震災は人口を東側の下町から西側の山の手に移動させたが、花街も移動したのである。麻布十番の夜の賑わいは渋谷の道玄坂か新宿《しんじゅく》かと思われるほどとなり、露店が出て人並みがごった返したという。

麻布十番は十数年前まで電車の駅もなく、六本木から流れた芸能人らがたむろするくらいだったが、その後、地下鉄2路線の駅ができ、東京散歩ブームもあって、今は賑わっている。

古川沿いには、ほとんどの工場、倉庫は

マンションやオフィスビルなどに建て替わっている。それでも、かつての名残を見ることができて、銭湯もまだある。麻布十番方面にお出かけの際は、まずは昔の工場地帯を歩き、銭湯に入ってから酒を飲むようにしてはいかがだろう。グローバル経済の中心・港区とは違う港区が味わえるはずだ。

コラム

赤坂——政治家が料亭で会食するのは普通です

『千代田区史　下巻』（1960年）を読んでいたら、赤坂の料亭街の地図が出ていた。国会の裏側にびっしり並んでいる。

昔の政治家がいかに料亭を愛用したかがわかる。

今は料亭より秘密が守りやすく、大規模な集会も開きやすい高級大型ホテルを使うことが増えただろうが。

中央公論社の戦後のベストセラー『世界の名著』シリーズでも毎回別刷りで挟み込まれている冊子の著者対談の開催場所は赤坂の料亭であり、私も物書きになったら行けるのかなあと期待したが、そんなことはまったくなかった。

ただ1度だけ政府の某委員会の委員をしたときに、懇親会で赤坂の料亭に招かれ、まぶしいほどに光り輝く美しい畳に驚いたことがある。

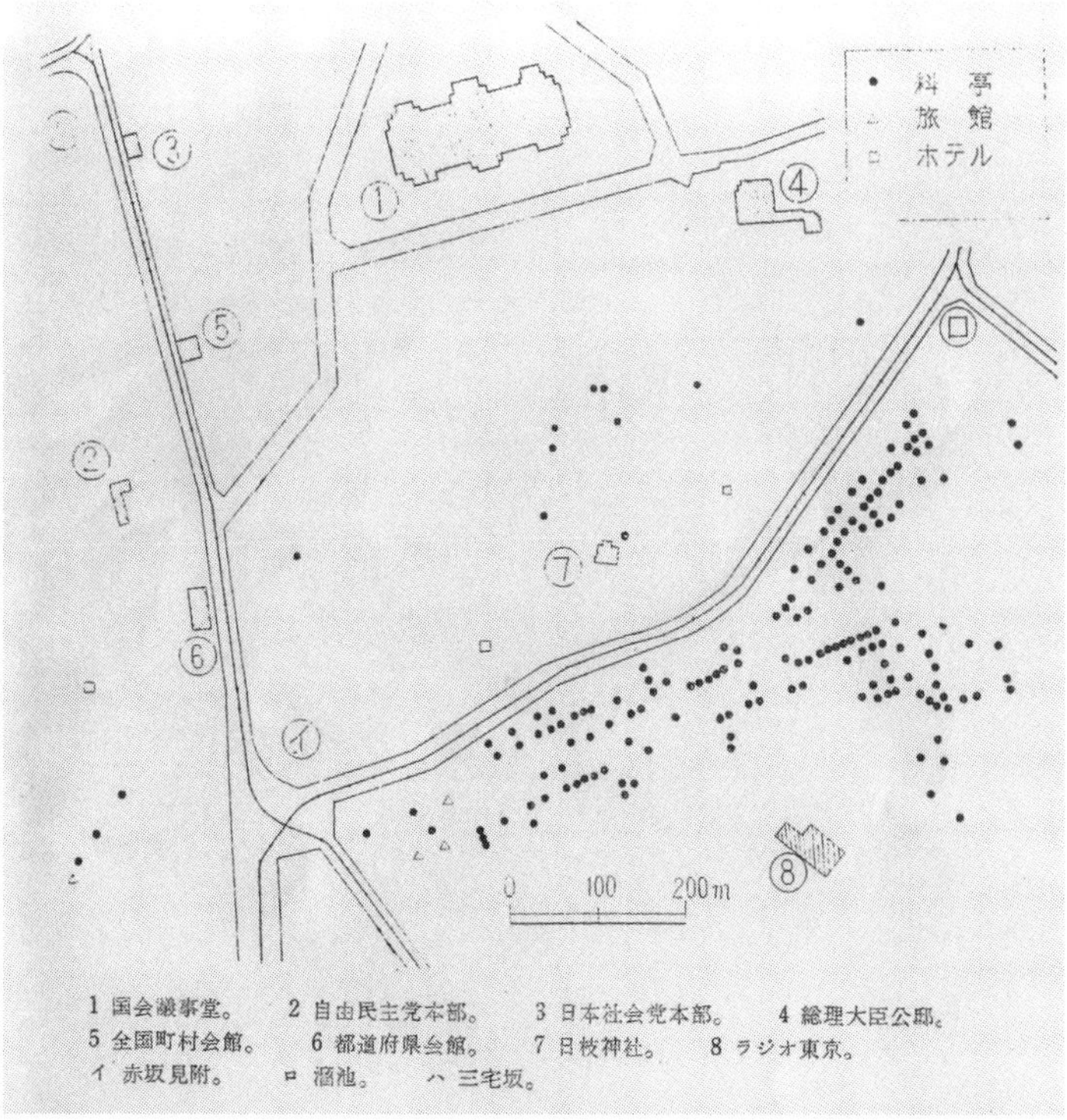

赤坂の料亭街。国会議事堂や政党本部に隣接していることがよくわかる
（出所：『千代田区史 下巻』1960）

第五章　下町

玉の井、鳩の街

街歩きの聖地からも歴史は消えていく

近代都市化のため浅草から私娼窟を移転

玉の井といえば永井荷風で、散歩好きなら必ず訪れる街だ。戦後を代表する、そして吉原と並ぶほど「性の街」であるが、吉原とは違い、違法な私娼窟だった。

大正時代に東京を近代都市に変貌させるための都市計画が進められると、浅草の浅草寺《せんそうじ》などの裏のほうにあった銘酒屋などの私娼窟を撤去する方針が出された。

「目ばかり窓」というものが入り口についていて、そこからのぞくと、女の顔の一部しか見えない。顔はどうでもよくて、女が立て膝をして着物の裾から帯のすぐ下まで着物をたくし上げていたというから、ひと昔前の歌舞伎町《かぶきちょう》ののぞき部屋のようである。窓からのぞかなくても、女のほうから男を引っ張り込む、メガネや万年筆やカバンを取って無理やりでも店に引き入れるということも普通にあったらしい（岩永文夫《いわながふみお》『江戸色街散歩』ベスト新書）。

1915年の警視庁の調べでは東京市内に92カ所の私娼窟があり、2000人の娼婦がいた。そのうち半分が浅草にいた。だが、近代都市のほぼ中心部にそのような売春の街があってはならないという考えから、1916年から東京市が私娼撲滅運動を開始した。次第に銘酒屋などの私娼窟は隅田川を渡って向島のさらに東の玉の井、亀戸といった「郊外」に移転した。折から1923年に関東大震災があり、移転が加速した。

交通網の整備が私娼窟を郊外化

交通網の整備も私娼窟の「郊外化」を促進した。1914年には隅田川に白鬚橋《しらひげばし》が完成。1919年ごろには大正道路が開通して白鬚橋方面から玉の井が結ばれた。1920年前後には玉の井はすでに「夏の夜は暁に近い午前3時ごろまで人の往来が絶えぬ」といわれるほどにまで活況を呈すこ

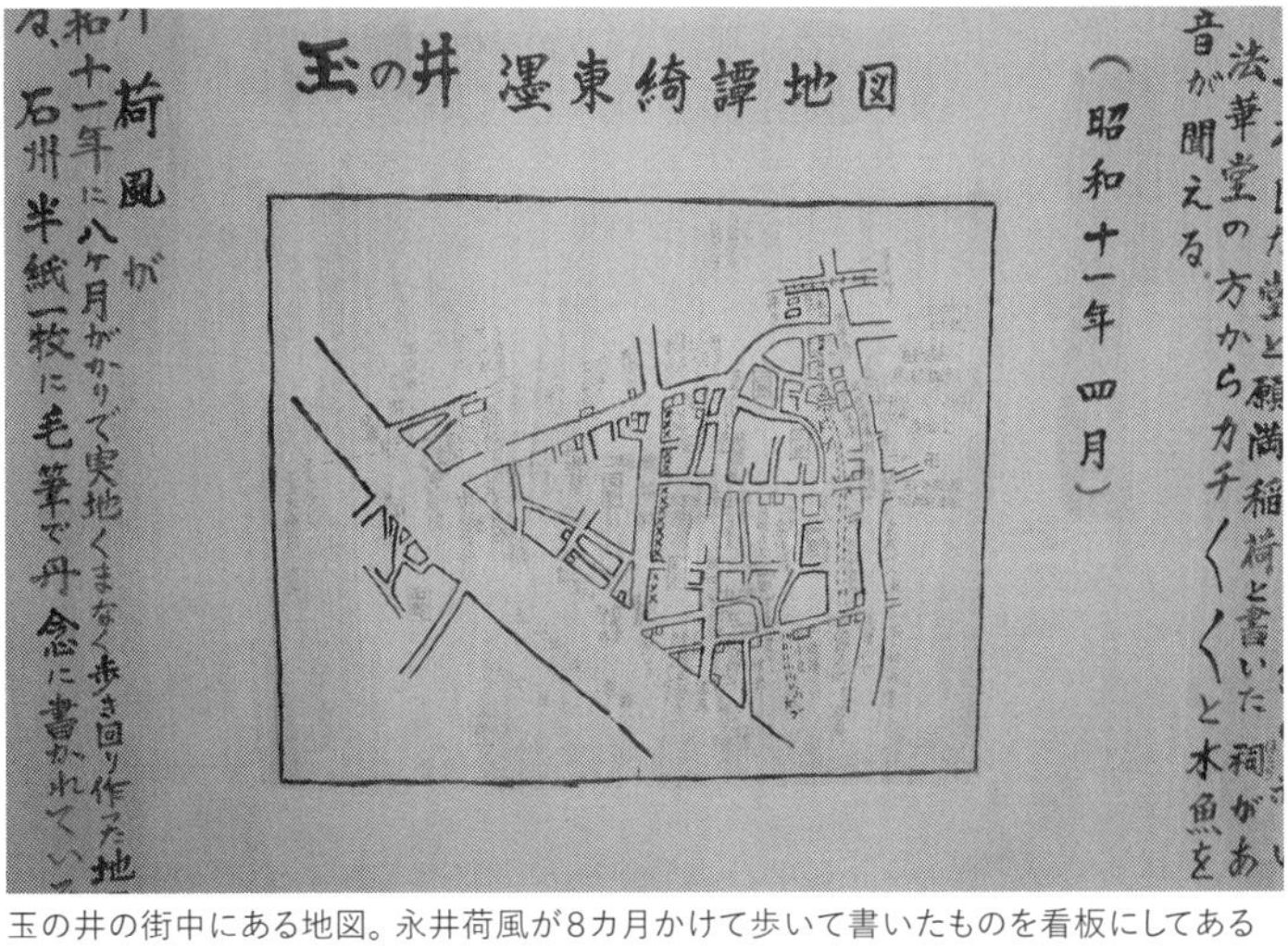

玉の井の街中にある地図。永井荷風が8カ月かけて歩いて書いたものを看板にしてある

となったのである。

さらに、1924年には東武伊勢崎《いせさき》線玉ノ井駅（現・東向島駅）が開業。1925年には隅田乗合自動車（バス）が営業開始。浅草雷門《かみなりもん》と玉の井が結ばれた。そして、1926年に円タクが登場する。1928年には京成白鬚線が開通し、京成本線（現・押上《おしあげ》線）向島駅から玉の井を経由して白鬚を結んだ（白鬚線も向島駅も今はない）。1930年前後には放射13号線（現・国道6号、水戸街道）が開通。1932年には市営バス（現・都営バス）が営業を開始した。東京市は15区から35区に拡大し、玉の井も向島区として市内に編入された。郊外ではなく市内になったのだ。そして、1932年に永井荷風が初めて玉の井を訪れる（嶋田直哉《しまだなおや》『荷風と玉の井「ぬけられます」の修辞学』論創社《ろんそうしゃ》）。

近代社会の土台は「移動」である。人とものの高速で大量の移動が近代の産業を発展させ、富を生み出し、消費と娯楽を促進し、都市を巨大化させる。

おでん店、寿司店、寄席、ビリヤード場、古書店もあった

前述したように、できた当時の玉の井は、吹きっさらしの田んぼの中であり、釣り堀が近くにあったので、鮒釣りの人がよく行ったが、そのほかの人たちには、まるで縁のない場所だったという。

こんなヤブ蚊ばかりの肥《こ》やし臭《くさ》い場所で女の商売ができるかと、浅草の業者たちは不平を言ったが、いざできてみると、客は千里の道をいとわずやってきた。1929年には、ほぼ玉の井の私娼窟としての基礎が固まったという。

現在の平和通りといろは通りの間が中心であるが、日光街道の東側にも広がっていた。名著『玉の井　色街の社会と暮らし』（自由国民社）の著者・日比恒明《ひびつねあき》が作成した素晴らしい地図を見ると、私娼窟といっても、通り沿いにはおでん店、たばこ店、寄席、ビリヤード場、古書店、それから場所柄、薬店などもあったようだ。

その日比が講師を務めた講座で薬店の娘さんだった方の話を聞いたが、薬店の一角の通りに面してなぜか小さな寿司店があり、客が店の前を通ると威勢よく「へい、らっしゃい！」と叫ぶので客が嫌がった、だからすぐに路地の奥に移動した、という話を聞いた。性を売り買いするのに、今ほどやましさがない時代だったのだろうということが寿司店の行動からわかる。

女性たちの悲しい歴史

1926年の寺島《てらじま》警察署（現在は向島警察署に統合）の調べでは玉の井は銘酒屋350軒、娼婦数653人。1933年には娼婦数は2000人。出身は飲食店女中が225人、農業が111人、女工が102人、料理屋女中が83人。待合女中が16人、宿屋女中が13人、芸妓16人、以下、映画館案内、裁縫徒弟、事務員、看護婦（今の看護師）。無職が45人だった。やけに女中が多く、かつ細分化されているのが興味深い（前田豊《まえだゆたか》『玉の井という街があった』ちくま文庫）。

同調査によると、私娼653人の年齢は数え年で19歳が最多で97人、以下、20歳が76人、22歳72人、18歳59人、17歳19人など。現在のキャバクラより若い。もちろん、今は18歳未満は雇えないが。

出身地は東京が130人、千葉67人、埼玉55人、茨城47人、福島35人、秋田28人、山形12人。東北出身は吉原などの公娼と比べると少ないという。

学歴は回答者250人中、未就学36人、尋常小学校1〜2年が22人、3〜4年が52人、卒業が95人。

私娼になった理由は貧困105人、父母きょうだいの病気45人、借金整理20人、誘拐14人、自分の生活のため47人、家庭不和8人、弟妹の教育8人、夫の病気治療2人であり、つまりは、すべて最低限のお金のためである（なお、自分の生活のためという理由が、自分の好奇心のためとなっている資料もある）。

最近、「戦前の社会はよかった」などと言う人が女性にすらいるが、こういう数字を知って言っているのだろうか。戦前は女性に選挙権も参政権もない。戦前がよいと言う女性が、そのように自由に発言できること自体が戦後民主主義の成果なのに、まったくおかしな話である。ましてや政治家になった女性が戦前がよいというのは、どういう論理だろうか。

業者のみなさんが自主的にやるという形を取りたい

ところで、それまで特に何もなかった玉の井に、いったい誰が私娼窟をつくったのか。江戸時代には裕福な町人の別荘や妾宅《しょうたく》があったというが、あとは農村である。そこに闇の周旋屋《しゅうせんや》（今でいう不動産業者かデベロッパー）のような人がいて、浅草に代わる場所を探し、もしかして向島の花街の顔役にも相談し、それで玉の井の地主と話がついて、地主が売春用に店をつくり、そこに売春業者が集団移転し（一部は亀戸にも移転した）、カフェーと名を変えて経営したのだろうかと想像する。

戦争が激しくなる1937年になると玉の井銘酒屋組合長が陸軍省から呼び出され、軍の慰安のために娼婦を集めて中国に行ってもらいたいと要請された。移動と住居と食事の手当ては軍がやるが、経営は業者のみなさんが自主的にやるという形を取りたいといわれた。組合では53人の娼婦を集め、東京から汽車で下関《しものせき》まで、船で長崎に行き、長崎から上海《シャンハイ》に送り出したという。

戦後の玉の井は、いろは通り北側などに移転

戦前の玉の井は空襲で丸焼けになり、いろは通りの南側から北側に移転する。先ほどの講座で空襲当時の体験者の話を聞く機会もあったが、私娼窟に土地を貸している地主の一家が地下に掘った防空壕《ぼうくうごう》に隠れたが、火勢が強く、全員蒸し焼きになって死んでしまったという。

それを聞いたとき、私が思わず「ブッ」と噴き出してしまったら、後ろに座っていた年配の方

戦後の玉の井カフェー街跡

カフェーはドアが道路に対して
斜めになっていることが多い

（撮影：なかだえり）

から「笑いごとじゃない！」と叱られてしまった。
たしかに笑ってはいけないのだが、亡くなったのが玉の井の女性たちであれば、私も笑うどころか涙を流しただろう。地主だから、つい笑ってしまったのだ。

細かいタイル張りがカフェーの特徴（撮影：なかだえり）

それはともかく、たまたま昔、一緒に仕事をした男性の実家が玉の井のいろは通りにあったという話を最近になって聞き、その男性のお母さんにも同行していただき、2019年、玉の井を歩いた。

今でも少し名残がある玉の井は、いろは通りの西側だが、これは戦後のもの。戦前は東側にあった。それが戦災でほぼ焼けてしまい、戦後、いろは通りの西側や鳩の街、亀戸、立石など別の街に移転した。

私が玉の井を歩くのは、それが7度目くらいだが、しっかり歩いたのは4度目くらい。最初は2007年で、それからしばらくは戦前の玉の井がここだったと勘違いしていた。だが、玉の井を舞台に小説を書いた吉行《よしゆき》淳《じゅん》之《の》介《すけ》ですら最初は勘違いしたというから、私ごときが間違うのはしかたない。

お母さんは中学生のとき、1958年くらいに葛飾区から玉の井に引っ越してきたという。1958年だから売春防止法は施行され、赤線は廃止されたが、その後もそういう仕事をする女性はいただろう。そうでないと食っていけない。もちろん飲食業などに転業する人もいたはずだ。今はかなり住宅地になっているが、昔はカウンターだけの小さい店がぎっしり並んでいたそうだ。「シュミーズ姿の女性が通りを歩いていましたよ」とお母さんは言う。

久々に歩く玉の井は、かつての名残をとどめる店が減り、スナックなどが並ぶ通りも閉店した店が増えていた。それでも明らかに昔の外観を残す家や、水商売の街らしい、どことなく色っぽい美容室などがあり、往時を偲ばせた。

永井荷風が描いた、「ぬけられます」の看板で有名な戦前の玉の井のほうにも行ってみた。これは2度目の散策。カフェー街は「おはぐろどぶ」と

戦後の玉の井のカフェーはスナックやバーになったところも。「車ぬけられません」と書いてある!

呼ばれるどぶ川がたくさん流れていて、大雨が降ると、どぶがあふれたという。『濹東綺譚』にもその場面がある。戦災で全滅したのだから、昔とは違うと思うが、それでも何カ所か、なるほどこれが玉の井の路地か！と思える路地がまだある。

なお、当時の様子が知りたければ、『濹東綺譚』を映画化したものをDVDで見るのがよい。2度メジャー映画化されているが、最初の豊田四郎《とよだしろう》監督のものは当時を知っている人に聞いてお店の様子を細かく再現したというので必見である。主演は世紀の美女・山本富士子《やまもとふじこ》。『濹東綺譚』の木村荘八《きむらしょうはち》の挿絵そっくりの姿形に驚く。原作はこれといった結末をあえて避けているが、映画は純情な女の悲しいドラマになっている。

精力絶倫・大倉喜八郎

先述したように、玉の井は東武伊勢崎線（スカイツリーライン）の東向島駅近くにあった。ひとつ浅草寄りの駅が曳舟《ひきふね》で、ここから10分ほど歩くと鳩の街で、今は400メートルほどの商店街になっている。

商店街の北の端はもう隅田川の近く。そこからすぐのところに大財界人である大倉喜八郎が1912年に別邸「蔵春閣《ぞうしゅんかく》」を建築した。「蔵春閣」ができた土地は、かつて2000石の旗本ながら大名諸侯を恐れさせたという権力者・中野碩翁《なかのせきおう》の別荘地だった。

「蔵春閣」の内部は豊臣秀吉《とよとみひでよし》の桃山御殿《ももやまごてん》のふすま、杉戸を使い、狩野探幽《かのうたんゆう》の屏風《びょうぶ》も置かれる豪華なもので、海外の賓客を招いたという。

大倉は人間はみな平等という哲学の持ち主であり、どんな商売、国籍の人間とも親しくつきあい、宴会でも座る席は誰でも自由であった。

海外の客の中でも特に親しかったのは張作霖《ちょうさくりん》（中華《ちゅうか》民国《みんこく》初期の政治家）であり、「蔵春閣」の完成時にも張作霖は座敷の戸袋のために精巧な螺鈿《らでん》細工の引き戸を大倉に贈ったという。

大倉は身長153センチにすぎないが、体重55キロ、胸囲が91センチもあり、がっちりした体型で、若々しく、精力絶倫。米寿（88歳）のときでも白髪が少ししかなった。それどころか、80代で子どもを二人もつくったという人物だ。「蔵春閣」でも女中頭の女性との間に男子を儲け、5年後にはまた男子を儲けている。二人の男子は「蔵春閣」でお坊ちゃまとして大切に育てられたという（ただし、二人目の男子は6歳で死亡。砂川幸雄《すながわゆきお》『大倉喜八郎の豪快なる生涯』草思社《そうししゃ》）

戦後は大倉から日本観光企業という会社が買い取り、「大倉」という料亭になる。それが米軍に接収されて米軍高官用の慰安施設「リバーサイド・パレス」になっていた。「千疋屋《せんびきや》」が出張して夜ごとダンスパーティが開かれ、銀座のダンサーや向島のダンス芸者たち

戦前の玉の井の跡。戦争で焼けたが、それでも昔の路地が残っているかのよう

が米軍将校の相手をした。

そもそもが大倉喜八郎の慰安施設だったのだともいえる。その後は船橋《ふなばし》ヘルスセンター（現・ららぽーとTOKYO-BAY）に移築されたというから、ずっと娯楽とのかかわりが深いのである。

普通の女性が働いた鳩の街

さて、鳩の街は戦後すぐにできた街である。玉の井銘酒街の矢内信吾が鳩の街をつくったのだ。最初は5軒だけだったが、周辺には工場が多く、若い男性が多かったので、鳩の街は栄え、1945年7月には業者数が40軒に増え、娼婦も70人に増えた。もちろん鳩の街も最初は米兵用の慰安施設でもあった。

鳩の街も最初は「玉の井」と名乗っていたらしいが、戦争が終わったので、平和の象徴である鳩にちなんで「ピジョン・ストリート」という名前を米兵がつけたからだという噂もある。

しかし、性病の蔓延で米兵が利用しなくなり、1946年にはGHQが公娼制度廃止を日本に命じた。その後、鳩の街は赤線地帯となる。1956年には業者数107軒、娼婦数が315人に増えていた。

戦前は農村から身売りされたような女性がこういう仕事をした

鳩の街商店街の現在。昔懐かしいちり紙がまだ売られていて、なんだか色っぽい

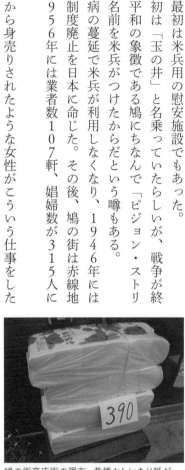

のだが、戦争で男たちが大量に死んだので、戦後の鳩の街では中流階級の女性も働いたらしい。映画の題名は忘れたが、昔見た映画でも世田谷あたりの裕福な家庭の専業主婦だった女性がバーで働く場面があったが、それがどうも鳩の街だったように見えた。こういうことは決して映画のつくり話ではなかったのだ。

1969年の地図を見ると、水戸街道からの入り口横にパチンコ店や、すぐに映画館の「向島金《きん》美《び》館《かん》」があり、映画館の前には「コーヒーエデン」「バーけい」「赤レンガコーヒー」「隅田ホテル」、その裏側には「バーみどり」「バー舞《まい》妓《こ》」などが並んでいる。

奥まで行くと「旅館鈴本」「バー紫苑」「旅館 桜《さくら》井《い》」「旅館松かげ」「バーシェル」「バー白ばら」などが往時を偲ばせる。

鳩の街。バーがたくさんある（出所：『全住宅案内地図帳』1969）

鳩の街ギャラリー

（撮影：なかだえり）

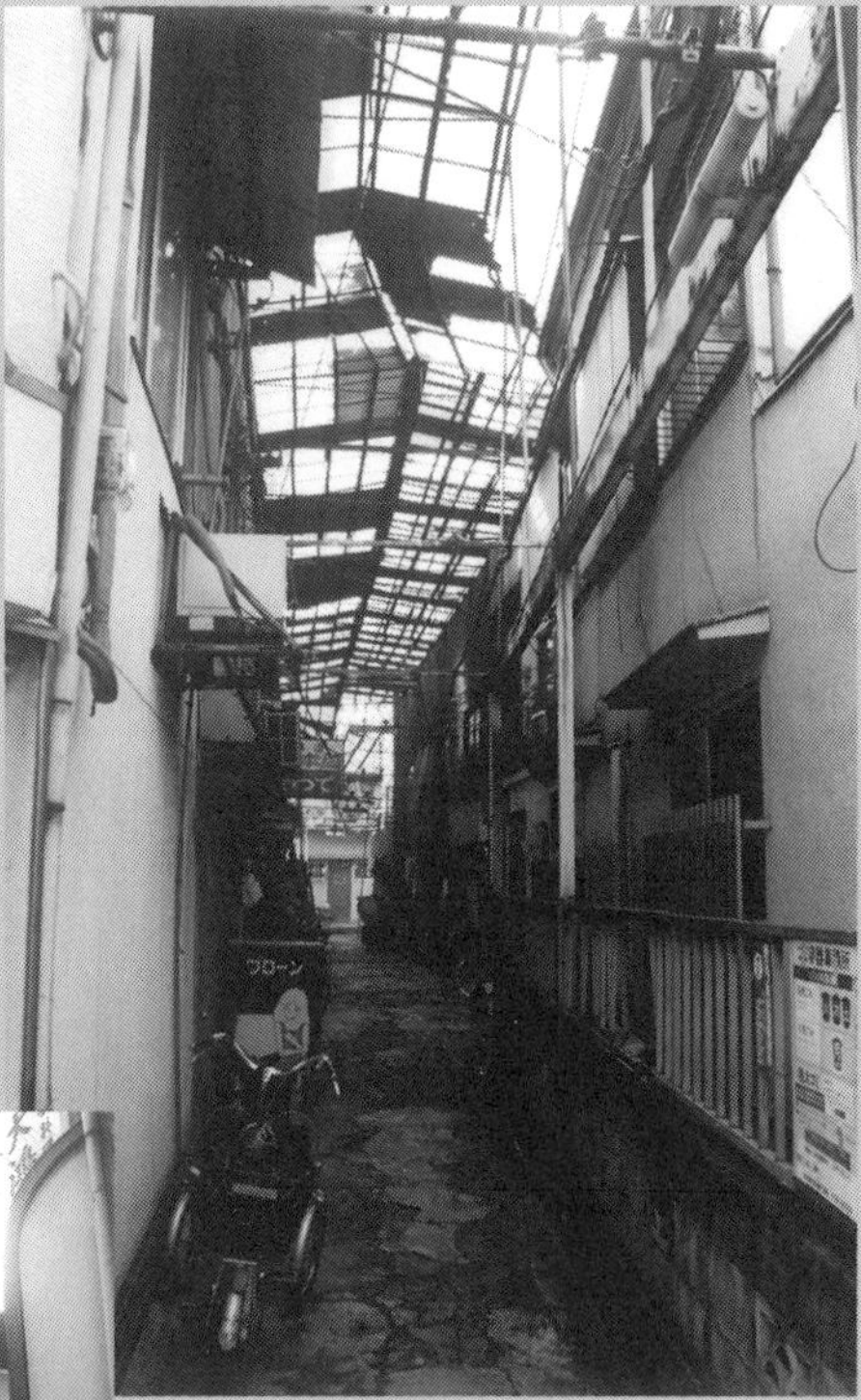

南千住

落語にも出てくるコツ通り遊廓。三ノ輪には幻の銘酒屋街

南千住コツ通りにあった遊廓

千住の宿場というと北千住がメインだが、南千住側、千住大橋の南詰にも江戸時代から宿場があり、飯盛女のいる旅籠屋があった。

その場所は日光街道沿いだろうと思っていたが、はっきりしなかった。だが、あるとき、名人・古今亭志ん朝《ここんていしんちょう》の落語をYouTubeで聞いていたら、今日は吉原に行くかコツ(＝小塚原《こづかはら》)にするかというセリフが出てきて、なるほどと思った。日光街道ではなく、その東側のコツ通りのほうにあったようなのだ。

コツ通りの歴史は古い。徳川幕府ができて、まず日光街道を整備したので、街道沿いには煮売屋《にうりや》(煮魚、煮豆などの惣菜《そうざい》を売る店で、茶屋を兼業することもあった)、茶屋などが多かった。1661年に北千住の千住宿の加宿《かしゅく》となってから飯盛女を置くことが許され、暗娼《くらもの》(私娼のこと)も現れる

ようになって、江戸の岡場所にひとつに数えられるようになったという。

加宿とは主に江戸時代、五街道や脇往還《わきおうかん》（五街道以外の主要街道）において人や馬の交代を行う駅逓《えきてい》事務を取り扱う宿場（宿駅《しゅくえき》）において、人馬が足りない場合、隣接する村を加えて宿場にしたもの。

井原西鶴《いはらさいかく》の『好色一代男《こうしょくいちだいおとこ》』（1682年）には主人公の世之介《よのすけ》が小塚原の茶屋町の暗娼あさりをする場面があるという。天和《てんな》から元禄にかけては江戸の各地に暗娼が激増したので、商売の邪魔になると困った吉原が町奉行に訴状を出すほどであった。

そうした中で、千住小塚原町《こづかはらまち》、千住中村町《なかむらまち》（ともに現・荒川区南千住）の飯盛旅籠も私娼窟として繁盛し、1740年代には千住宿旅籠屋仲間の営業まで圧迫するほどになり、千住5カ町は訴状を提出、小塚原町と中村町に対して旅籠を15軒以上に増やすなと決定された。旅籠1軒につき飯盛女ひとりという規定も守られず、多数の飯盛女を抱える旅籠が多かったため、10軒は取りつぶしとなり、あとの5軒だけが営業することになるという事件もあったという。

しかし、旅籠が減っては本来の伝馬の役割も果たせないということで、旅籠1軒につき飯盛女ひとりという規定を遵守する条件で、1752年には再び15軒の営業が認められたという。だが、女ひとりでは旅籠の営業が難しく、1764年には品川、板橋、千住の宿場でまた女の増員が認められて、といういたちごっこが、その後もずっと続いたようだ。結局、女を売るということが旅籠の経営の一環であるだけでなく、地域振興、税収増加政策になってしまっていたわけである。

神保町の古書店で「南千住赤線」という写真を発見

落語を聞いてからしばらくして、神保町《じんぼうちょう》の古書店で「南千住元赤線」という写真何枚かを発見して購入した。誰か一般の人が撮影したものが売りに出たものらしい。写りはいいので、けっこう高級なカメラで、写真を趣味にしている人が撮影したのではないか。

撮影されている建物は赤線跡といいながら普通の長屋のようなものに見えるが、窓の格子が竹でできており、しかも安い竹なのか、かなり曲がっている。本当に赤線だったかどうかはわからないが、いずれにしろ、一般人が住む家なら竹の格子はつけないだろうから、赤線近くの料理屋などだった可能性はある。

神保町の古書店で見つけた「南千住元赤線」だという写真＊

時代は商業用の小型バイクが写っているので、1958年以降であろう。赤線が制度上なくなったのも1958年だから、その直後か。昔の旅籠屋があったあたりが、戦後は赤線地帯か青線地帯になり、撮影はその直後にされたのではないかと想像

コツ通り遊廓（1971年）
（出所：小沢昭一『珍奇絶倫　小沢大写真館』話の特集、1974）

する。

　もしやと思って本棚にあった小沢昭一の『珍奇絶倫小沢大写真館』（話の特集）を見たら、コツ通りの遊廓の写真が出ていた。古書店で買った写真の様子とは違っていて、もっと遊廓らしい門構えであるが、古書店写真のほうは赤線、もしかして青線だったころだし、遊廓にもいろいろあっただろう。

　写真の1枚には小さな地名看板が映っていたから、拡大してみると、だいたいの場所が推定できた。たしかにコツ通り近くの路地のようである。

　住居表示は戦後だけでも1度か2度変わっているのであてにならないが、いちおう現在の所番

コツ通り周辺。南千住町五丁目と書かれている道がコツ通り。その右に旅館がいくつかあるのが遊廓の跡か？（出所：『全住宅案内地図帳』1962）

地と同じだとして調べてみると、旧町名で千住小塚原町、その北側の荒川沿いの千住中村町であり、コツ通りの東側だったと思われる。

そこで、ある日、私は写真の場所を特定するために南千住に向かった。コツ通りの東側、西側の両方をくまなく歩いたつもりだが、絶対にここだと確信できる場所はなかった。写真は50年以上前だと思うので、建て替わっていておかしくないし、道路も新しく整備中なので、昔の路地が消えている可能性もある。

それより何より、南千住には、この写真のような路地がまだたくさんある！　ということが、赤線だったという場所の特定を難しくしたのである。

それでも、びっくりしたのは、写真と同じ商業用小型バイクが停《と》めてある路地があったことだ。路地の幅もすごく似ている。横には古いアパートがあり、もしかして、これが元赤線の建物かと思われたが、道路に対する建物の角度がかなり違うので、やはり違うのか。もちろん、50年以上前と同

昔と同じように小型バイクがあってびっくり

古書店で見つけた写真と同じような路地がたくさんある

じ場所に同じようなバイクが置いてあるはずはないのだが。

埼玉の入間方面から材木などを運んできた船頭が遊廓で遊んだ

東京都荒川区教育委員会編『荒川区民俗調査報告書4　南千住の民俗』を見ると、1940年ごろの日光街道の地図が載っているが、コツ通りが日光街道と交わるあたりに三味線バチ屋、髪結い、染め物屋などがあり、花街の要素が感じられる。私の見たところ、日慶寺《にちけいじ》の南側が中核だったのではないかと思うが、よくわからない。

材木問屋が川沿いにたくさんあり、そのすぐ南に銭湯があることから、近くに遊廓があったらしいことがわかる。とんかつ「松竹《しょうちく》」はまだある。

路地を入ると、時代を感じさせる黒塀の屋敷もあり、屋根の下（破風板《はふいた》）には鶴の彫り物がある。コツ通りの西側にもちょっとした雰囲気の街区があり、一般民家とは思えない模様の雨戸の戸袋があった。

実際に行ってみると、千住大橋に近いところにも旅館がある。宿場町時代からの流れであろう。また、南千住は18世紀以来、埼玉の入間方面から入間川を下り、川越《かわごえ》経由で材木、穀類、炭、石灰などを運んでくる水運の拠点でもあった。だから、宿屋は必須。千住に着いた船頭たちは遊廓で遊び、「千住女郎衆は　いかりか綱か　今朝も二杯の船とめた」と歌われたという。

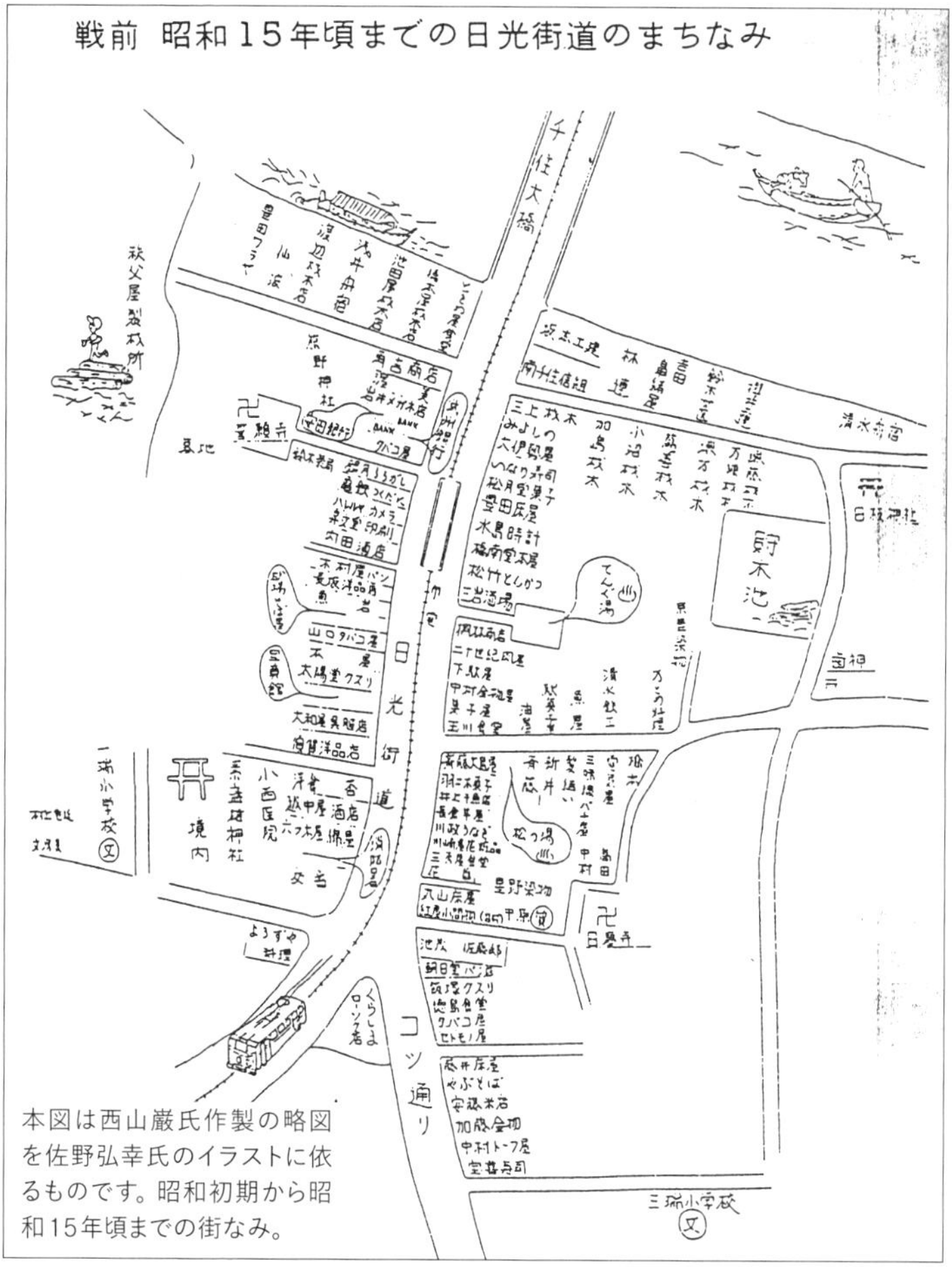

戦前の日光街道からコツ通り周辺
（出所：東京都荒川区教育委員会編『荒川区民俗調査報告書4 南千住の民俗』1996）

粋な黒塀

鶴の彫り物のある破風板

小料理屋風の戸袋

南千住には今も小さな旅館、ホテルが多い

今はホテルかゲストハウスらしい建物にあったステンドグラス。
昔はめられていたものを外してかけてあるのではないか

戸袋に施された
デザインが
ちょっと色っぽい

幻の銘酒屋街

それから、いろいろ本を読んでいたら、三ノ輪の商店街「ジョイフル三ノ輪」の商店街から路地を入ったところも、大正時代には５００軒もの銘酒屋があったという。

もともと、ここは伊勢亀山藩《いせかめやま》・石川家《いしかわ》の屋敷だったそうで、広さは石川家の敷地跡だけで１万坪以上。それに近隣の武家屋敷跡地を合わせると3万４０００坪ほどあったという。

明治政府はそこを鴨取《かもと》り場としたが、追い剥ぎなどが多発する危険なところだったので、政府は１９１５年か１９１６年に鴨取り場を埋めて、「花柳界指定地」として銘酒屋５００軒の営業を許可したというのである。ほかに３００軒の店があったらしい。

当時の『城北《じょうほく》タイムズ』（城北通信社）は、この街の施工者は広大な敷地を存分に使い、「抜け裏路地」をテーマにした城北唯一規模の魔窟・三之輪《みのわ》新開地銘酒屋街を見事に築き上げたとして整然とした町割りを絶賛したという。

たしかに、このあたりは荒川区内としては町割りが整然としている。区画整理事業ではなく、銘酒屋街をつくるために整然とした町割りになったとは面白い。まあ、吉原も洲崎もそうであるが、花街、色街というのは土地が四角く囲まれて、その中に格子状の路地がつくられることが多い。三之輪新開地銘酒屋街もそうだったのである。

こうして、ここは「新開地」「三之輪新開地」と呼ばれて栄えた。千住や小塚原の遊廓で遊んでいた先述した水運の船頭たちも三之輪新開地銘酒屋街に通うようになった。映画館の「三之輪座」もあった。

三之輪新開地の銘酒屋街には「乙女街」「賑わし通り」と書かれた集客のためのアーチ型看板が掲げられ、「ぬけられます」「市電乗り場近道」などの木の看板や電飾看板があったという。夕方になると、幅40センチほどのどぶ板を挟んで向かい合う庇を接した小さな家々に赤や青のほの暗い電球が灯《とも》り、小さな窓から濃い化粧の妖艶な女性の顔が浮かび上がっていたという（三木克彦編著『城北奇譚　幻の銘酒屋街』私家版）。

ところが、開業して数カ月後、建物を残して1軒残らず消えてしまったというのだ！　そのため、地元の人はこれを「幻の銘酒屋街」と呼んだという（風《かぜ》きよし『古今東西　風俗散歩』トランスワールドジャパン）。

おそらく浅草の奥山《おくやま》（浅草寺裏）にあった銘酒屋街同様、東京の近代都市化の中で、都心部にあってはならぬものとして玉の井、亀戸あたりに分散させられたのであろう。

それにしても、たった数カ月で消えるとは、ほかにも何か特別な事情があったのではないかと思わせる。まさに「幻」である。

洲崎

遊廓ができると花火300発、日の丸を掲げて祝った

東京大学が遊廓を移転させた

現在の江東区は江戸時代においても埋立地が広い範囲を占めていた。明治以後も埋め立てによって土地が増えたが、明治時代では洲崎弁天町《べんてんちょう》（現・東陽一丁目）の埋め立てが最も早いものだという。

洲崎弁天町の埋め立ては根津神社門前にあった根津遊廓が当時、本郷に建設が計画されていた東京大学の近くにあるのは問題があるとされ、洲崎に強制移転を命じられたことによる。

移転した洲崎は当時、戸数2戸、人口7人のみで、1170坪の敷地を持つ洲崎神社があるだけだった。元禄時代につくられたが、1791年に高波に襲われて人家がすべて流され、多くの死者を出したため、以後、住むことを禁じられたという土地だ。だが、眺めがよく、春には潮干狩りで賑わったという。

埋め立てが決定したのは1886年。永代橋《えいたいばし》下流や幸橋《さいわいばし》・新橋間、数寄屋橋《すきやばし》下流、大横川《おおよこがわ》などの掘り下げ土砂や新たに着手する源森川《げんもりがわ》（北十間川《きたじっけんがわ》）、大横川、神田川の掘り下げ土砂を使用することとなり、当時、近くにあった石川島《いしかわじま》監獄署（現・中央区佃《つくだ》二丁目）の受刑者を労働力としてあて、埋め立てを開始した。

1887年5月には埋立地は洲崎弁天町と命名されて深川区（現・江東区）に編入。7月1日の開業当日に間に合った貸座敷は二十数軒だけで、残りの貸座敷は夜中も突貫工事中だった。

総理大臣、府知事、警視総監も開業式に

しかも、まわりは土管の埋め立て工事のために土が掘り返され、溝には板が渡

洲崎の様子（喜多川周之・撮影）
（出所：前出『東京・昔と今 思い出の写真集』KKベストセラーズ）

されているだけ。火事を恐れて石油ランプを使わず、すべて電灯を使った文明開化の遊廓でもあったが、最初は電灯もちゃんとつかないので、暗がりで溝に落ちる客も多かったという。貸座敷の壁もまた、塗りが乾かないほどであった。

こうして正式に洲崎遊廓の開業式が挙行されたのは1888年9月15日。それから15日間ほど各種のイベントが行われた。

根津から移転した貸座敷は83軒。娼妓の数は974人。飲食店29軒、その他の店23軒という大規模なものだった。さらに、2年後の1890年には、貸座敷93軒、娼妓1189人に増えたという。

また、1888年には東京市15区が成立し、洲崎埋立地の管理権は東京市が持っていたので、洲崎遊廓の大家さんは東京市ということになった。だから、開業式には来賓として総理大臣・黒《くろ》田清隆《だきよたか》、東京府知事・高崎五六《たかさきごろく》、警視総監・三島通庸《みしまみちつね》も列席した。都民税の多くが貸座敷から徴収されており、娼妓がいなければ警察の予算が足りなくなるとすらいわれており、遊廓もまた公的なものという時代であった。開業式では花火300発が打ち上げられた。貸座敷はどこも軒先に日の丸を掲げ、生き人形や造花で飾りつけた。

人気をさらったのは各座敷から選《え》りすぐった娼妓たちを座敷に並べて見物させた、いわばファッションショーだった。遊廓とはいえ、もの珍しさから女性も子どももこのショーを見に来たという。

洲崎弁天町全図（1928年）
（出所：社団法人地図協会「地図の友」第182号付録『深川区 洲崎弁天町全図』1975）

戦時中の1943年には海軍省によって明け渡しが命じられ、洲崎の遊廓は石川島造船所などの軍需工場に動員された学徒や徴用工の宿舎となった。そのため、洲崎の業者は立川の羽衣町《はごろもちょう》や新吉原、羽田穴守、千葉県の船橋、千葉、館山《たてやま》に分散移転した（そういえば、阿部定は1970年代に東京から館山へのルートの途中にある市原《いちはら》市の勝山ホテルというホテルで住み込みで働いたが、半年ほどして突然、失踪したという逸話がある）。

また、戦後の1956年には芝木好子《しばきよしこ》の小説『洲崎パラダイス』が『洲崎パラダイス　赤信号』（川島雄三《かわしまゆうぞう》監督）として映画化されたことはよく知られている。

洲崎ギャラリー

（撮影：なかだえり）

尾久

お寺が温泉を掘って温泉地になった

2・26事件と同じ1936年の5月20日に起きた阿部定事件

大正から昭和にかけての荒川区は一種の温泉リゾート地だった。始まりは「寺の湯」。1914年に尾久・宮《みや》ノ前《まえ》の碩雲寺《せきうんじ》住職の松岡大機が北豊島《きたとしま》郡尾久村一帯の水が焼酎の製造に適すると考えて、衛生試験場に依頼して水質検査をしてもらったところ、ラジウムが含まれていることが判明したため、温泉を開くことにしたのである。

その「寺の湯」が人気を得て、のちに新築されて「不老閣」と名を変えた。その後、宮ノ前には「保生館」「大河亭」「小泉園」などの料亭つき温泉旅館が開業。尾久は王子電気軌道の開業もあり、温泉街のようになった。

しかし、温泉と料理はあるが女性がいないということで、1922年に芸妓屋と料理屋からなる二業組合の指定を警視庁から受け、その後、待合も加えた三業地となった。

尾久三業地とその周辺。右上に遊園地とテニスコートがあるが、
どんなものだったかは不明（出所：『全住宅案内地図帳』1962）

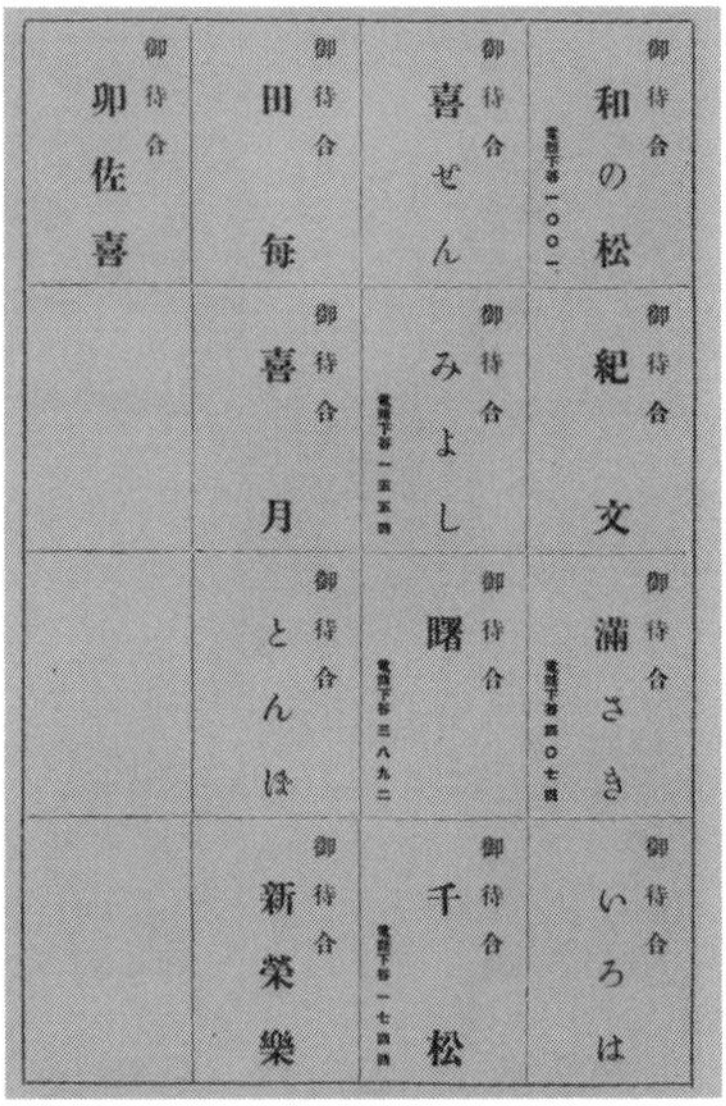

満さきの名前が出た『東都芸妓名鑑』
（出所：前出『帝都復興記念 東都芸妓名鑑』）

その尾久三業地の待合「満《ま》さき」で二・二六事件と同じ1936年の5月20日に発生し、日本中の話題をさらったのが阿部定事件だった。阿部定については私は何度か書いたので、本書では詳しく触れないが、簡単に書いておく（拙著『東京田園モダン』洋泉社）。

事件は、女が惚《ほ》れた男の局所を切って逃走したというもので、男は死亡し、男の左《ひだり》大腿部《だいたいぶ》には「定吉二人」、左腕に「定」という字を斬り、敷布にも「定吉二人キリ」と血で書かれていたという、きわめて猟奇的なものであったため、新聞などで大騒ぎになった。

定は神田の生まれ。少女時代に慶應義塾《けいおうぎじゅく》大学の学生に強姦《ごうかん》されて以来、性の道に走るようになった。石田吉蔵は中野区新井の三業地で料理屋を経営する主人。定が新井にいたときに知り合い、惚れ合った。尾久が三業地をつくるときに参考のために視察に行ったのが新井の三業地だったというのだから、話ができすぎだ。

だが、今はかなり建て替えや改装が進んでおり、料亭や待合の雰囲気を感じることは難しい。

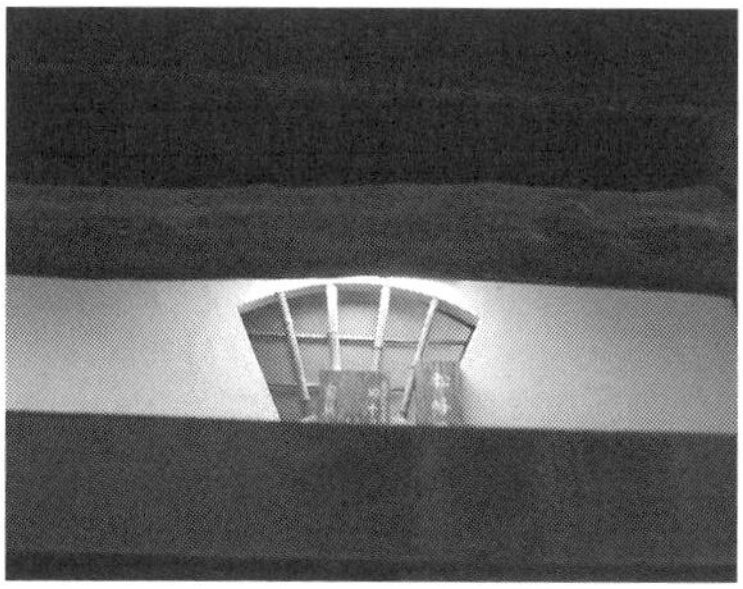

三業地時代のデザインが
建物に残っている

人力車からタクシーの時代へ

ところで、この事件を映画化した大島渚《おおしまなぎさ》監督の『愛のコリーダ』（1976年）では定と吉蔵は人力車で移動する。しかし、これは間違い。1936年当時はもう人力車は廃れており、「円タク」という1円で東京市内ならどこにでも行けるタクシーが普及していたのだ。

60ページで述べたように、1896年から1936年にかけて人力車の数は10分の1以下に減り、対して乗用車の台数は10倍近くに増えている。乗用車の大半はハイヤー、タクシーである。

だから、定に関する文献を読めばわかるが、本当は定と吉蔵もタクシーを乗り回していたのである。尾久と東京駅、品川駅などは近いほうで、二子玉川、練馬の「兎月園《とげつえん》」など、さっとタクシーに乗って、けっこう遠くまで移動したのだ。

もちろん、大島監督がそれを知らないはずはなく、それでも人力車を使ったのは、おそらく情緒を演出するためだったのだろう。

だが、二人がタクシーを次々と乗り回しては東京中の街に行き、性をむさぼるという、まさにスピード・アンド・セックスな感じの映画も見てみたい。

円タクと円宿を使ったデリヘルが戦前にあった

ちなみに、「円宿《えんしゅく》」というホテルも1930年代に増えていたらしい。ひとり1円で時間単位で部屋が借りられるというもので、今風にいうとレンタルルームである（とはいえ、最近は見かけないが)。この円宿が乱立すると、私娼、街娼《がいしょう》がいつでも、どこでも活動できるようになったという。彼女たちは円タクに乗って円宿に向かったというのだ(前出『荷風と玉の井「ぬけられます」の修辞学』)。今の「デリヘル」のようなしくみだ。こういうものが1930年代にあったのだ。永井荷風の『ひかげの花』にも〈五反田の円宿のマスターに紹介してもらって〉女性が私娼になる記述がある(前掲書)。

また、人力車時代には「朦朧《もうろう》車夫」というのがいて、客が人力車に乗ると、頼みもしないのに、「旦那、いいところがありますよ」と連れて行ったそうだ(前掲書)。東南アジアに今もあるものが、日本にもあったのだ。

亀戸

天神様のまわりの料亭と私娼窟

亀戸には城東三業地という花街があった。菅原道真《すがわらのみちざね》公をお祀りしている亀戸天神、創建は1663年。周囲に参拝客目当ての料理店などが出店し、これらがのちの花街形成の由来になったのだ。

1905年に天神裏に三業地が開かれ、1930年時点で芸妓屋89軒、芸妓236人、料亭11軒、幇間4人、待合79軒を数えた。

旧津軽藩屋敷跡地に「亀戸遊園地」

一方、亀戸の赤線はいうと、もともとは関東大震災で焼け出された浅草の銘酒屋業者が玉の井と並んで亀戸にも移転してきたものがもとになっている。

そのまた大本は1906年に旧津軽《つがる》藩屋敷跡地に「亀戸遊園地」と称する行楽地が建設されたものである。遊園地とはいうが、「楊弓処」「楊的処」「碁会所」「料理屋旅館」「造花屋」「新聞縦

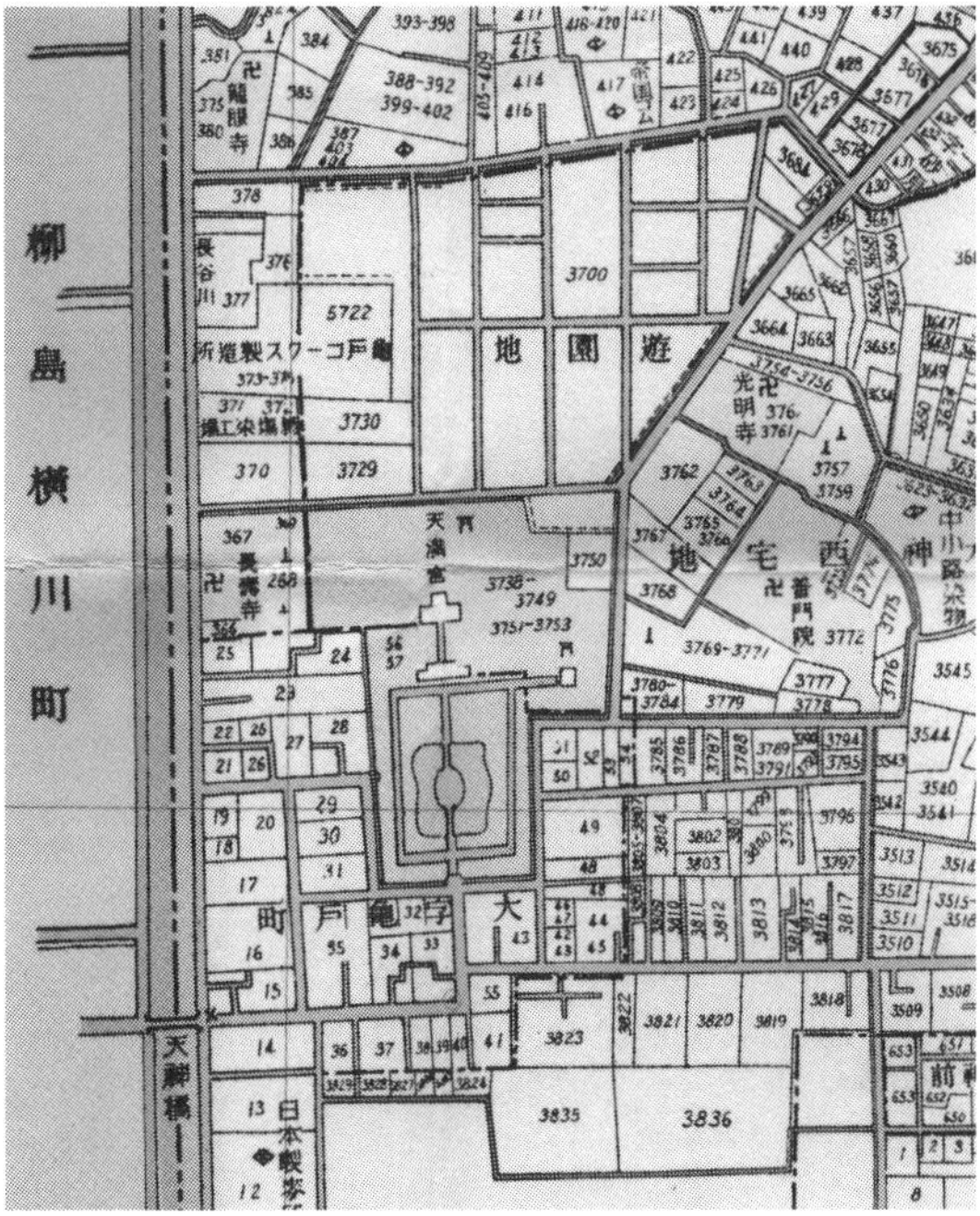

亀戸天神の北側に「遊園地」があるが、これが私娼窟である
（出所：『東京府南葛飾郡亀戸町・大嶋町全図　番地界入』
東京逓信管理局、1911）

城東三業地の料亭

覧所」「銘酒屋」などの営業名で私娼街が形成されたのである。１９１１年の地図には明快に亀戸遊園地が表記されている。

　こうして、震災後に三業地にいた業者と合わせて約８００軒という一大カフェー街が形成され

戦後の亀戸遊園地。真ん中左あたりに亀戸カフェー診療所がある。313ページの地図を反時計回りに90度傾けるとわかりやすい（出所：『火災保険特殊地図』1953）

た。震災から6年後には1000軒以上に膨れ上がり、ピークを迎えた。主な客は周辺の大工場に勤める若い労働者で、簡単に安く遊べるということで、たいそう繁盛していた。

その後、1945年の空襲で焼け野原になったが、すぐに花街もカフェー街も復活。カフェー街は「亀戸遊園地」と名乗り、1958年の売春防止法施行直前で業者89軒、従業婦（元芸妓、娼妓）296人を数えたという。

1000軒のカフェーが密集

現在、三業地のほうはまだたくさん料亭がある。赤線だったほうはマンション、アパート、戸建て住宅などに建て替わっている。

だが、建物は当時のものではないと思うが、赤線時代とシルエットが似ているアパートが並んでいるところもあった。

ただし、いくらなんでも、ここに1000軒のカフェーがあったにしては敷地が狭すぎると思うが、どうだろう。1坪くらいの店が並んでいたのだろうか。

赤線跡を隅々まで歩いていると、1軒だけどうも元カフェーかなと思われる建物があった。上のほうがアーチ状になった窓が並んでいて、柱などにタイルが貼られているのだ。こういうデザインは赤線地帯にありがちなものだ。

そのすぐ近くには、古いそば店、その並びにはやはり古い薬局や喫茶軽食の店があり、往時の

古本で見つけた亀戸の赤線地帯の写真(上)と現在(下)。
建物は建て替わったと思うが、似たようなつくりだ
(出所:酒井潔『第四編 日本歓楽郷案内 改訂版』竹酔書房・談奇群書、1931)

これが赤線時代の
カフェー跡か

歴史のありそうなそば店

風情を残している。

緑色の窓枠のガラス窓の理髪店もあったが、これと似た外観の店が鳩の街にもあったことを思い出した。鳩の街の店が理髪店だったのか、亀戸の理髪店がもともとカフェーだったのか、それともその後に改築したのかは知らないが。

また、赤線跡の北側の天祖神社に亀戸遊園地の玉垣があると書いてあるので見に行った。たしかにあった。ついでに城東三業組合の玉垣もあった。昔の映画を見ると、芸者さんや置屋のおねえさんが神社にお参りをする場面がよくあるが、花街の人は神社に願いごとをするのが習わしなのだろうか。あるいは、神社に寄進して玉垣に名前を入れてもらうのも、どこの三業地でも同じなのだろうか。

じっくり見てみると、赤線時代の名残は見つかるのだな、と感心しながら帰路につき、亀戸名物「船橋屋《ふなばしや》」のくずもちを食べて駅に向かう。

亀戸様式があるのか？

亀戸天神の近くの商店街には戦前らしい看板建築の商店が並んでいるが、実に色が派手だ。もともとあったものに着色したのか、新たにつくったのかは知らないが。

昭和の商店街というと、茶色というかセピア色の雰囲気を思い浮かべる人が多いだろうが、実際にできたばかりのときは、このように原色に近い派手なものも多かったのだろう。

何しろ、江戸から東京に変わるモダンな都市に変貌することを、こうした商店も表現しようとしたはずだからである。

駅前に近づくと、有名な「亀戸餃子《ぎょうざ》」で餃子を食べる。メニューが餃子と酒類だけという店だが、有名な店だ。

腹いっぱいになったところで、駅に向かう。右手にビルが見える。なんとアーチ状の窓が並び、タイルではないが、横が茶色である。先ほどの赤線時代の名残の建物と似ているじゃないか。まさか赤線を意識したのではあるまいが。奇妙な偶然があるものである。

天祖神社の玉垣

カラフルな看板建築を残した地域

駅前のビルもアーチ状の窓が並んでいた

第八章　郊外

八王子

ユーミンの出身地は花街と遊廓の町でもあった

飯盛り旅籠が横山宿と八日市宿にかけて十数軒できた

八王子《はちおうじ》というと、今は大学の街というイメージだろうか。駅でいうと高尾《たかお》方面になるが、江戸時代以前は八王子城という城があり、北条《ほうじょう》氏が支配していたが、北条氏が豊臣秀吉に滅ぼされ、1590年に八王子城は落城した。

その後、八王子は甲州街道の宿場町となる。1652年には「宿駅」という江戸時代の重要な拠点となった。これは幕府の貨物を無料で運ぶための駅であった。

横山《よこやま》、八日市《ようかいち》、八幡《はちまん》、八木《やぎ》など15の宿場ができた。中心は横山と八日市で、甲州街道大通りといわれた。今もそこが八王子市街地の中心である。

そして、旅人のために飯盛女という名前の売春女性が1718年に許可されて、その後を飯盛女を置く宿屋「飯盛り旅籠」が横山宿と八日市宿にかけて十数軒できた。ただし、実際は許可されていない宿屋でも同様のことが行われていた。
また、飯盛り旅籠は遊廓のように囲われた地域にあるのではなく、街道沿いに点在していた。１カ所に集中すると、宿場全体が儲からないからである。

日本一のネクタイ産地

八王子は明治以降は絹織物の街として栄えた。ユーミン（松任谷由実《まつとうやゆみ》）が八王子の荒井《あらい》呉服店の娘だということはファンなら知っているだろう。宿場では絹織物のほか、紙、麻、木綿織物、塩、薪《まき》などが売られ大変に栄えた。

また、八王子周辺で生産された生糸、それが織られた反物、着物、ハンカチーフなどが国内のみならず横浜から海外に輸出され、外貨を稼いだ。１９２１年には八王子の織物生産は最高潮に達し、生活のモダン化に合わせて日本一のネクタイ産地となった。

１８７８年の内国勧業博覧会には八王子から40人が参加、３人に優秀賞が授与された。１８８６年には八王子織物組合が結成。１８９０年の内国勧業博覧会では小川時太郎が出品した綾糸織《あやいとおり》が一等有功賞《ゆうこうしょう》を受賞するなど、その技術力において八王子の織物は高い評価を得たのだ。

儲かった織物業者たちが夜ごと集まり、料亭で芸者を呼び、遊び、接待をした。こうして八王子に花街が発展した。

大正時代には芸者数２００を超え、１９５２年には料亭45軒、芸者２１５人であり、１９６０

年ごろまで繁栄が続いた。その後、次第に衰退していくが、最近はまた新しい芸者さんが増えて勢いを盛り返している。

口絵の八王子の芸者さんの写真は、2017年の八王子まつりの様子である。芸者衆を乗せた「にわか山車」と呼ばれる赤い車が街中を巡行したり、山車の上に乗ったまま芸を披露するのだ。アニメ映画『千《せん》と千尋《ちひろ》の神隠し』（2001年）のようで実に幻想的であり、全盛期の八王子花街の華やかさを偲ばせるものである。織物業や呉服店なども、さぞ栄えたのだろうと、歴史を実感できる素晴らしい祭りであった（拙著『娯楽する郊外』柏書房）。

米兵が1キロメートル行列した

一方、飯盛り旅籠は1874年には「貸座敷」と名を変えた。1894年には正式に

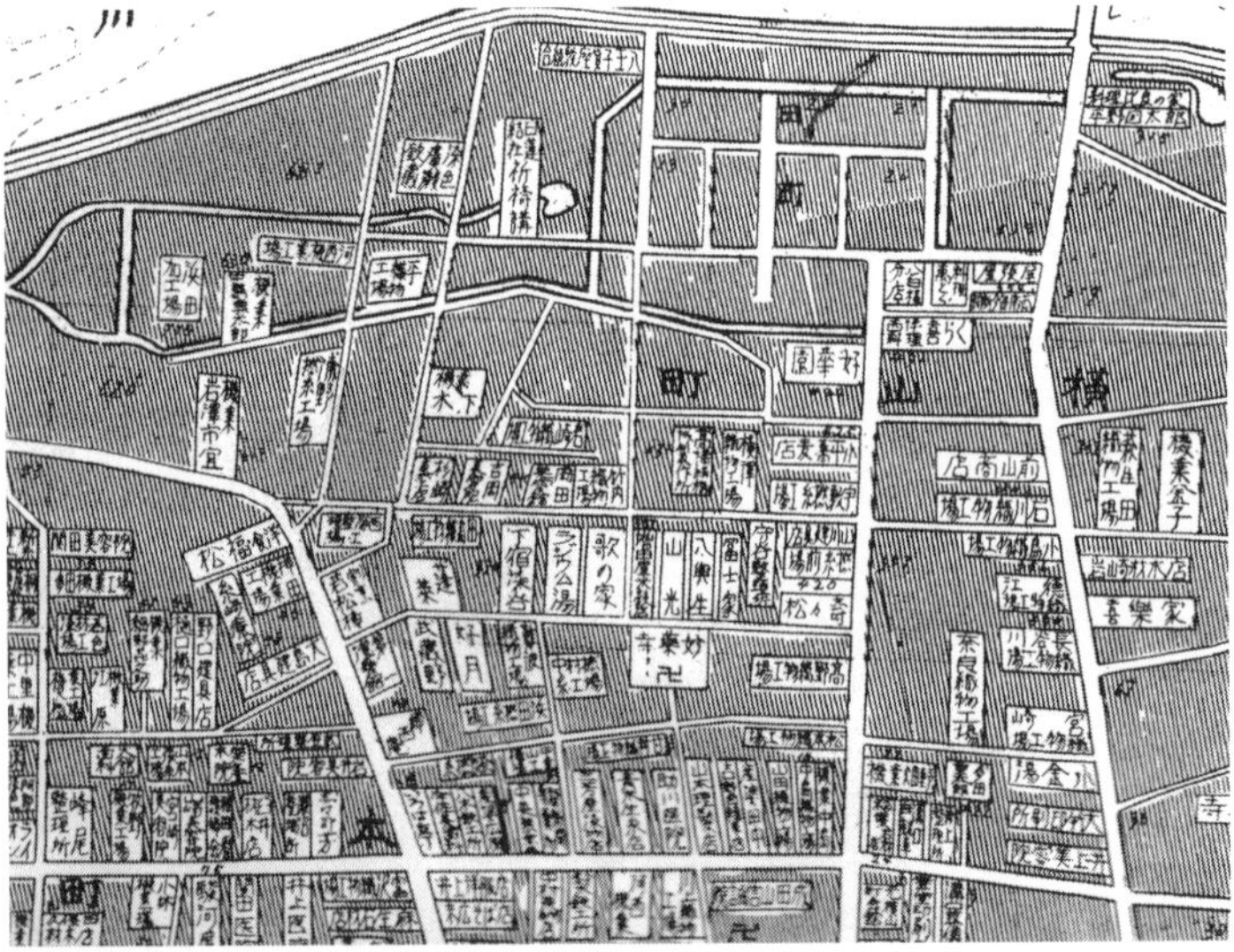

昭和初期の八王子。上のほうに田町がある（1930年ごろ）
（出所：前出『昭和前期日本商工地図集成 第1期』）

「八王子遊廓」と指定されて不夜城のように栄えた。

　貸座敷の収入は八王子の税収を潤わせた。1891年の税収のうち、なんと29％が貸座敷によるものであった。

　だが、1897年に大横町《おおよこちょう》から火事が出て遊廓は焼失した。そこで遊廓は元大横町の田んぼをつぶした土地に移転した。これが「田《た》町《まち》遊廓」であり、遊廓らしく1地域に限定された。貸座敷の数は14～20軒。娼妓は100人ほどだった。

　昭和初期（1930年ごろ）の地図を見ると、ほぼ長方形の遊廓の南側に料理屋「萬とく」「西洋料理喜らく」「好華園」「小平蕎麦店《こだいらそばてん》」「寿々松」「歌の家」「蓬莱《ほうらい》」「洋食福松」「好月」「割烹若松楼」などの飲食店らしき名前が見え、それと交じって織物工場、絹機械製

田町遊廓跡（2017年8月）

作所、機業工場、撚糸《ねんし》工場などが多数見える。

そして、第2次世界大戦後の一時期にはRAAが設立され、遊廓は米軍軍人によって独占された。とはいえ、米兵相手に売春をするとは知らずに集められた女性も多い。自国の女性を使ってこうしたことをした日本政府が占領国で他国民の女性を使って同じことをしなかったとは思えないが、どうだろう。

2000年代の田町遊廓跡（撮影：なかだえり）

米兵たちはトラックに乗って遊廓にやってきて、遊廓から八王子駅北口までの1キロメートルほどに及ぶ行列をなしたという。

2年前に訪ねた田町には元遊廓と思しき廃墟《はいきょ》のような建物がひとつ残り、その隣に、これも元遊廓なのだろうか、木造建築をリノベーションした「カキノキテラス」というカフェができて、普通の女性客などで繁盛している。

女性の悲しい歴史の上に新しい時代がある。

立川

「夜の市長」がつくった街

戦争中は洲崎遊廓の疎開地だった

立川は軍が航空部隊の基地とするために北多摩《きたたま》郡立川村、砂川《すながわ》村で土地を買収し、1911年に広さ45万坪の立川飛行場ができたのが近代都市化の始まりだ。

飛行場は1933年まで軍用としても民間飛行場としても利用される「東京国際空港」でもあった。その後、民間飛行機は羽田に移り、立川は軍専用となった。

軍によって発展する北口に対して南口の開発は遅れていた。立川駅には1930年まで北口しかなかったのだ。南武《なんぶ》鉄道（現・南武線）が開通してから南口ができたのである。

南武鉄道と地元農民によって1940年に土地の整理事業が完了。整然とした区画に高級な住宅地ができ、商店が並んで南口銀座が誕生した。

南口では1928年に錦町《にしきちょう》一丁目に二業地ができた。その後、羽衣町にも二業地ができて花街としても発展した。錦町のほうは「錦町楽《らく》天地《てんち》」、羽衣町のほうは「羽衣新天地」といわれた。

「羽衣新天地」は江東区の洲崎の遊廓の一部の疎開先としてつくられたもので、錦町方面と羽衣町方面の分岐点には「多摩川遊楽地」という看板があったらしい（加藤政洋『敗戦と赤線　国策売春の時代』光文社《こうぶんしゃ》新書）。羽衣町は遊廓とはいえ、当時は物資が不足していたので屋根が杉の皮だった。そのため、「羽衣新天地」は「すぎっかわ」とも通称されていたという（ただし、警視庁が作成した映画『赤線』を見ると、瓦葺《かわらぶ》きの平屋の民家に見えるが）。

闇市と基地の時代

戦後は立川の飛行場の従業員は全員が解雇され、市の人口は半減した。市内には失業者

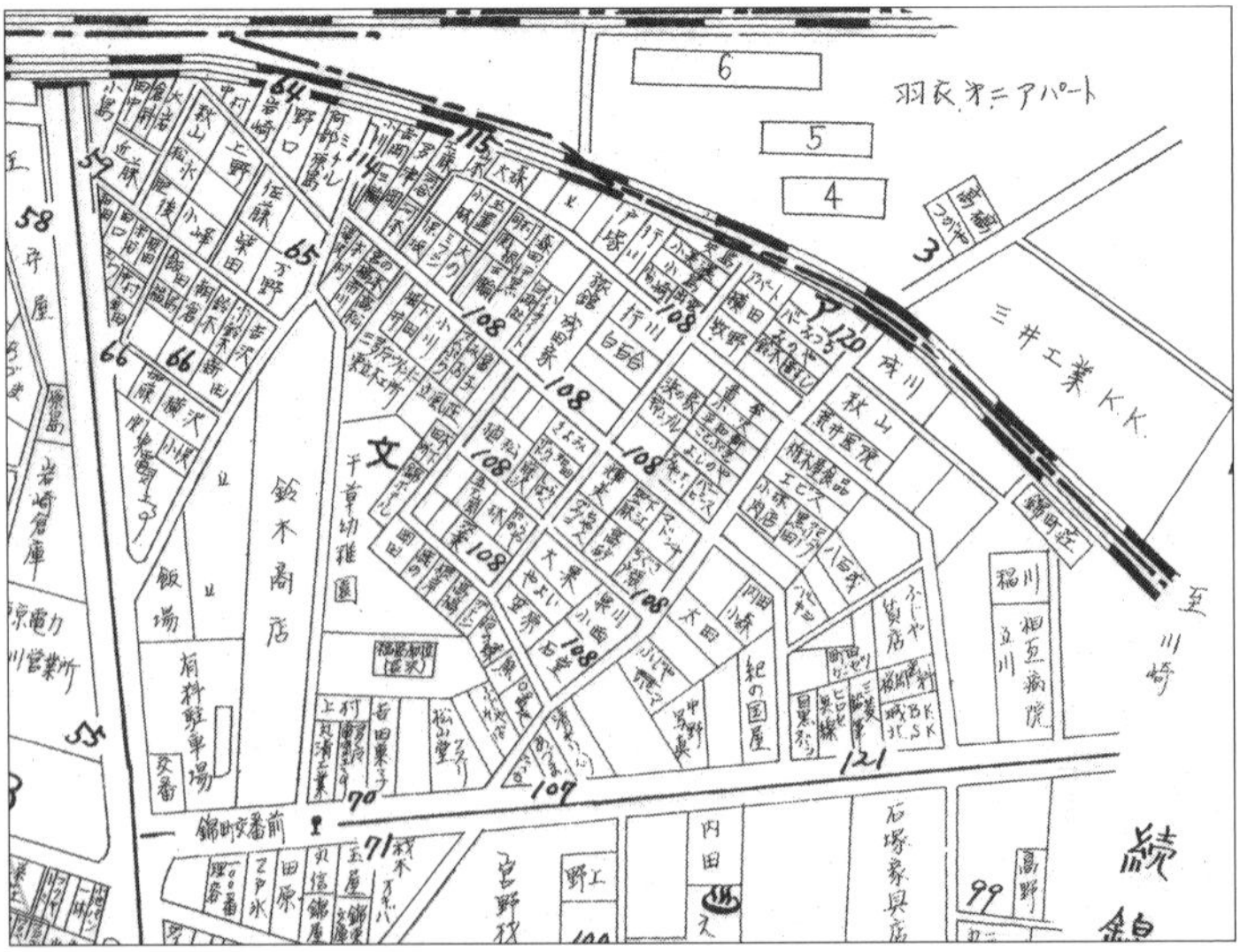

羽衣新天地（出所：『全住宅案内地図帳』1962）

最近の羽衣新天地

があふれた。

そこに米軍が進駐してきた。立川周辺の米軍基地群で働く日本人は約2万人。うち立川基地だけでも1万2000人であり、市内の全従業員数を上回った。

日本軍が貯蔵していた物資や米軍からの横流し品が街頭に現れ、駅北口の広場から高松《たかまつ》通りにかけて、ずらっと露店が並び、闇市が形成された。遊廓も接収されて、日本人は行けなくなった。

米兵相手に夜の女性も増えた。高松町《たかまつちょう》、曙町《あけぼのちょう》、富士見町《ふじみちょう》、錦町、柴崎町《しばさきちょう》などに「洋娼《ようしょう》」のためのハウスが300軒以上、ホテルが約60軒、ビヤホール、バー、キャバレーが100軒以上できた。曙町、錦町には白人兵、「羽衣新天地」には黒人兵が通った。

洋娼たちはショートタイム・ハウスに住む者、専属のホテルに住む者、「バタフライ」と呼ばれるフリーの女性、特定のひとりの米兵を相手にする「オンリー」などがいて、バタフライだけで3000人、その他を合計すると5000人の洋娼がいたらしい。

洋娼たちが着る洋服の需要で洋服店は儲かった。それから、家具店も儲かった。洋娼が出入りする店から毎日のようにダブルベッドやカーテンの注文が入ったからである。

西立川《にしたちかわ》駅のほうには車に乗ったまま映画を見る野外劇場もできた。当時は珍しかったピザを出す店も多かった。

ダンサーが100人いたキャバレー立川パラダイス

キャバレーの代表は中野喜介《なかのきすけ》が曙町につくったキャバレー「立川パラダイス」だ。中野は「夜の市長」という異名を持つ地元の有力者だった。

中野は旧陸軍将校宿舎を借りて全国から370人の女性を集めた。兵隊ではなく将校が行く店でもあった。ダンサーだけで100人ほどいたが、ダンサーの中にも洋娼になっていく者も多かった。

ほかのキャバレーも、女性が200人くらいいる大規模なものが多かった。富士見町に「モナコ」、高松町に「VFW」「シビリアンクラブ」、そのほか、「ゴールデンドラゴン」「セントラル」「グランド立川」「サンフラワー」など。競輪場通りには「娘ビヤホール」という大きなビヤホールもあった。

ジャズバンドが入るクラブも、いくつかあった。ジョージ川口《かわぐち》、小野満《おのみつる》、松本英彦《まつもとひでひこ》、江利《えり》チエミ、フランキー堺《さかい》ら、戦後日本を代表する多くのミュージシャンが、それらのクラブで演奏したという。

新丸子

へちま風呂と百畳敷きの大広間で有名

ナマズの蒲焼きが高級料理として有名

東急東横《とうよこ》線、目黒線の新丸子《しんまるこ》駅の東側は多摩川べりの歓楽街として栄えていた。だからか、今も新丸子駅前は武蔵小杉《むさしこすぎ》とは違って庶民的でホッとする。昭和らしい喫茶店もある。

多摩川には今は当然、堤防があるが、1920年まではなかった。丸子《まるこ》の渡しの周辺には河原が広がっていて、90軒ほどからなる青木根《あおきね》という集落があった。

船着き場の横には松原《まつばら》通りという道があり、それに沿って商店が立ち並んでいた。その中に「鈴半」という料理屋兼旅館があった。

「鈴半」は屋形船を4艘《そう》持っており、客を乗せて船を出し、鮎を投網で取って七輪で焼いて食わせたという。また、ナマズの蒲焼きも高級料理として有名であり、東京のお金持ちや会社の接待客が訪れたが、地元の人々はほとんど利用できなかったという。

新丸子三業地（1975年）
（出所：羽田猛『写真で綴る中原街道と周辺の今昔』私家版、2009）

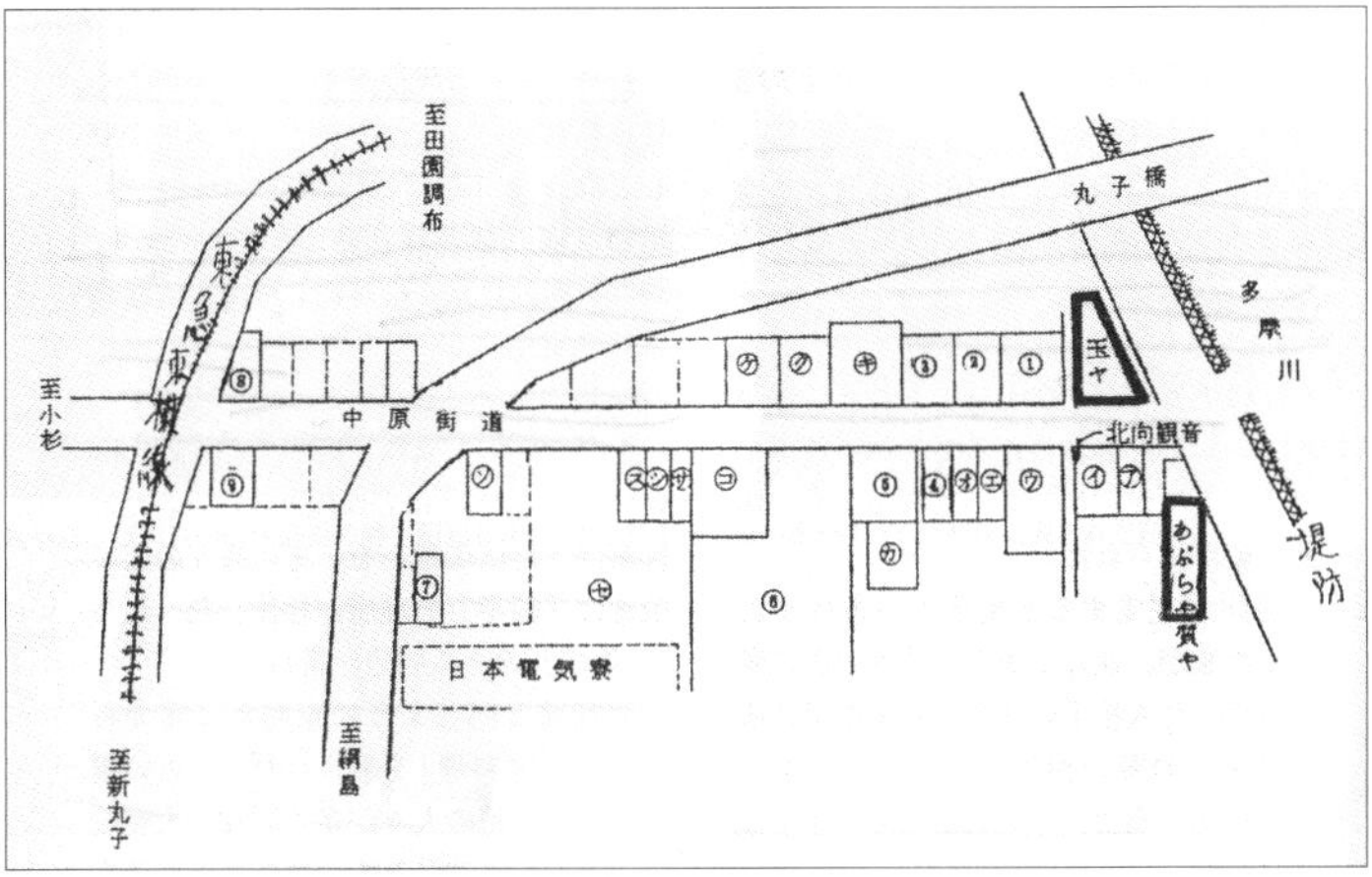

丸子橋周辺（1920年ごろ）（出所：同前）

堤防ができると、青木根の集落は堤防の西側に移転したが、商売をやめた店も多かった。その代わりに新しい店ができたが、そのひとつが「丸子園」である。地図でいうと、日本電気寮《にっぽん》の上の「セ」にあたる。

へちま風呂が話題に

「丸子園」は1924年にできたもので、3000坪の敷地を持っていた。百畳敷きの大広間と大浴場があり、庭には離れが散在していた。離れにはそれぞれ風呂があり、「へちま風呂」と呼ばれて京浜間《けいひんかん》に名を知られた。客が着る浴衣がへちま柄であり、みやげにはへちまの形の容器に化粧水を入れたものをくれたからである。

中原《なかはら》街道を東京に向かえば五反田であるが、「丸子園」は西郊では五反田にあった料亭の「松泉閣」と双璧であるといわれた（前出『全国花街めぐり』）。

「丸子園」の経営者の大竹静忠《おおたけしずただ》は裸一貫からスタートし、パン店を始め、日露戦争後は築地に「大竹製菓工場」を設立。関東大震災後には荏原郡六郷《ろくごう》村（現・大田区）に第2工場を建てた実業家だという。

丸子多摩川の花火大会を始めたのも大竹だった。1925年に出身地の三河《みかわ》（愛知県東部）から三河花火の職人を呼んで始めたのだ。

1929年から東京急行電鉄に引き継がれ、1967年まで続き、多摩川の夏の風物詩として

丸子園の表玄関と
へちま風呂（1935年）
（出所：同前）

丸子園の百畳敷の大広間（出所：同前）

三業地にあったビリヤード場。333ページの地図の㋘（1969年）（出所：同前）

親しまれた。１９７2年からは川崎市が政令指定都市になったことから川崎市制記念行事となった。現在は二子橋下流の河川敷で8月に花火の打ち上げが行われている。

「丸子園」が開店したのと同時期に「菊ノ家」「もみじ」などの料亭、「玉屋」「鈴半」「柏屋」「三好屋」などの飲食店が開店するなど店舗が増加し、新丸子には三業地ができた。１９４５年の大空襲でほとんどが全焼。戦後に復活し、１９６０年ごろには最盛期を迎えて25軒ほどの料亭が営業し、芸者は１００人を数えたというから、けっこうな繁栄ぶりだったのだ。

しかし、「丸子園」は戦争のため、１９４１年に土地を日本電気（ＮＥＣ）に買収され、３代で終わった。日本電気では母屋を独身寮に、離れを家族寮として活用したが、１９６８年に鉄筋のビルに建て替えた。平成に入ってから売却され、駐車場や14階建ての高層マンションなどに変わったという。

（文中敬称略）

おわりに
花街、遊廓、赤線跡地が醸し出す「引力」の正体

東京という都市は、調べても調べても尽きることのない歴史を持っている。それを調べ続けるのが楽しい。その中でも花街、遊廓、赤線跡地といったものは、最も多くの人々の興味を引く場所であろう。

もちろん、それはまずもって助平心のためであるが、仮にそれがなくても、都市の歴史を調べるにあたって、これほど多くの事例があり、多様な形態があり、そして生身の人間にかかわる場所はほかにそうない。

都市を構成する要素だからといって、青果店や鮮魚店を調べようと思っても、そもそもほとんど資料がないし、かつて青果店があった場所を訪ねて面白いかどうかはわからない。やはり、料亭とか温泉とかの娯楽の場所でないと興味がわかない。

それと重要なのは、今そんなことをいうのは顰蹙《ひんしゅく》ものであるが、花街、遊廓には、今でいうIR（統合型リゾート）に似ていて、地域振興の役割があったという点である。だから、花街、遊廓

の周辺には、飲み屋、酒店、銭湯、呉服店、染物店、三味線店、茶屋、布団店、たばこ店、小間物店、あるいは芝居小屋、寄席、映画館、劇場など、さまざまな業種の店がそろった。現在は料亭や待合などがなくなった地域でも、周辺の店は残っていることがある。それらを見るとなぜか私は強い哀切の念を感じるのだ。それはおそらく花街などにはどうしても貧困という問題が絡んでいるからである。

私は日本の古い映画を見るのが好きでよく見るが、それらの映画の中の女性はだいたい芸妓、娼妓、カフェーの女給、バーのホステス、妾などを演じている。そうでなければ貧乏な家の女房である。女性が自分で働いて稼ぐとなると今でいう水商売、風俗の世界しかなかったのだ。働かなくていいのは武士か大商人のお嬢さまだけ。しかし、お嬢さまは自由に好きな相手とは結ばれない。そういう古い映画を見て、その時代、社会に関する本を読むと、映画がまったくのフィクションではなくて、かなり現実を忠実に描いていることがわかる。

今からは想像もできないような苦労が昔はあったし、だからこそ厚い人情や堅い義理、あるいは愛憎、悔悟、怨念などのさまざまな濃い感情があった。そうした感情を追体験するのも花街、遊廓、赤線跡地を歩くことの意義だろうと思う。

最近は若い女性でも遊廓跡などを訪ねることが流行しているようであるが、ただ歩くだけでなく、ぜひ昔の映画を見たり、本を読んだりして社会や女性の歴史を知るようにしてほしいと思う。

かくいう私は、次は貧民窟跡を訪ね歩こうと思っている。貧民窟というと言葉がきついが、大正時代には「不良住宅地」と呼ばれて、住宅政策の中で大きな課題となった地域である。遊廓、赤線跡地はしばしばこうした不良住宅地とも近い場所にあるので、すでにいくつかは見てきた。多くは公営住宅などが建っているのだが、なかには戦災で灰燼《かいじん》に帰したのち、民間により乱開発されたような住宅地がある。

ところが、こうした住宅地が、今見ると、なぜかとてもよい雰囲気を醸し出しているのである。安い住宅には違いないが、生きられた場所としての温かさがあるのだ。むしろ最近の新築住宅の表面的な小ぎれいさのほうが、よほど安っぽい感じがする。だとしたら、人間にとって家とか街とか住むとかいうことはどういうことなのかと、考えてしまうのだ。

最後になったが、本書の編集にあたっては畑祐介氏に大変お世話になった。過去20年間に撮影した（当初はデジカメではない）膨大な写真や資料は、あまりきちんと整理されていなかったので、ここから適切な写真や図版を選び出して配置するのは楽しくもあったが、かなり面倒であった。だが、鉄道と地図のおたくである畑氏の熱心な作業によって本書は完成した。コピーしてきた地図などをデジタル化するうえでは私の会社の鶴田美音さんに何度も細かい作業をしてもらった。また、なかだえりさんには貴重なお写真を多数お借りした。どうもありがとうございました。

2021年3月

三浦　展

参考文献

◉**書籍**（**著者名五十音順**）

青木宏一郎『明治東京庶民の楽しみ』中央公論新社、2004

秋谷勝三『品川宿遊里三代』青蛙選書、1983初版、2013新装版

伊井春樹『小林一三は宝塚少女歌劇にどのような夢を託したのか』ミネルヴァ書房、2017

五十嵐泰正『上野新論　変わりゆく街、受け継がれる気質』せりか書房、2019

池享、櫻井良樹、陣内秀信、西木浩一、吉田伸之編『みる・よむ・あるく　東京の歴史4　地帯編1　千代田区・港区・新宿区・文京区』吉川弘文館、2018

伊藤裕作企画・構成『線後を彩った女たち　その30年史　性風俗縮刷版』双葉社、1987

伊奈正司『やけあと闇市　野毛の陽だまり　新米警官がみた横浜野毛の人びと』ハーベスト社、2015

稲葉佳子、青池憲司『台湾人の歌舞伎町――新宿、もうひとつの戦後史』紀伊國屋書店、2017

井上章一、三橋順子編『性欲の研究　東京のエロ地理編』平凡社、2015

井上理津子『さいごの色街　飛田』新潮文庫、2015

今川勲『現代棄民考　「山谷」はいかにして形成されたか』田畑書店、1987

岩下哲典『権力者と江戸のくすり　人参・葡萄酒・御側の御薬』北樹出版、1998

岩田正美『貧困の戦後史　貧困の「かたち」はどう変わったのか』筑摩選書、2017

岩永文夫『江戸色街散歩』ベスト新書、2013

岩永文夫『フーゾク進化論』平凡社新書、2009

宇野浩二『文学の三十年』中央公論社、1949

宇佐美ミサ子『宿場と飯盛女』同成社江戸時代史叢書6、2000
海野弘『江戸の盛り場』青土社、1995
逢阪まさよし＋DEEP案内編集部『「東京Deep案内」が選ぶ　首都圏住みたくない街』駒草出版、2017
大林清『玉の井挽歌』青蛙選書、1983初版、2018新装版
岡崎柾男『洲崎遊廓物語』青蛙選書、1988初版、2013新装版
荻原通弘、木村英昭編著『赤羽駅前ピンクチラシ　性風俗の地域史』彩流社、2018
奥須磨子、羽田博昭編著『都市と娯楽　開港期〜1930年代』日本経済評論社・首都圏史叢書5、2004
奥田博昭『遊廓跡の司法研究室　ある司法浪人の記録』社会思想社、1992
長田昭『アメ横の戦後史　カーバイトの灯る闇市から60年』ベスト新書、2005
小沢詠美子『江戸ッ子と浅草花屋敷　元祖テーマパーク奮闘の軌跡』小学館、2006
小沢昭一、永六輔『色の道　商売往来　平身傾聴　裏街道戦後史』ちくま文庫、2007
小沢昭一『珍奇絶倫　小沢大写真館』話の特集、1974
小野常徳『アングラ昭和史　世相裏の裏の秘事初公開』南出版部発行、秀英書房発売・南風叢書、1981
風きよし『古今東西　風俗散歩　歩いて知る日本の大衆文化史』トランスワールドジャパン、2012
加藤藤吉『日本花街志　第一巻　情怨百年史　紋章の研究』四季社、1956
加藤政洋『花街　異空間の都市史』朝日選書、2005
加藤政洋『敗戦と赤線　国策売春の時代』光文社新書、2009
鏑木清一『秘録　昭和のお吉たち　進駐軍慰安作戦』番町書房、1972
上村敏彦『東京　花街《かがい》・粋な街』街と暮らし社、2008

上村敏彦『花街《はなまち》・色街《いろまち》・艶《つや》な街《まち》　色街編』街と暮らし社、２００８
川本三郎『荷風と東京　「断腸亭日乗」私註』上・下、岩波現代文庫、２００９
神崎清『戦後日本の売春問題』社会書房・現代新書、１９５４
神田孝治『レジャーの空間　諸相とアプローチ』ナカニシヤ出版、２００９
金富子、金栄『植民地遊廓　日本の軍隊と朝鮮半島』吉川弘文館、２０１８
木村聡『色街百景　定本・赤線跡を歩く』彩流社、２０１４
木村聡写真・文『赤線跡を歩く　消えゆく夢の街を訪ねて』自由国民社、１９９８
銀座社交料飲協会『銀座社交料飲協会八十年史　銀座　酒と酒場のものがたり』銀座社交料飲協会、２００５
草間八十雄著、磯村英一監修『近代下層民衆生活誌　Ⅱ　娼婦』明石書店、１９８７
草間八十雄著、磯村英一監修、安岡憲彦責任編集『近代都市下層社会　Ⅰ　売笑婦　寄子　被差別部落　水上生活者』明石書店、１９９０
倉橋滋樹、辻則彦『少女歌劇の光芒　ひとときの夢の跡』青弓社、２００５
小林大治郎、村瀬明『みんなは知らない国家売春命令』雄山閣、１９６１初版、２００８新装版
小谷野敦『日本売春史　遊行女婦からソープランドまで』新潮選書、２００７
今和次郎編纂『新版大東京案内』復刻版、批評社、１９８６
齊藤俊彦『人力車の研究』三樹書房、２０１４
佐賀朝、吉田伸之編『シリーズ遊廓社会２　近世から近代へ』吉川弘文館、２０１４
酒井潔『第四編　日本歓楽郷案内　改訂版』竹酔書房・談奇群書、１９３１
佐々木勝、佐々木美智子『日光街道　千住宿民俗誌　宿場町の近代生活』名著出版、２０００
笹山敬輔『幻の近代アイドル史　明治・大正・昭和の大衆芸能盛衰記』彩流社・フィギュール彩、２０１４

佐藤健二『浅草公園　凌雲閣十二階　失われた〈高さ〉の歴史社会学』弘文堂、2016
塩見鮮一郎『吉原という異界』河出文庫、2015
塩満一『アメ横三十五年の激史』東京稿房出版、1982
式場隆三郎、藤森照信、赤瀬川原平、式場隆成、岸武臣『二笑亭奇譚　五〇年目の再訪記』求龍堂、1989
芝木好子『洲崎パラダイス』集英社文庫、1994
嶋田直哉『荷風と玉の井「ぬけられます」の修辞学』論創社、2019
下川耿史編『性風俗史年表　1945‐1989　昭和［戦後］』河出書房新社、2007
謝黎『チャイナドレスをまとう女性たち　旗袍《チーパオ》にみる中国の近・現代』青弓社、2004
ジョルダン・サンド著、天内大樹訳『帝国日本の生活空間』岩波オンデマンドブックス、2015
白石実三『大東京遊覧地誌』実業之日本社、1932
鈴木次郎『都市と村落の社会学的研究』世界書院、1956
鈴木武編『立川の風景　昭和色アルバム』けやき出版、2010
鈴木ナミ『哀愁の田町　遊廓浜田楼』文芸社、2005
鈴木博之『日本の近代10　都市へ』中央公論新社、1999
砂川幸雄『大倉喜八郎の豪快なる生涯』草思社、1996
関根虎洸『遊廓に泊まる』新潮社・とんぼの本、2018
せたがやトラスト協会編『世田谷の古道に沿って…　滝坂道・大山道・登戸道・筏道』せたがやトラスト協会、1992
添田啞蟬坊『浅草底流記　添田啞蟬坊・添田知道著作集Ⅱ』刀水書房、1982初版、2005新装版
高山凡編『東京娯楽地図』寿海出版　1974

武田尚子『近代東京の地政学　青山・渋谷・表参道の開発と軍用地』吉川弘文館、2019
津金澤聰廣、土屋礼子編『盛り場と不良少年少女　大正・昭和の風俗批評と社会探訪――村嶋歸之著作選集第2巻』柏書房、2004
東京都荒川区教育委員会編『荒川区民俗調査報告書4　南千住の民俗』東京都荒川区教育委員会、1996
東京焼け跡ヤミ市を記録する会著、猪野健治編『東京闇市興亡史』草風社、1978
道家斉一郎『売春婦論考　売笑の沿革と現状』史誌出版社、1928
中野正昭『ムーラン・ルージュ新宿座　軽演劇の昭和小史』森話社、2011
中野隆右編『立川～昭和二十年から三十年代』ガイヤ出版、2007
仲摩照久編『日本地理風俗体系　第二巻　大東京篇』新光社、1931
浪江洋二編『白山三業沿革史・白山創立五十周年記念』雄山閣出版、1961
新実弘政『開花中新半世記』昌見、1978
西山松之助『江戸文化誌』岩波セミナーブックス、1987
西山松之助『くるわ』至文堂・日本文学新書、1963
西山松之助『江戸ッ子』吉川弘文館・〈江戸〉選書1、1980
人形町商店街協同組合編『にほんばし人形町』人形町商店街協同組合、1976初版、2002新編
「人形町商店街」公式サイト
野口孝一『銀座カフェー興亡史』平凡社、2018
野村敏雄『新宿裏町三代記』青蛙選書、1982初版、2018新装版
橋爪紳也、上諸尚美『写真が語る「百番」と飛田新地』洋泉社、2019
橋本健二、初田香成編著『盛り場はヤミ市から生まれた』青弓社、2013初版、2016増補版

秦郁彦『慰安婦と戦場の性』新潮選書、１９９９
八王子市郷土資料館『八王子の産業ことはじめ』八王子市郷土資料館、２０１４
初田香成『都市の戦後　雑踏のなかの都市計画と建築』東京大学出版会、２０１１
初田亨『カフェーと喫茶店　モダン都市のたまり場』INAX album 18、図書出版社発売、１９９３
初田亨『繁華街にみる都市の近代―東京―』中央公論美術出版、２０１１
花房ゆい『遊廓へ』柏書房、２０１８
服部銈二郎『盛り場　人間欲望の原点』鹿島出版会、１９８１
林忠彦『カストリ時代　レンズが見た昭和20年代・東京』朝日文庫、１９８７
林博史、原田敬一、山本和重編『地域のなかの軍隊9　地域社会編　軍隊と地域社会を問う』吉川弘文館、２０１５
日比恆明『玉の井　色街の社会と暮らし』自由国民社、２０１０
平出鏗二郎『東京風俗志』八坂書房、１９９１
広岡敬一『幻の性資料　第26巻　性風俗写真館2［赤線・ストリップ時代編］』イースト・プレス、２００３
フィリップ・ポンス著、安永愛訳『裏社会の日本史』筑摩書房、２００６
福富太郎『昭和キャバレー秘史』河出書房新社、１９９４
福富太郎『わが青春の「盛り場」物語』河出書房新社、１９９５
藤木ＴＤＣ著、イシワタフミアキ写真『昭和幻景　消えゆく記憶の街角』ミリオン出版、２００９
藤木ＴＤＣ『東京戦後地図　ヤミ市跡を歩く』実業之日本社、２０１６
藤田佳世『シリーズ大正っ子　大正・渋谷道玄坂』青蛙房、１９７８初版、１９９８再販
細馬宏道『浅草十二階　塔の眺めと〈近代〉のまなざし』青土社、２００１

堀江亨、松山薫、高橋幹夫『日本の近現代における都市集住形態としての下宿屋の実証研究』第一住宅建設協会、2002
前田豊『玉の井という街があった』ちくま文庫、2015
松川二郎『全国花街めぐり』上巻・下巻、カストリ出版、2016
三浦展監修『渋谷の秘密』PARCO出版、2019
三浦展『昭和「娯楽の殿堂」の時代』柏書房、2015
三浦展『東京田園モダン』洋泉社、2016
三木克彦編著『城北奇譚　幻の銘酒屋街』私家版、2004
道家齊一郎『売春婦論考』史誌出版社、1928
南博『日本モダニズムの〝光〟と〝影〟近代庶民生活誌2　盛り場・裏街』三一書房、1984
南博『日本モダニズムの〝光〟と〝影〟近代庶民生活誌10　享楽・性』三一書房、1988
南博『見えないものの文化史　近代庶民生活誌13　色街・遊廓Ⅰ』三一書房、1992
南博『見えないものの文化史　近代庶民生活誌14　色街・遊廓Ⅱ』三一書房、1993
南博編集・解説『現代のエスプリNo．188　日本モダニズム　エロ・グロ・ナンセンス』至文堂、1983
三橋順子『新宿　「性なる街」の歴史地理』朝日選書、2018
村上賢司『ラブホテル・コレクション』アスペクト、2013
毛利眞人『ニッポン　エロ・グロ・ナンセンス　昭和モダン歌謡の光と影』講談社選書メチエ、2016
本橋信宏『上野アンダーグラウンド』駒草出版、2016
本橋信宏『迷宮の花街　渋谷円山町』宝島社、2015
本橋信宏『新橋アンダーグラウンド』駒草出版、2017

本橋信宏『東京最後の異界　鶯谷』宝島SUGOI文庫、2015
森岡啓人『東京パラダイス』森岡啓人、2017
八木澤高明『色街遺産を歩く　消えた遊廓・赤線・青線・基地の街』実業之日本社、2017
安岡憲彦『近代東京の下層社会　社会事業の展開』明石書店、1999
安田浩一『団地と移民　課題最先端「空間」の闘い』KADOKAWA、2019
安本直弘著、四谷歴史研究会企画・製作『四谷散歩　その歴史と文化を訪ねて』みくに書房、1989
横山宏章『上海の日本人街・虹口　もう一つの長崎』彩流社、2017
読売新聞社編『日本幻景　総天然色　バートン・ホームズ写真集』読売新聞社、1974
わだち編『八王子遊廓の変遷』かたくら書店新書、1989
渡辺寛『赤線全集　完全版・売春街ルポタージュ』カストリ出版、2016
渡辺豪『戦後のあだ花　カストリ雑誌』三才ブックス、2019

◉論文（**筆者名五十音順**）
五十嵐典彦『「千住柳町」調査報告書』（足立区教育委員会『足立史談』1972）
久保埜企美子『大地・水・人　移り変わる盛り場＝王子三業地』（『北区飛鳥山博物館だより　ぼいす』2013）
郡山利行『戦後栄えた血液銀行の証言者たち（下）』（インターネットサイト「穂高健一ワールド　かつしかPPクラブ【わがまち原動力】」2018）
高嶋修一『近代の二子玉川における行楽の展開』（世田谷区教育委員会『世田谷区　文化財調査報告集15　玉川三業地調査報告』2005）

西村亮彦・内藤廣・中井祐『近代東京における花街の成立』（土木学会　景観・デザイン委員会『景観・デザイン研究講演集　No．4』、2008）
野中尚子「立石の赤線地帯を通して見る日本の公娼制度」（葛飾区教育委員会『平成28年度　かつしか区民大学　ゼミ調べて書く』2017）
平田秀勝『江戸における岡場所の変遷』（成城大学常民文化研究会『常民文化　第20号』1997）

◉区史など（**地名五十音順**）

『新修荒川区史　上巻』1955
『大田区史　下巻』1996
『大田区史（資料編）民俗』1983
『大田の史話　その2』1988
『江東区史』1997
『千代田区史　下巻』1960
『東京百年史　第五巻』1972
『豊島区史　通史編二』1983
『新修港区史』1984

［プロフィール］

三浦 展

……みうら・あつし……

1958年新潟県生まれ。社会デザイン研究者。1982年一橋大学社会学部卒業。株式会社パルコ入社。マーケティング情報誌「アクロス」編集室勤務。1986年同誌編集長。1990年三菱総合研究所入社。1999年カルチャースタディーズ研究所設立。消費社会、都市、郊外などの研究をする。著書に『下町はなぜ人を惹きつけるのか？』『首都圏大予測』（光文社新書）、『昭和「娯楽の殿堂」の時代』『娯楽する郊外』（柏書房）、『都心集中の真実』（ちくま新書）、『吉祥寺スタイル』（文藝春秋）、『中央線がなかったら』（NTT出版、陣内秀信と共著）、『新東京風景論』（NHKブックス）、『横丁の引力』『1980年代から見た日本の未来』（イースト新書）などがある。

なかだえり

イラストレーター。1974年岩手県生まれ。日本大学生産工学部建築工学科卒、法政大学工学部修士論文で「花柳界と遊廓建築」をテーマにし、以降、全国をめぐる。現在、東京・北千住の元スナックを遊廓風に改築した「奈可多楼」をアトリエとする。著書に『駅弁女子日本全国旅して食べて』（淡交社）、『大人女子よくばり週末旅手帖』（エクスナレッジ）など。

花街《はなまち》の引力《いんりょく》

東京《とうきょう》の三業地《さんぎょうち》、赤線跡《あかせんあと》を歩《ある》く

2021年5月13日　第1刷発行

著　者　三浦《みうら》 展《あつし》

ブックデザイン　長久雅行

協　力　なかだえり

発行人　畑 祐介

発行所　株式会社 清談社Publico
〒160-0021
東京都新宿区歌舞伎町2-46-8 新宿日章ビル4F
TEL:03-6302-1740　FAX:03-6892-1417

印刷所　中央精版印刷株式会社

ISBN 978-4-909979-16-2 C0036

清談社
Publico

http://seidansha.com/publico
Twitter @seidansha_p
Facebook http://www.facebook.com/seidansha.publico